KB139974

재중 한인디아스포라
연 구 총 서

5

중국 조선족기업의
발전과 새로운 이주

이 저서는 2011년 대한민국 교육부와 한국학중앙연구원(한국학진흥사업단)의 한국학 총서 사업 지원을 받아 수행된 연구임(AKS-2011-ABC-112).

재중 한인디아스포라
연 구 총 서

5

중국 조선족기업의 발전과 새로운 이주

백권호 · 문철주 지음

이 총서는 2011년 12월 한국학진흥사업단 해외한인연구 특별 기획과제로 선정되어, 5년간 진행된'재중 한인 디아스포라의 재구성과 발전적 통합' 사업의 각 학문분야별 연구 성과이다.

1992년 한중 양국의 수교를 계기로 재중 한인 사회는 새롭게 재구성되었다. 올드커머(old comer)인 '조선족'사회에 더하여 뉴커머(new comer)인'재중 한국인'사회가 새롭게 건설되었다. 한중 수교 후 초창기 주재원 중심으로 구성되었던 재중 한국인 사회는 이제 다양한 계층이 장기 거주하는 사회로 변화하고 있다. 자영업자, 대기업과 중소기업의 주재원에 더하여, 유학생과 불법 체류자 등 다양한 인구집단이 유입되면서 재중 한국인 사회가 내적으로 큰 폭의 계층 분화를 경험하고 있다.

조선족 사회 역시 매우 큰 변화를 겪고 있다. 1978년 중국의 개혁개방은 조선족으로 하여금 농토를 떠나 새로운 세상으로 이주하게 했다. 기존 동북3성에 형성되었던 민족 집거지역을 떠나, 중국의 동남부 연해지역으로, 나아가 한국으로, 일본으로, 미국으로, 심지어는 아프리카까지, 전 세계 곳곳으로 재이주의 범위를 넓혀가고 있다. 혹자는 더 나은 미래를 위해, 혹자는 학문을 위해, 혹자는 가족을 찾아, 그 재이주의 사유 또한 매우 다양하다. 재이주 경로와 재이주 후 현지사회에서의 정착양상 또한 그와 못지않게 다양하다.

밀입국에서 정상적인 이주까지, 불법체류자의 신분에서 영주권의 취득까지, 아주 다양한 신분과 삶의 모습으로 그들은 새로운 재이주의 삶을 개척하고 있다.

중국 국내에서 유동하는 조선족만 하더라도 동북3성의 기존 민족 집거지역을 떠난 이들은 예전과는 확실히 다른 삶을 꾸려나가고 있다. 베이징(北京), 텐진(天津), 칭다오(靑島), 선양(瀋陽), 상하이(上海), 광저우(廣州) 등 중국의 주요 도시에서 재중 한국인과 더불어 재중 한인 사회의 또 다른 구성원으로서 분명한 역할을 하고 있다. 재중 한국인 기업의 직원으로, 재중한국인의 현지정착의 동반자로서, 또는 신생 기업인으로서 활동하면서 미래 조선족의 경제사회적 지도를 다시 그리고 있다.

이렇게 재중 한인 사회는 중국의 개혁개방, 한중수교와 더불어 두 가지 특징적인 변화를 보여주고 있다. 첫째는 조선족 중심의 사회에서 조선족과 재중 한국인이란 두 집단이 함께 구성하는 한인사회로 변화하고 있다. 둘째는 지역적 재구성이다. 기존에는 올드커머(old comer)의 집거지역인 동북3성이 한인사회의 중심이었으나, 한중수교 이후 뉴커머(new comer)인 재중 한국인의 진입에 따라 이 두 집단은 중국의 전 지역으로 확산되어가고 있다. 또한 한국, 미국, 일본 등지의 글로벌 지역을 향한 확산도 빠르게 진행되고 있다.

글로벌 환경의 변화는 재중한인 사회를 시시각각 변화하게 하고 있다. 따라서 이렇게 역동적으로 변화하고 있는 재중 한인 사회에 대한 총체적이고 종합적인 이해는 이미 선택사항이 아니다. 미래지향적인 한중 관계의 구축을 위해서도 한중관계의 유력한 중개자로서의 재중 한인에 대한 이해가 무엇보다도 중요한 시점이 되었다고 할 수 있다.

이러한 재중 한인 사회의 확산과 재구성에 따라, 재중 한인사회에 대한 연구 또한 '조선족'과 '재중 한국인(재중 한상 포함)', 그리고 해외로 진출한 '글로벌 조선족'에 대한 연구로 확장되어야 했다. 하지만 그 동안의 '재중 한인'에 대한 연구는 동북3성을 집거지역으로 하는 조선족에 대한 연구에서 벗어나질 못했다. 최근 형성된 '재중 한국인 사회'와 해외로 진출한 '글로벌 조선족 사회'에 대한 연구는 절대적으로 부족했다. 특히 조선족 사회와 재중 한국인 사회 사이의 연계, 조선족 사회와 글로벌 조선족 사이의 연계에 대한 연구 및 그들의 초국가적 활동과 그것이 갖는 의미에 대한 연구는 매우 제한적이었다. 본 사업단은 이러한 기존연구의 한계를 극복하고 연구의 지평을 확장하는 데서 학술적 의의를 찾고자 노력했다.

본 사업단은 재중 한인 사회에 관한 종합적이고 체계적인 자료의 발굴과 수집을 통해 기존 연구 자료의 자료집화를 진행하였으며, 연구 대상이 분포하는 광범위한 지역에 대한 현지조사와 설문조사를 진행함으로써 최초로 재중 한인 사회 전반에 대한 포괄적 조사연구를 완성하였다. 또한 기존의 단일성 주제연구를 벗어나 거주국 내 전체 유동인구 변화의 틀에서 재중 한인의 유동경향을 파악하고, 계층적 분화와 지위 변화에 대한 논의 등을 진행함으로써 연구대상을 비교연구의 대상으로 확장시켰다. 이러한 연구방법과 연구 설계를 통해 재중 한인 사회에 대한 체계적이고 학제적이며 통합적인 연구를 진행했다.

그 결과 본 사업단의 연구총서는 연구대상별, 학문분야별로 균형적인 성과를 도출하였다. 우선, '재중 조선족'에 대해서는 역사학자인 김춘선(金春善) 교수가 '재중 한인 이주사 연구'를, 어문학자인 김춘선(金春仙) 교수가 '개혁 개방 후 조선족 문학의 변화양상 연구'를, 그리고 언어학자인 강용택 교수가 '개혁 개방 후 중국 조선어의 변화, 발전양상 연구'를, 정치학자인 우병국 교수가 '중국의 민족정치와 조선족'을, 경영학자인 백권호·문철주 교수가 '중국 조선족 기업의 발전과 새로운 이주'를 연구 출간하였다.

다음으로, '재중 한국인'에 대해서는 사회학자인 김윤태·예성호 교수가 '재중 한국인 사회의 형성과 초국가주의적 생활경험'을, 인류학자인 정종호 교수가 '재중 한인 타운의 형성과 발전: 베이징 왕징 한인 타운을 중심으로'를 연구 출간했다.

마지막으로 '글로벌 조선족'에 대해서는 사회학자인 설동훈 교수와 역사학자인 문형진 교수가 '재한 조선족, 1987-2017'을 연구 출간하였다.

본 연구 사업단은 이상과 같은 총서발간의 학술적 성과 외에도 적지 않은 성과를 내었다. 총18권에 달하는 자료집을 이미 출간, 연구자에게 제공하여 총서발간의 질적 담보를 기했고, 연2회 발간의 학술지'한중미래연구'를 2013년 여름부터 현재까지 발간하고 있다. 연2회의 국내/국제학술대회를 개최했으며 콜로키움, 전문가 포럼 및 특강 등의 개최를 통해 재중 한인 연구의 질적인 향상을 기했다. 그 밖에도 연구 성과를 KBS 한민족 방송에 소개하여 연구 성과의 사회적 확산에 기여했으며 조선족 마을사를 출간하여 조선족 마을의 자료보존과 학술적 기초자료 확보에 힘을 기울였다. 또한 재한 조선족의 대학방문 행사를 개최함으로써 조선족 동포의 정체성 확립과 통합적 한인사회 건설의 기초를 닦으려 노력했다. 총서발간 외의 이러한 노력과 성과들 또한 연구 성과 못지않은 중요한 자산으로 판단된다.

이 총서의 출간은 재외 한인 사회를 연구하는 학계와 관련기관,

그리고 재외동포의 큰 관심을 받게 될 것이다. 따라서 우리는 총서 발간에 더욱 많은 부담을 가졌다. 하지만 지금까지 연구된 재중 한인 사회에 대한 연구에 비해, 새롭게 재구성된 재중 한인 사회에 대해 종합적이고 학제적인 연구를 진행하였다는 점에서 최소한 후속연구의 토대가 될 수 있다는 판단, 후속세대의 재중 한인에 대한 관심 제고, 중국진출 한국기업과 한국유학생 등 재중 한국인 사회의 중국 정착에 긍정적으로 작용할 것이란 점, 재중 한인의 민족정체성 강화프로그램, 해외인적자원 개발 등 정부 및 공공기관에 대한 정책제언에 기여할 것이란 판단에 기대어 부족하지만 총서의 발간을 감행하였다.

이 총서가 발간되기까지 물심양면으로 지원을 아끼지 아니한 한국학진흥사업단 모든 분들께 깊은 감사를 드린다. 또한 수십 차례에 걸친 학술대회와 콜로키움, 전문가 포럼에서 훌륭한 조언을 아끼지 않으신 국내외 재외한인 연구자들께도 깊은 감사의 뜻을 전한다. 마지막으로 재중 한인 디아스포라 연구사업의 완성을 위해 함께 뛰고 함께 웃으며 땀 흘린 연구 사업단 식구들과 그 가족들 모두에게 심심한 감사의 말씀을 올린다. 아울러 이 연구 사업을 기반으로 향후에는 더욱 알차고 의미 있는 연구 성과를 지속적으로 생산할 것을 약속드린다.

2018년 11월
재중 한인 디아스포라 연구 사업단을 대표하여
동덕여대 한중미래연구소 소장 김윤태

중국 조선족기업에 대한 연구는 기존의 연구 실적이 매우 제한적인 분야이다. 일부 연구가 시도되기는 하였으나, 일회적인 연구로 그치거나 지속적인 연구라 하더라도 지역적으로 동북3성 지역에 국한된 연구가 주류를 이루었다. 이러한 연구들은 중국 조선족 사회의 경제 활동을 기업 단위의 관점에서 접근하여 조사하고 연구하였다는 점에서 본 연구를 추진하는데 크고 소중한 밑거름이 되었다. 본 연구는 이러한 연구시도에 기초하여 중국 전역 나아가 해외로 진출한 조선족들의 창업과 기업경영에 대하여 전반적인 상황을 그려보고 확인해 보기 위해서 시도되었다. 특히 한민족의 역사적 이동, 이주라는 관점에서 본 연구는 신 중국 설립이후 짧게는 30년 길게는 40년여를 주로 동북3성 지역에 집중적으로 거주했던 조선족들이 1978년 개혁·개방과 1992년 한·중수교 그리고 2001년 중국의 WTO 가입까지 대체로 10년 단위(개혁·개방이 1978년 연말에 발표되었으나, 실제로 지역 간에 인적인 이동이 초보적으로 나타나기 시작한 것은 1979년~1981년 간 조정기가 끝난 이후임)로 일어난 일련의 환경변화에 대응하여 새로운 이주를 시작하고 정착한 사실에 주목한다. 특히 1992년은 한·중수교와 더불어 중국이 공식적으로 사회주의 시장경제로의 체제전환을 발표한 해로 동북지역 조선족들의 이동을 촉진하는 기폭제가 되었다. 그리고 중국이

WTO에 가입하면서 세계의 공장으로 부상하고 수출이 급팽창하자 고향을 떠날 수 있는 조선족은 대부분 '새로운 기회를 찾아서, 새로운 삶의 추구를 위한 새로운 이주'를 시작한 것으로 파악된다. 그 결과 조선족의 주 주거지였던 동북3성 지역에 거주하는 조선족 인구는 200만 명에 육박하던 개혁·개방 초기에 비하여 현재는 실 거주 인구 기준으로 50만 명 수준인 것으로 알려지고 있다(동북아신문, 2017년 9월 1일자, [컬럼/심춘화] 조선족은 사라진다). 한국에 들어와 생활하는 조선족 인구만도 공식 집계 60만 명에서 비공식 추계로는 80만 명에 이르는 것으로 알려지고 있고, 중국의 다른 연해 대도시 지역으로 이주한 인구가 50만 명이라는 추계로 역산하여도 동북지역에 실 거주하는 조선족 인구수는 60만을 넘지 않을 것으로 보인다. 이 60만 명 가운데서도 대부분은 연로한 조선족이 집과 토지를 지키고 있는 상황이거나, 대도시로 떠나간 자녀들의 아이들을 돌보는 조손가족이라는 특징을 가지고 있다. 다시 말해서 동북3성 지역에 실 거주하는 조선족 사회는 경제적 생활능력이 극히 제한적일 가능성이 크다는 것이다.

따라서 본 연구는 동북 3성 지역에 거주하는 조선족을 포함하여 베이징, 톈진. 칭다오, 상하이 광저우·선전 등 연해 대도시로 새롭게 이주하여 정착한 조선족사회를 그들이 이룩한 창업과 기업활동을 중심으로 살펴보고자 하였다. 그들이 현지에 새롭게 이주하여 정착한 시기 및 경위, 이주의 견인요소, 사업활동의 성공요인, 현지 네트워크 구축 특성 및 현지 조선족 사회의 형성과정과 사회적 지위, 그리고 개별 사업의 성공사례 등 동북지방을 떠나서 현재의 연해 대도시로 새롭게 이주해서 터를 닦기까지 전반적인 상황을 조사

분석하였다. 조선족의 대도시로의 이주가 잠정적인 것이 아니라 이미 새로운 이주와 정착이라는 점에 착안하여, 그들이 어떻게 현지에 정착했고 사업을 일으키고, 성공을 이루었는가를 살피고, 그 성공요인이 무엇인지를 규명하자 하였으며, 궁극적으로 그 지속가능성에 대하여 전망하고자 하였다. 총서의 구성은 제1장 서론에 이어 제2장에서는 개혁·개방 이전 즉 사회주의 계획경제 시절 연변을 중심으로 조선족 경제현황을 소개하는 형식으로 서술하였다. 본 연구의 주제인 '새로운 이주와 정착'과는 직접적인 관련성이 없고 조선족기업가 연구라는 연구범위 측면에서도 이 시대는 국유/집체의 공유제의 계획경제(mandatory regime) 시대여서 시장경제 체제로 전환을 시작한 1978년 개혁·개방 이후 시대와는 단절적인 부분이다. 하지만 연구의 시작부분이기도 하여 포함시키되 당시의 연변 조선족 집체경제의 현황과 상황을 주요 참고문헌을 중심으로 요약 정리하여 서술하는 방식을 택하였다. 제3장은 새로운 이주와 정착 현황을 중심으로 새로운 이주가 시작된 대도시 주요 도시별로 조선족기업의 현황과 지역 조선족 사회의 형성에 관련된 자료를 수집 정리하였다. 특히 각 지역별로 조선족기업들이 진출하거나 참여하고 있는 업종분포를 조사 분석하였다. 그리고 각 지역별 조선족기업가협회 조직도 소개하였다. 아울러 이들 새로운 이주와 정착의 성공요인을 통계적 실증분석을 통하여 심도 있게 분석하는 시도를 하였다. 제4장에서는 제3장의 연구분석에 대한 보완으로 각 지역별로 성공한 조선족기업들의 성공사례를 조사, 정리하고 각각의 특징적 차이점을 정리하였다. 제5장에서는 새로운 이주와 정착 과정에서 조선족들이 겪은 현지 한인커뮤니티 및 중국인 사회와 사이에서

갈등과 융합과정을 역시 통계적 실증분석을 통하여 밝히고자 하였
다. 마지막으로 제6장은 결론, 시사점, 정책적 제언 그리고 연구사
업 계획기간 완료 후 발생한 사드 사태의 영향에 대하여 언급하였
다. 본 연구는 국내 최초로 중국 조선족의 새로운 이주와 정착이라
는 관점에서 동북3성 지역을 떠나서 주로 연해 대도시를 중심으로
조선족기업의 창업과 성장 그리고 성공요인 및 이를 통한 지역별
조선족 사회의 정착 등을 중국 전역에 걸쳐서 조사하고 확인하였다
는 점에서 그 의의가 있다.

　본 연구의 한계는 2016년 '사드사태'이후 조선족기업 및 조선족
사회의 최근 변화에 대한 조사가 누락되었다는 것이다. 본 연구계
획 기간이 2011년 12월~2016년 11월이라는 제약으로 집필이 거의
완료되는 시점에서 '사드사태'가 발생하였고, 연구완료 후 총서를
발행하기까지 필요한 행정절차를 거치는데 소요되는 시간 사이의
괴리 때문에 불가피하게 발생한 상황이다. 면담과 인터뷰 등을 통
해서 본 연구에 도움을 준 기업사례 관계자와의 추가 인터뷰와 관
련 자료의 조사 결과, 사드사태로 사업에 일정한 타격을 입은 것이
확인되었으며, 2년이 경과한 지금은 지역에 따라 어느 정도 정상
궤도를 찾은 것으로 보인다. 하지만 사드사태이후 조선족기업들의
중국내 사업환경 변화와 이에 대응하는 조선족기업 및 조선족 사회
의 변화가 감지된다. 한·중관계에 잠재해 있는 갈등요소가 확인된
이상 조선족기업들, 특히 한국문화 이미지를 기반으로 하는 한식
관련 식품 및 요식업, 한류 관련 상품 유통업 등의 업종에 진출한
기업들은 일종의 정치적 위험 요소를 간과할 수 없는 상황이고 그
만큼 위축될 수밖에 없을 것이라는 판단이다. 그리고 이러한 위험

요소를 확인한 조선족기업들은 일정한 정도 한국기업 생태계와 거리를 두는 전략으로 대응할 개연성도 있다. 이것은 결국 조선족기업들의 독자적이고 독립적인 사업생태계 구축을 위한 노력이 더욱 강화되고 확대될 가능성을 시사해 주는 부분이다. 또한 본 연구는 조선족의 새롭게 이주하여 정착한 조선족사회를 그들이 이룩한 창업과 기업활동을 중심으로 살펴보았지만 향후 기업사관점에서 조선족기업들의 시대변화에 따른 성공 및 실패한 기업사례를 중심으로 조선족기업들의 사업생태계 변화를 파악할 수 있을 것으로 본다. 향후 조선족기업 연구는 이러한 요소들을 망라하여 연구가 진행될 필요가 있어 보인다.

목
차

제1장

서론 및 연구 목적

제1절 연구의 필요성

중국 디아스포라 조선족의 역사적 기원은 17~18세기 조선시대 한반도에 불어 닥친 흉년과 자연재해로 많은 농민들이 소작지를 상실하고 당시 양반 권력층의 부패로 사회적 혼란이 야기되자 고향의 생존터전을 버리고 중국으로 흘러 들어가 개척민의 삶을 시작한 이들을 그 원류로 삼는다.[1] 한편 임계순(2003)은 현재 조선족의 99.9%가 19세기 후반인 1860년 이후 거주하였다는 점에 근거하여 재중 조선족의 이주사를 150년으로 주장하였다. 혹자는 을사늑약으로 외교권을 상실한 1905년 이후 의병이나 애국지사를 중심으로 자주적인 이주를 시작한 것을 기준으로 제시하기도 한다. 이렇듯 재중 조선족 사회 형성의 역사는 연구자의 연구목적과 이주를 보는 관점이나 기준에 따라서 길게는 약 500년 짧게는 150년~110년의 역사를 가지고 있는 것으로 정리할 수 있다. 특히 1910년 한국이 일본의 식민지가 되면서 비교적 큰 규모로 조선인들의 중국 이주가 이루어졌고, 이러한 과정을 거쳐 현재 중국 내에는 약 200만 명에 달하는 조선족이 중국 내 수수민족의 형태로 거주하고 있다.

1978년 중국에서 개혁·개방이 시작되면서 200여만 명의 중국 조선족동포 사회에도 변화와 변혁의 바람이 불어왔다. 일부 중국 조선족들이 새로운 경제활동에 참여할 수 있는 기회를 찾아서 새로운 이주와 정착을 시작한 것이다. 이들은 가깝게는 고향인 옌볜조선족 자치주를 위시한 동북 3성을 비롯하여 베이징, 칭다오, 상해 등 대도시로 이주하여 자영업과 개인 기업을 경영하면서 중국 조선족 사

---

[1] 주봉호, "중국조선족 사회의 변화와 과제". 『동북아 농촌』41. pp149-172. 2006년

회의 경제력 확산을 주도하고 있다. 헤이룽장신문사의 자체 조사에 따르면 중국조선족 기업 수는 1만7천5백여 개로 추산되고 있다. 조선족 약 200명 당 1인이 자영업과 개인기업 등 사업을 운영하고 있는 것으로 추정할 수 있다는 얘기다. 또 다른 조사는 중국에 거주하고 있는 200여만 명의 조선족 중 약 60%가 동북 3성의 도시와 베이징, 칭다오, 상해, 톈진 등 대도시에서 다양한 업종의 개인 사업을 영위하고 있다고 밝히고 있다. 그리고 이들 조선족기업들은 요식업, 무역업, 전기·전자제품 판매 등 도·소매업을 비롯한 서비스업과 섬유 및 의류·완구, 기계 등의 제조업에 이르기까지 다양한 업종에 종사하고 있는 것으로 나타났다. 이들 조선족기업들은 스스로 독자 기업을 경영하거나 중국에 진출한 한국기업들과 합자나 합작 등의 형식으로 기업을 경영하는 것으로 조사되었다.

하지만 이러한 정보들은 아직까지는 단편적 정보나 단순 조사에 기초한 기사내용 정도에 불과하다. 전체 중국 조선족 사회의 경제적 역량에 대한 변화와 발전을 이해하기에는 턱없이 부족한 정보이다. 글로벌 시장에서 경쟁은 갈수록 치열해지고 있고 보호주의 또한 강화되고 있다. 21세기 접어들어 한국경제의 발전에 가장 중요한 기여를 해온 중국시장에서도 한국기업의 진입이 점점 한계점에 다다르고 있다는 경고등이 켜진지 상당기간이 흘렀다. 중국을 비롯한 글로벌시장에서 한국경제와 재외동포들이 상생할 수 있는 기회를 만들고 이들이 한국 경제성장에 기여할 수 있도록 해외동포들이 활동하는 현지시장과 네트워크 구축을 위하여 일정한 제도적·정책적 조치의 필요성이 절실히 요구되고 있다. 이러한 시기에 중국 조선족기업들의 경제력을 전반적으로 점검하고 이들의 역량을 분석하는 조사연구는 향후 보다 심도 있는 연구를 위한 기초자료로서 충분한 가치가 있을 것으로 판단된다. 한국인과 한국기업들은 지금까지 조선족 동포들의 경제적 역량과 협력 파트너로서의 역할을 적극적으로 평가하는데 인색했다. 중국에 진출한 한국계 외자기업들의 현지 조선족에 대한 인식은 한국기업들이 중국 사업환경에 적응하는데 도움을 주는 소통 대리인 정도로 인식하는데 머물고 있는 것이 고작이다. 조선족 동포들 역시 아직까지는 한국과의 경제교류 및 협력발전을 촉진하는데 기여하고 남북한 갈등을 해소하는데 실질적 역할을 할 정도의 위상을 확보하지 못하고 있는 것이 현실이다.2) 하지만 이러한 모든 판단은 전문적이고 체계적인 조사와 연구에 기초한 분석결과라고 인정하기 어렵다. 최근에는 성공한 조선족기업들의 사례도 심심치 않게 보고되고 있다. 예컨대, 조선족 3세인 신동일 회장이 CEO로 있는 'LANCY' 그룹은 중국의 패션업계를 대표하는 조선족기업이다. 상하이증시에 상장된 상장기업으로 2014년에는 아가방(Agabang & Co.)을 4.58억 달러(5,000억원)에 인수했을 뿐만 아니라, 2016년에는 KEB 하나은행과 중국 및 한국 시장을 동시에 목표로 하는 프로젝트 파이낸싱 합작회사 설립에 합의하였다.3) 뿐만 아니라 세계한인무역협회(OKTA) 조직에도 25개 중국지역 지부가 설립되어 있을 정도로 활발하게 활동하고 있다.

본 연구는 중국 조선족기업들의 현황을 정리하고 그들의 경영활동에 관한 특징을 밝힘으로써 조선족의 새로운 이주와 정착과정에서 형성된 중국조선족기업들의 경영활동에 관한 정보를 종합적으로

---

2) 이장섭·최웅용(2007), "중국조선족기업의 네트워크 실태와 지역별 특성에 관한 연구" 국제지역학회 학술대회자료집, 2006.

3) The Korea Herald. 2016. 9. 7.

정리 분석함으로써 일차적으로는 조선족기업에 관한 보다 심도 있는 연구를 위한 기초자료를 제공하고자 한다. 그리고 특히 새로운 이주와 정착과정에서 조선족기업 및 조선족기업가들이 형성한 비즈니스 네트워크의 특징에 대해서도 분석함으로써 이들 기업의 향후 발전 방향과 지속가능성에 대해서도 전망하고 살펴보고자 한다.

제2절 기존 연구

중국 조선족기업가와 조선족기업에 대한 기존 연구는 극히 제한적이다. 따라서 지금까지 중국조선족 기업경영활동의 연구를 연구주제별로 포괄적으로 분류할 수 있는 기준이 제시되지도 못하고 있다. 가장 최근의 대표적인 연구로는 이장섭(2011)의 '중국 헤이룽장성 조선족기업의 경영활동에 관한 연구'가 있다. 동 연구는 지역적으로 제한적이기는 하지만 헤이룽장성 내 하얼빈시, 목단강시 및 기타 지역의 조선족기업들에 대하여 53명의 조선족기업가들을 대상으로 설문조사 및 인터뷰를 기반으로 분석을 시도하였다. 경영전략 및 위험요인, 마케팅활동, 재무관리 활동, 원가관리 활동, 인적자원관리 활동, 생산관리 활동 및 정보관리 활동으로 구분하여 경영활동 상황을 파악하였으며, 헤이룽장성 조선족기업들의 네트워크 실태도 조사하였다. 동 연구는 헤이룽장성의 조선족기업에 대한 단행본이나 논문 등 기초자료가 전무한 상황에서 설문조사를 통해 헤이룽장성 조선족기업의 네트워크를 파악하고 분석하여 헤이룽장성 조선족기업 네트워크의 특성을 도출하였고 특히 헤이룽장성 조선족기업의 경영실태를 밝힌 최초의 자료로서 그 의미를 부여할 수 있다. 하지만 지역적 제한으로 중국 조선족기업 전반으로 일반화시키기에는 한계가 있다. 이보다 앞서서 임채완·이장섭 외(2007)는 중국의 옌볜, 선양, 베이징, 칭다오, 상하이에서 경영하는 조선족기업을 대상으로 설문조사와 면담 등을 통하여 조선족 기업의 네트워크 실태를 조사하였다. 중국조선족 기업들의 네트워크 성공 사례와 실패사례를 파악하였으며 나아가서 조선족기업들의 네트워크 실태조사를 통하여 한상 네트워크 구축방안을 제시하였다. 따라서 이 연구는 국내 최초의 중국조선족기업 네트워크 실태를 파악하고 시사점을 제시하였다는 점에서는 그 의의가 있다. 동시에 이장섭·임채완 외(2006)는 중국의 5개 지역 즉 옌볜, 선양, 베이징 칭다오, 상하이 조선족 기업의 성장과정과 경영활동을 분석하였다. 즉 조선족기업의 성장과정과 조선족기업에 대한 경영활동 및 수출, 수입, 투자 등에 대하여 분석하였으며, 이를 중국진출 한국기업과의 대비를 통하여 상생하는 방안을 마련하는데 초점을 두었다. 한편, 최웅용·임채완·이장섭 외(2006)는 옌볜, 선양, 하얼빈, 베이징, 칭다오 조선족사회의 경제환경과 조선족 자영업자의 경영실태를 면담과 설문조사를 통하여 분석하였다. 이상은 이장섭을 중심으로 하는 동일한 연구팀의 일련의 실적으로 볼 수 있다. 이들 연구는 기본적으로 중국조선족기업 및 자영업자에 대한 경영실태와 네트워크를 분석한 일련의 연구로서는 국내에서 최초의 시도라는 가치를 인정할만하나 방대한 모집단에 비하여 표본추출이 빈약하고 중국 조선족기업들의 전반적인 상황을 스케치하고 이들의 전반적인 특징을 도출하는 데는 미흡하여 다소 아쉬움이 남는다.

이보다 앞서서 김시중(2003)은 중국 내 조선족의 인구이동이 조선족의 경제활동에 큰 변화를 가져온 것을 파악하였으며 개혁시기 이전의 조선족사회의 환경과 개혁·개방 시기 중국 내 조선족의 변화를 주시했다. 또한 경제활동 변화에 따른 조선족기업의 동태와 새로운 세대의 조선족기업가 등장을 전문가들의 인터뷰와 문헌조사 등을 통하여 밝혀냈다. 경제적 관점에서 조선족에 관한 연구는 극히 드물기 때문에 이 논문은 조선족 경제활동 연구라는 관점에서 선구적 연구물로 평가할 만하다. 그러나 이 논문은 전문가의 인터뷰와 문헌을 참고하여 연구하였기 때문에 조선족기업의 실체와 경영활동을 분석하는 데는 근본적으로 한계를 가질 수밖에 없다.

윤인진(2002)은 재외동포 기업가들을 대상으로 한 설문조사와 2차 자료를 이용하여 재외동포 모국투자의 현황과 모국투자의 저해 요소 및 문제점을 분석하였으며 투자환경개선을 위한 방안을 제시하였다. 이 논문은 옌볜조선족자치주에 한정된 방안을 제시함으로써 중국 대도시에서 태동하여 성장하는 조선족기업의 경영실태를 파악하지 못하였으며 설문조사자료 또한 정책적 대안을 제시하기에는 미흡하였다.

김기석(1998)은 옌볜통계연감 등의 2차 자료를 활용하여 옌볜조선족자치주의 기업현황을 분석하여 정리하고, 이를 지역별, 산업별 등 다각도로 분석하였다. 이 연구는 조선족집거지인 옌볜조선족자치주의 경영환경을 분석하였다는데 선구적인 연구라 할 수 있다. 그러나 옌볜이라는 지역성과 주로 2차 자료에 의존한 연구이기 때문에 실증적 분석이 이루어지지 못했다는 한계를 갖는다.

이상의 중국 조선족기업(가) 관련 기존 연구는 이미 시간적으로 상당한 시일이 지났다는 점과 대부분 2차 자료인 문헌중심의 연구라는 한계를 가지고 있다. 이장섭을 정점으로 하는 일단의 연구 팀에 의한 조선족기업에 대한 설문 및 인터뷰 조사도 조선족기업들의 네트워크 실태 파악, 경영실태 및 경영환경 분석, 그리고 한국기업과의 협력 가능성 등에 관한 주제를 다루었으나, 단편적이고 횡단적 분석에 그쳐서 전반적인 조선족기업의 현황과 상황을 이해하기에는 미흡하다. 전반적으로 아직까지는 중국조선족 기업활동에 대한 연구가 절대적으로 부족한 상황에서 연구주제별 접근을 통하여 중국조선족 기업경영활동 전반에 관한 동향과 특징을 파악하는 것은 무리다. 따라서 향후 조선족 기업경영활동에 관한 연구는 종단적 연구와 횡단적 연구의 종합을 통하여 전반적인 조선족기업의 현황과 특징을 우선적으로 밝히고 그 성장과정의 특성을 규명하는 노력에 우선할 필요가 있다. 본 연구는 기존 연구실적의 결과를 바탕으로 현재의 상황에서 반드시 필요하다고 판단되는 조선족기업들의 발흥과 확산 그리고 그 발전과정의 특징에 대하여 정리하고 분석하고자 한다. 이를 통해서 향후 관련 연구를 심도 있게 진행하는데 필요한 기초 연구로서의 기반을 제공하고 아울러 향후 연구과제의 논점들을 발견하는데 초점을 맞추기로 한다.

제3절 연구목적

본 연구는 중국 조선족 사회의 이주와 정착이라는 큰 연구주제에 맞추어 특히 1978년 개혁·개방이후 조선족의 새로운 이주와 정착 현상이 경제적 유인에 따라서 두드러지게 나타난 점에 주목하고 있다. 중국에서 경제체제의 개혁 및 시장화 개혁이 본격적으로 시작되던 1980년대 초까지만 하여도 주로 옌볜조선족자치주를 비롯한 중국 동북지방에 집거하던 조선족 사회는 달라진 사회경제적 유인을 따라서 새로운 이주 및 정착을 시작하게 된다. 본 연구는 개혁·개방이후 지금까지 중국 조선족 사회가 언제, 어떻게 구체적으로 어떤 유인을 따라서 새로운 이주와 정착을 하게 되는지 그리고 이러한 새로운 이주와 정착을 통해서 형성되고 나타나는 새로운 조선족 사회 또는 공동체는 경제적으로 어떠한 특징을 가지고 있는지를 규명하고자 하였다.

구체적인 연구목적은 첫째, 새로운 이주와 정착의 결과로 나타난 조선족기업들의 지역별 업종별 배치와 분포의 전반적인 현황을 조사하는 것이다. 아직까지 조선족기업들의 전반적인 지리적 경제적 배치 상황을 정리한 조사연구는 매우 부족한 상황이고 특히 2008년 글로벌 금융위기 이후 관련 연구는 전문하기까지 하다. 따라서 중국 조선족기업에 대한 전반적인 그림을 그리는 것이 첫 번째 연구목적이다. 둘째, 이들 조선족기업들의 성공에 영향을 미친 요소들은 과연 무엇인가에 대한 심층 분석이 두 번째 연구목적이다. 문헌조사와 면담을 통하여 정리된 예상되는 성공요인은 3가지로 집약된다. ①중국의 사업환경 요인, ②조선족 기업가 개인역량, ③네트워크 요인 등이 그것이다. 이들 요인들 가운데 어떠한 요인들이 조선족기업가들의 성공과 유의적인 상관관계를 갖는지에 대하여 통계분석을 실시한다. 셋째, 조선족기업들의 성공에 영향을 미친 네트워크의 유형과 그 특징에 관한 연구가 세 번째 목적이다. 동 연구는 조선족기업가들의 새로운 이주와 정착과정에서 부딪쳤을지도 모르는 갈등과 충돌에 대한 연구를 포함하고 있다. 이에 대한 통계분석을 통하여 심도 있는 분석을 시도하기로 한다.

이뿐만 아니라 최소한 150년에 걸친 중국 조선족의 이주와 정착 그리고 개혁·개방 이후의 재이주와 정착을 연속선상에서 볼 수 있도록 먼저 종단적 분석도 시도하기로 한다. 하지만 개혁·개방 시기를 기점으로 사회주의 계획경제 체제이던 그 이전 사회와 시장화가 진행된 그 이후 사회의 체제개혁에 따른 진화로 심도 있는 분석은 불가능하다. 다만 사회주의 계획경제 시절 중국 동북지방의 조선족 사회를 전반적으로 스케치하는 방식으로 제2장에서 소개하는 형식을 택하였다. 왜냐하면 전민소유제와 집체소유제(특히 농촌경제)를 근간으로 하던 사회주의 계획경제 시절 옌볜조선족 자치주로 대표되는 중국 조선족사회 역시 사적 소유가 근본적으로 존재하지 않았기 때문이다. 특히 문혁이후에는 소규모 개인 서비스업종 등을 통한 원시적인 자본축적조차도 엄격히 통제하던 시기였다. 따라서 개혁·개방 이전 즉 조선족 사회가 본격적으로 새로운 이주와 정착을 시작하기 이전 시기 중국 동북지방에 집거하던 조선족 사회의 경제적 특성에 대하여 제2장에서 정리하는 방식을 통하여 개혁·개방 이후 조선족들의 새로운 이주와 정착이 거의 최소한의 원시자본 축적도 없이 시작되었다는 점을 강조하고자 한다. 본 연구의 본격적인 시작은 제3장에서부터 시작한다. 제3장은 중국 조선족의 새로운 이주와 정착을 중국 전역에 걸쳐서 대표적인 지역을 중심으로 정리하고, 설문조사 결과를 기초로 이들의 성공요인을 분석하는 연구를 시도하였다. 제4장에서는 3장의 연구결과를 보완하는 방식으로 성공한 조선족기업들에 대한 사례조사를 시도하였다. 그리고 제5장에서는 조선족기업들이 새로운 이주와 정착에 성공하는 과정에서 나타난 갈등과 융합에 대하여 살펴봄으로써 조선족기업과 이들이 새로이 형성하고 있는 새로운 이주지역에서 조선족사회의 지속 가능성에 대하여 분석을 시도하였다.

이와 아울러 횡단적 분석도 동시에 시도하였다. 횡단적 분석은 앞서 이미 언급한 조선족기업들의 성공요인에 대한 연구에 초점을 맞추었다. 조선족기업가들의 개인적 역량과 네트워크 그리고 환경요인 가운데 어떠한 요소들이 조선족기업가의 성공과 유의적인 관계를 가지는지를 규명하는데 집중하였다. 이러한 연구 목적은 특히 중국에 진출한 한국기업(가)들이 중국 조선족기업(가)들이 발전하는 과정에서 어떠한 역할을 하였으며 이들의 역할에 대하여 조선족기업가들은 어떠한 평가를 하고 있는지를 규명하는데 일차적인 목적이 있다. 그리고 향후 중국시장과 한국시장에서 한국기업(가)들과 조선족기업(가)들의 상생적 협력 가능성에 대한 가능성을 알아보기 위함이기도 하다.

제2장

조선족 사회의 형성-경제적 자원 축적의 관점

제1절 중국 조선족 사회의 형성 과정

서론에서 이미 언급하였듯이 중국 조선족 형성의 역사적 기원은 17~18세기 조선시대로 거슬러 올라간다. 당시 조선에 불어 닥친 흉년과 자연재해로 많은 농민들이 소작지를 상실하게 되고 이와 더불어 당시 권력층의 부패로 사회적 혼란이 야기되자 한반도의 생존 터전을 버리고 중국으로 흘러 들어온 개척민들을 최초 조선족 이주의 원류이다.4) 하지만 임계순(2003)은 현재 조선족이 대대분 이주한 19세기 후반을 기점으로 재중 조선족의 이주사를 150년으로 파악하고 있다. 그리고 가장 짧게는 조선인들이 자주적으로 이주하기 시작한 시기를 기준으로 하여 을사늑약과 한일합방 이후 의병이나 애국지사를 중심으로 이주하기 시작한 것을 기준으로 삼기도 한다. 이상에서 살펴보듯이 재중 조선족 사회의 형성은 길게는 약 500년 짧게는 150년~110년의 역사를 가지고 있는 것으로 연구자의 관점에 따라 비교적 큰 편차가 존재한다.

중국의 공민이자 소수민족으로 재중 조선족이 공식적인 위치를 갖게 된 것은 중국공산당 제6차 전국대표대회(1948년)에서 처음으로 중국 국경 내에 거주하는 조선민족을 중국 소수민족으로 인정하면서 부터이다. 이어서 1949년 '중국 인민정치협상회의 공동강령'에서도 소수민족을 타민족과 구별되는 집단으로 인정하였고, 1950년에 이르러서 55개 소수민족으로 확정되었다. 이 가운데 특히 옌벤 조선족 자치주 설치는 조선족의 역사에서 의미하는 바가 크다고 볼 수 있는데, 1952년 9월 '자치구'로 설립되었다가 3년 뒤인 1955

---

4) 주봉호(2006), "중국조선족 사회의 변화와 과제". 『동북아 농촌』41. pp149-172.

년 현재의 '조선족자치주'로 승격되었다. 이 과정에서 조선족이라는 호칭이 확정되었으며, 공식적인 소수 민족으로서의 정치적인 위상을 확보할 수 있었다.[5] 현재 조선족 자치주 내 구성원들은 민족적 정체성과 한민족만의 독특한 문화를 형성하고 있으며, 이외에도 중국 동북3성(헤이룽장성, 지린성, 요녕성)을 중심으로 조선족 마을(촌)이나 지구 등의 공동체들을 형성하고 고유 민족언어를 사용하며 한민족의 전통을 지켜나가고 있다.

신 중국 설립 이후 중국의 소수민족으로서 정치적 사회적 위치가 확립된 재중 조선족 사회는 사회주의화 과정을 거쳤으며 반우파 투쟁 시기인 문혁(文化大革命)기간을 거치는 과정에서도 중국공민으로서 동질적인 역사적 경험을 공유해왔다. 신 중국 설립 이전부터 중국 동북3성 지역의 농촌에 이주한 조선족은 인민공사화 과정에서 집단적 생산양식에 적응하면서 전형적인 중국 동북지역의 농업사회에 편입되어 오늘날의 조선족 사회를 형성하였다. 한국식 농촌사회의 특징은 씨족공동체의 특징을 가지고 있다. 더구나 사회주의 계획경제 하의 농촌공유제인 인민공사 체제를 유지해 온 중국농촌사회에서는 외부로의 유출이나 유입은 매우 제한적으로 이루어졌으며 동북지역의 조선족 사회도 예외는 아니었다. 시장 메커니즘이 작동하지 않는 계획경제 하의 정치경제 체제는 주민의 사회적 지역적 이동을 견인하는 효과가 전무하거나 극히 제한적이다. 이러한 상황에서 중국 동북3성 지역에 집중적으로 주거하던 조선족 공동체도 외부로의 유출은 정부 차원의 인력(재)배치나 이동 및 고등교

---

5) 이영심·최정신(2007), "재한 조선족 이주 노동자를 위한 주거 계획: 한국과 중국에 거주하는 조선족의 주거 및 주생활에 대한 고찰", 『대한가정학회지』,45(9), pp1-12.

육 기회를 확보한 인재의 대도시 유학에 따른 유출로 제한되었다.

1950년 인구통계에 따르면 동북지역 조선족 인구는 106만 8,000여명이었다. 조선족 인구분포와 관련하여 정치참여 형태는 3가지로 구분된다. 첫째는 지린성 중남부와 요녕성 동부지역의 현으로서 한족과 다른 소수민족이 많고 조선족은 상대적으로 적지만 각급 인민정부 간부와 인민 대표에 반드시 조선족 간부와 대표를 고려한 경우이다. 둘째는 조선족 거주자가 많고 한족 등 다른 민족은 적거나 절반씩 차지하여 민족 자치구역으로서의 조건을 갖추고 있으나 아직 자치정부가 설치되지 않은 지역으로 각 급 인민정부 간부에서 조선족이 차지하는 비중이 75~80%를 차지하는 지역이다. 셋째는 전체 혹은 다수가 조선족인 현이나 구에 소속된 지역의 조선족 인민 행정촌으로 대부분 당과 정부 간부가 조선족인 지역으로 실질적인 조선족 자치향인 지역이다(임계순, 2003). 하지만 당시의 정치적 환경은 공산당 지배 하의 중앙정부가 기층단위까지 실질적으로 완전히 권력을 장악하는데 정치적 최우선 목표를 두었기 때문에 소수민족의 다양성과 자치를 허용하기는 하였으나 자치를 완전히 제도화하는 것보다는 중국 민족 간의 통합을 더 강조할 수밖에 없었다. 이와 함께 경제체제의 사회주의화 작업이 동시에 추진되었는데 1956년에는 생산수단의 사적 소유제를 사회주의 공유제 생산양식으로 전화시키는 사회주의화 작업이 기본적으로 완료되었고, 1957년부터는 반우파 투쟁에 기반하여 인민공사로 대표되는 전면적이고 대규모적인 사회주의건설(소위 '大躍進')이 전개되었다. 생산수단의 공유화 대규모화(一大二公)라는 인민공사의 건설은 민족의 구분을 무효화하는 일종의 민족 간 통일정책적 특성이 강하기 때문에 근본적으로 소수민족의 자치와는 모순적인 체제의 구축을 의미하는 것이었다. 이 과정에서 유소기·등소평으로 대표되는 개혁파가 주도한 조정정책(1961~65)이 추진되기도 하였으나 이후 불어 닥친 문화대혁명으로 1976년까지 20년간 중국은 실질적이던 명목상이던 인민공사 주도의 집단 생산체제를 유지하게 되었다. 이러한 집단적 생산체제의 유지는 기본적으로 농촌에 거주하는 대부분 주민들의 이주와 이동을 제한하는 결과를 초래하였고, 이러한 체제적 주민이동의 제한은 1978년 개혁개방이 시작되기 전까지 기본적으로 지속되었다. 따라서 중국 조선족의 전통적 주거지역이던 중국 동북지방의 거주지를 벗어난 이동과 이주는 적어도 1978년 이전까지는 매우 제한적이었다.

제2절 개혁개방 이전 조선족사회의 경제현황[6)

1. 개황

옌볜조선족자치주 성립 이후 자치주 정부는 주민들의 의식주 해결 및 생활물자 공급을 보장하기 위한 경제발전에 노력한 결과 1980년 조선족자치주 사회상품 소매총액은 1952년의 6.8배까지 증가하였으며 대외무역액은 1970년 규모의 2.1배에 달하는 규모로 성장하였다. 그러나 이러한 발전 속도는 매우 완만한 것으로 신 중

---

6) 본 절의 내용은 계획경제 시절 조선족사회의 경제현황에 관한 것임. 따라서 본 연구의 연구범위를 벗어나는 부분임. 게다가 당시에는 계획경제 특성 상 개별 기업 및 기업가 단위의 실체가 없었던 시절이고 따라서 관련 자료도 존재하지 않던 시기로 이 당시 경제상황은 본 연구의 연구범위와 직접적인 연계성도 없음. 다만 책자의 구성상 불가피하게 당시 전체적인 조선족 사회의 경제사회 조망이 필요하다는 판단 하에 본 절을 구성하였음. 하지만 관련 자료의 부재와 자료의 제약성으로 "옌볜조선족자치주개황", 옌볜인민출판사(1984)의 연길부분 자료를 참조 및 재정리하였음을 밝힘.

국설립 초기 취약했던 지역경제 기반을 고려할 때 더욱 그러하다. 중국 정부 성립 이전까지 일제 강점기 하에서는 엄격한 통제경제가 실시되었다. 그 결과 상품경제는 극도로 위축되었으며 특히 민간이 주도하는 소위 민족상업의 발전이 극히 제한되었다. 그나마 얼마 안 되는 상품유통 체제를 중심으로 하는 시장경제는 일본 군국주의 (관동군) 권력의 비호를 받는 일본상인들이 지배하였다. 소규모 영세한 민족상업 자본들이 존재하기는 하였으나 자본금이 불과 1천~2천원이거나 4천~5천원 수준이었다. 그마저 일본 동양척식은행 체제의 식민지 금융기관에 의하여 좌지우지 되다시피 하였다. 태평양전쟁이 발발하고 전쟁물자 조달체제로 전환되면서 그나마 민족 상업은 대부분 문을 닫게 되거나 통제경제 하의 배급소로 전락하였다. 따라서 신 중국 설립 이전 옌볜지역은 기본적으로 정상적인 경제활동이나 경제발전을 위한 노력이 극히 제한적으로 이루어지던 상황이었음을 이해할 수 있다.

일제강점기가 끝난 직후인 1946년부터 시작된 사회주의 계획경제체제 구축사업 일환으로 도문시에 설치된 지린무역국은 옌볜지역과 지린성 내 해방구7)에서의 상업과 대외무역을 통일적으로 관리하였다. 1947년에는 지린성 길동무역분국이 설립되어 옌볜지구의 상업과 대외무역을 전담하여 관리하였으며, 이후 지린성 공상국 옌볜분국으로 개명되었다. 그 산하에 잡화, 식량, 토산 등 3개 전문공사를 두었다. 1947년부터는 각 현, 진, 향의 농민들이 갹출한 자금을 모아 행정촌을 단위로 공급판매합작사(共銷合作社)를 설치함으로써 계획경제 하의 집체형 농촌상업경제체제를 구축하였다. 1952

---

7) 아직 국공내전이 끝나지 않은 상황에서 인민해방군이 승리하여 체제구축에 들어간 지역을 지칭.

년에는 옌볜자치주 공급판매합작총사가 설립되었다. 공급판매합작사 산하의 상업기업소는 1949년에 380 여개소로부터 1956년에는 870개소를 늘어났고 종업원은 1949년에 2,000여명으로부터 1956년에는 4,300여명으로 늘어났다. 사회상품소매총액가운데서 공급판매합작사 계통의 상품 소매액이 차지하는 비중은 1949년에 11.9%에서 1956년에는 34.4%로 늘어났다.

1953년부터는 국가에서 식량을 통일적으로 수매하고 통일적으로 판매하는 정책을 실시하기 시작하여 농업부문에서 초보적인 계획경제 체제가 자리 잡기 시작하였다. 그 결과 식량수매판매점이 급속히 증가하였으며 식량판매량은 1950년에 1,800여 만근에서 1957년에는 2억 9,800여 만근으로 증가하였다. 일반적으로 시장경제 체제하에서는 자영업이나 개인사업자에 의하여 운영되는 요식 서비스업의 사회주의 체제로의 편입도 급속히 확대되었다. 1952년에 음식점은 이미 1,000여 개소에 이르렀는데 그중에서 전인민적소유제와 집체소유제 등 사회주의 공유제 체제 하의 음식점이 전체 음식점 수의 58%를 차지하였다. 사회주의 국영상업과 집체상업 운영을 확대함과 동시에 한편에서는 당과 정부 차원에서 사영상업에 대한 사회주의 체제로의 개조사업도 계속 진행되었다. 그 결과 1956년에 옌볜자치주 전체 개인상업의 91.6%가 공사합영기업소 또는 합작상업에 편입되었으며 이로써 옌볜에는 국영상업 체제 하의 통일적인 사회주의적 상업이 이미 형성되었다. 같은 해에 사회주의 상업과 공사합영형 사회주의 상업의 소매액은 사회상품소매총액의 95.6%를 차지하였다.

농업부문의 집체화와 상업부문의 국유화/집체화로 사회주의 계획경제 체제가 구축되었다는 것은 이 시기를 기점으로 그나마 전통적 시장경제 부문도 거의 사라졌다는 것을 의미한다. 주민의 이동을 억제하는 엄격한 호구제도의 실시와 이에 기반하여 생활물자를 분배하는 배급제도는 시장경제의 퇴락과 함께 경제적 유인에 의한 사회적 지리적 이동의 인센티브를 억제시키게 되었다. 개인상점은 1979년에 이르러서도 불과 십여개 소 밖에 없었다. 따라서 이 시기 옌볜을 중심으로 동북3성에 거주하던 조선족들도 국가나 지방정부에 의한 공공기관 배치나 파견에 의한 지역간 이동이나 친인척간 최소한의 교류를 위한 단기적 이동을 제외하고는 이동이나 이주의 기회나 유인이 거의 존재하지 않는 상황이 전개되었다.

사회주의 상업이 발전함에 따라 1980년의 옌볜조선족자치주내의 상업기구와 요식 서비스업소는 총 5,882개소로서 1956년의 1.9배에 이르렀으며 종업원 수는 4만7,900명으로 1956년도의 3.4배에 달하였다. 농촌지역 유통망인 공급판매합작사(供銷合作社) 계통의 종업원 수는 1949년에 2,400여명에서부터 1980년에는 8,700여명으로 늘어나 2.6배 성장하였다. 하지만 30여 년 간에 걸친 이러한 증가추세는 매우 안정적인 것으로 시장의 견인에 의한 경제규모의 확장에 따른 것이라기보다 최소한의 필요한 물적 자원의 생산, 공급에 필요한 물적 분배 체제의 구축이라는 관점에서 이해할 필요가 있다. 따라서 옌볜 조선족 자치주의 상업규모는 이 시기에 거의 큰 변화가 없었다는 것을 유추할 수 있다. 그나마 1978년 개혁·개방의 실시로 상업활동이 일부 활성화되기 시작한 결과가 1980년의 상업활동 실적에 반영된 것이다. 실제로 자영업과 유사한 개인상업은 실질적인 개혁·개방 실시의 첫해이던 1979년에 이르러서도 십

몇 개소에 불과하였다. 시장을 활성화하고 생활물자의 공급을 원활하게 함으로써 인민생활의 편리를 도모하기 위하여 1980년에는 개인상업에 대한 정책적 허용범위를 넓혔다. 이리하여 이해에 1,600여 호의 개인상업이 영업허가증을 취득하였다. 개인상업이 확산되면서 시장 확산 및 활성화 효과가 나타났다. 당시 아직 지배적이던 배급 위주의 사회주의 상업분배 체제의 보완적 제도로서 제한적이나마 개인상업 제도는 주민들에게 생활 서비스 상의 편리를 제공하면서 그 사회적 경제적 기능을 담당하는 중요한 역할을 담당하게 되었다. 하지만 이러한 개인상업의 시작도 아직은 전국적인 물류 및 상적 네트워크 인프라가 미 구축된 상황에서 자생적으로 나타난 것이기 때문에 전국적인 차원에서 지역적 사회적 이동을 견인하기에는 역부족이었다. 따라서 이러한 초보적 상업행위는 성내 또는 인접한 성간 물자교류 활동의 범위를 크게 벗어나지 못하는 제약을 가질 수밖에 없었다.

2. 1980년 이전 옌볜조선족자치주의 공·농업 상황

옌볜자치주 공업과 농업부문 생산 및 공급 능력이 발전하고 주민들의 구매력이 향상됨에 따라서 자치주의 상품소매액도 지속적으로 증가하였다. 1980년의 사회상품소매총액은 5억 8,834 여만 원(인민폐)에 달하여 1949년의 18.6배, 1952년의 6.8배, 1965년도의 2.6배에 달하였다. 같은 해에 생활필수물자와 내구 소비재 판매량이 크게 증가하였다. 1980년의 돼지고기 판매량은 1976년보다 43% 늘어나 공급량을 조절하기 위하여 발급하던 배급표가 필요 없을 정도로 수급조절이 안정될 수준으로 공급량이 증가하였다. 이밖에 같은 기간 동안 식용유는 61%, 설탕은 89%, 라디오는 80%, 손목시계는 92%, 자전거는 71% 씩 판매량이 각각 신장되었다. 그런가 하면 TV 판매량은 1979년 보다 55.9%나 증가하였다. 그 결과 1980년 옌볜자치주 전제 인당 평균소비수준은 1976년보다 46.6%나 신장하였다. 1980년 옌볜자치주 도시시장 소매판매액은 3,060만 여 원에 달하였는데, 이것은 1957년의 8배, 1962년의 3.9배에 해당하는 규모이다. 이것은 사회상품소매총액에서 차지하는 비중이 4% 남짓에 불과하지만 당시 사회주의적 상업적 분배체제를 보완해주는 시장 메커니즘에 기초한 상적 유통조직으로서 주민들의 생활에 큰 편리를 제공해 주는데 기여하였다. 1980년 각 현, 시의 주요 시장(소위 農貿市場)들은 모두 철제로 지붕을 올리고 목제로 기둥을 세운 개방형 시장공간을 갖추었다. 예컨대 연길시 서시장은 하루 800명의 고객을 수용할 수 있을 정도의 농수산물을 포함한 생활물자를 공급하고 있었으며 일일 평균판매액은 1만5,000여 원에 달했다. 당시 옌볜자치주에 생겨난 35개소의 주요 시장 통계에 따르면 1980년에 시장을 통하여 출하된 상품품목 수는 전년대비 170여종에서 200여종으로 늘어났고, 시장가격은 전반적으로 안정적인 추세를 나타냈다. 예컨대 1980년 1월부터 10월까지 사이에 옌볜조선족 자치주에 설치되어 있던 20개의 소시장에서는 총 1만6,400여 마리의 소가 판매되었는데 전년대비 45.6% 늘어난 것이며 교역총액은 652만 8,000여 원에 달하여 전년대비 54.7% 증가하면서 수급의 안정세를 보였다. 사회주의 계획경제 체제 하에서 1977년까지 만하여도 극심한 생필품 부족에 시달렸던 중국의 물자공급 부족상황을 고려할 때 옌볜자치주에서의 이러한 상업활동의 활성화는 주민생활에 필요한 물자를 공급하고 조달하는 수준에서 이루어졌을 개연성이 크다. 하지만 이러한 과정을 통하여 시장경제 활동이 작동하기 시작하였으며 초보적인 소자본 축적이 나타나기도 하였다.

앞서도 언급하였듯이 당시 옌벤조선족자치주는 전통적인 농업경제를 중심으로 하는 농업중심의 산업구조를 형성하고 있었다. 다만 농촌을 위하여 농기계, 화학비료, 농약, 농업용 비닐 등 농업생산에 필요한 기계와 화비농약, 기타 농업용 부자재 및 농촌에서 필요한 생활물자 등을 생산 공급하는 수준에 머물렀다. 옌벤자치주 공업은 농업용 기자재와 물품 그리고 여러 가지 생활필수품을 적기 적시에 공급하고 추가적으로 여러 가지 지방특산물을 적시에 수매함으로써 농촌경제가 활기를 띠게 하고 농민들의 생활수준을 개선시키는데 필요한 농업생산의 발전을 적극적으로 추진하는 보완적인 역할을 수행하는 수준에 머물렀다. 1980년에 농촌에 공급한 농업생산수단 총액은 6,353만 여원에 달하여 1952년보다 23.6배 늘어났다. 그리고 같은 시기에 화학비료 판매량은 1952년보다 23.4배 늘어났다. 1980년의 트랙터, 디젤기관 등 농업용 전동기계 판매량은 1957년보다 31.8배 늘어났다.

3. 상업 및 무역활동 상황

옌벤조선족자치주 전체 유통체제(供銷合作社)는 농민들의 지방특산물과 부산물을 적시에 수매하여 판로를 확대 개척함으로써 조선족 농민들이 큰 이득을 볼 수 있게 하였다. 돼지고기, 닭고기, 개고기, 담배, 삼베 등 축산물과 부산물에 대하여서는 지정수매하거나 구매량을 정하고 수매하였고 기타 산물에 대하여서는 가격을 협상하여 수매하였다. 해마다 추수기간에는 고정가격에 의한 지정 수매와 유동가격에 의한 수매를 결합하여 여러 가지 채소, 과일, 약재들을 적시에 수매하였다. 1980년 옌볜자치주의 지방특산물과 부산물의 수매총액은 4,665만여 원을 기록하여 1950년의 7배에 달했다. 목이버섯 구매량만 보더라도 1975년에는 2만 9,300킬로그램이던 것이 1980년에는 36만 3,000여 킬로그램으로 5년 동안에 무려 11배 이상 늘어났다.

상업부문에서는 민족특수용품 공급사업을 중앙의 소수민족정책을 실천하는 중요한 임무의 일환으로 삼고 조선족들의 생산필수품과 생활필수품을 적시에 수매하고 공급하는 역할을 담당하였다. 이러한 민족특수용품들로는 벼농사용 제초기, 탈곡기, 호미 등 생산도구와 고무신, 가마, 양은 그릇, 편직물 제품, 찬장 등의 생활용품 그리고 냉면, 된장 등을 만드는데 소요되는 여러 가지 조미료, 고춧가루, 명절에 먹는 과자 그리고 민족악기 등이 포함된다. 조선족이 즐겨 입는 비단을 예로 들면 자치주에서는 중앙자금의 지원을 받아 연길시비단공장을 새로 건설하고 조선족들에게 양질의 다양한 비단 직물들을 공급하였다. 1980년의 비단 판매량은 115만 9,800미터나 되어 1949년보다 63.4배 늘어났고, 1952년보다 7.7배 늘어났다. 뿐만 아니라 조선족들이 즐겨 먹는 수산물을 적시에 공급하기 위하여 자치주에서는 1954 년부터 (문화대 혁명 기간 제외) 북한의 함경북도와 지방 차원의 소액무역을 추진하여 해마다 수 만근의 명태, 미역 등 수산물을 수입, 조달하였다. 이밖에 중앙에서도 해마다 많은 수산물을 옌볜조선족 자치주에 직접 배정해 주었다. 1980년의 바다 생선을 위주로 한 수산물 판매량은 8,075톤에 이르러 1949년보다 거의 100배 늘어났고 1952년보다 11.6배 늘어났다. 이렇듯 당시의 경제상황은 농업과 농사에 필요한 대형 트랙터부터 사소한 기계나 농기구, 농약, 비료 등 화학제품을 비롯하여 민족특산품인 기호식품에 이르기까지 모든 것이 공적 유통체제를 통하여 이루어졌다. 시장에 맡기는 것이 훨씬 효율적인 물품이나 제품들까지도 계획에 의하여 생산, 판매되었다는 당시의 유통체제로 유추할 수 있는 것은 공적 기구형태의 상업체제를 제외한 민간 상업적 유통영역은 극히 제한되어 있던 상황이었을 것이라는 것이다.

옌볜지구의 대외무역은 수백년의 역사를 가지고 있다. 17세기로부터 조선의 회령, 경원 지역과 매년 혹은 격년으로 정기적인 '호시'를 열었다. 1885년에는 화룡욕, 과제욕, 서보강 등 지역에 국경검문소를 설치하고 조선의 회령, 종성, 경원 등지와 육로통상을 추진하였다. 1909년 이후 청국은 일본 제국주의의 압력으로 연길, 용정 등 여러 곳을 통상지로 개방하였다. 그 결과 옌볜은 점차 일본 제국주의의 상품시장과 원료공급지로 전락하여, 1920년대 후반기에는 대외수출총액의 88%가 일본 수중에 들어가기도 하였다. 신중국 성립이후 대외무역권을 회복하였으나 사회주의 상업의 중요한 구성부분으로 자리 잡았다. 옌볜조선족자치주의 대외무역은 처음에 전문기구가 없이 상업부분에서 관할하였다. 옌볜에 처음으로 설치된 대외무역기구는 1959년 1월에 성립된 '옌볜대외무역처'로 이것은 지린성 대외무역국의 파출기구였다. 1970년에 옌볜대외무역공사가 성립되었다가 1972년에 다시 옌볜대외무역국으로 개편되었다. 1979년에는 각 현 및 시 단위의 대외무역기구가 설치되었으나 당시 옌볜자치주 전체 대외무역사업에 종사하는 인력은 130여 명에 불과하였다. 대외무역 부문도 전형적인 행정조직의 형태를 갖추고 있었는데 대외무역이 중앙과 지방정부의 독점적 사업영역이었던 당시의 상황을 반증하는 것이다.

옌볜조선족자치주 대외무역 조직은 독점적으로 옌볜지역의 공산품과 농산물을 적극 수매하여 수출하고 지역경제가 필요로 하는 수입품을 공급하는 역할을 수행하였다. 하지만 1970년의 옌볜자치주 전체 대외무역총액은 1,439만 원이었고, 그 후 개혁·개방 이전까지는 줄곧 2천만 원 대에 머물러 있었다. 그 후 개혁·개방의 추진으로 대외무역 활동도 중시되면서 무역액이 신속히 증가했다. 1979년 옌볜자치주 대외무역총액은 처음으로 3,679만 원을 기록하여 전년대비 21.6%나 증가하였다. 이에 따라서 옌볜자치주의 수출품목 수도 증가하였다. 곡물, 식용유, 식품, 축산물, 방직물, 경공업제품, 공예품, 철물제품, 화공제품, 기계설비 등과 고사리 등 산나물과 인삼, 녹용 등 지방특산물 그리고 목재를 원료로 하는 공산품들이 옌볜자치주의 수출품목을 구성하고 있었으며, 1979년부터 수출품목이 지속적으로 늘어나 1981년에 이르러서는 120여종에 달하였으나 대부분 경공업 관련 제품들에 집중되어 있었다.

4. 옌볜자치주의 재정·금융 상황

조선족자치주가 설립된 이후 생산과 상업 활동이 활발해지면서 재정·금융사업도 발전하였다. 1980년의 재정수입은 1952년보다 거의 40배 늘어나고 재정지출은 13.8배 늘어났다. 그 결과 재정수입과 지출이 균형을 이루게 되었으며 흑자가 발생하기도 하였다. 옌볜조선족자치구[8])의 재정기구는 1952년에 자치구로 승격하면서 1

급 재정기구로 승격되었다. 자치주로 승격된 초기에도 옌볜조선족 자치주의 재정 상태는 비교적 어려웠다. 그러나 개혁·개방 이후 경제가 활성화되면서 재정상태가 빨리 호전되고 재정수입이 해마다 증가하였다. 1980년의 재정수입은 1억 584만 원에 달하여 1949년보다 366배 늘어나고 1952년보다 거의 40배 늘어났다. 1980년부터 재정관리 체제개혁이 실행되자 여러 면에서 경제활동을 촉진시키는 효과가 발생하였다.

당시 재정수입은 기업소득(수입), 기업에서 납부하는 기본감가상각기금 그리고 공상세, 농업·축산세를 망라한 여러 가지 세금으로 이루어져 있었다. 그리고 이밖에 일부 기타수입이 있었다. 농업세와 관련해서는 국가에서 소위 '이윤유보제' 정책을 줄곧 견지하였다. 농업세율은 1952년에 23%이던 것이 1960년에는 18.5%로 인하하였고 1975년 후부터는 줄곧 13.89%에 고정되었다. 그 결과 1980년의 농업·축산세 수입은 세수총액의 0.63%에 불과하였다. 1979년부터는 다시 농업부문 개혁이 시작되면서 농산물과 축산물의 수매가격을 여러 차례 대폭 상향조정함과 동시에 농업세액도 감면시켰다.

옌볜조선족자치주는 지방재정을 경제건설과 문화발전에 우선 투입하는 정책을 세우고 농업과 문화, 교육, 보건 관련 사업에 투자하도록 유도하였다. 1952년부터 1965년 사이에 농업투자와 문교·보건부문 지출액은 도합 2억 1,200여만 원에 달하여 13년간 지출총액의 47%를 차지하였다. 이 같은 재정지출은 농업생산의 발전은 물론 '조정기(1963~1965)'동안 경제복구 사업에도 중요한 역할을 하였다. 재정지출총액 가운데서 농업지원과 문교, 보건·사회복지

---

8) 당시는 아직 '옌볜조선족자치구'로 자치주 승격 이전시기임.

등 3부문 지출액이 차지하는 비중은 1952년에는 45.7%에서 1980년에는 58.2%로 증가하였다. 이 가운데서도 농업지원 투입액은 1952년에 비하여 1980년에 124.5배나 증가하였다. 농업지원 투입액 가운데는 생산대 보조, 사대기업보조(1980년부터 무이자 대출로 전환) 등이 포함되어 있으며 관개수리 보조 및 한해방지 비용을 포함하여 관개수리 건설 무상보조와 소형 수력발전소 건설 보조비 등이 망라 되었다. 옌벤조선족자치주의 재정지출을 살펴보면 주로 농업 및 농업 인프라 발전과 사대기업의 생산 관련 기계설비 개보수 수리 등에 집중되어 있다. 따라서 이 시기 옌벤조선족자치주의 발전전략은 주로 농업과 농업 관련 기계설비 분야에 집중되고 있음을 확인할 수 있다.

일제와 만주국 시기를 거치면서 옌벤의 금융기관과 금융시장은 매우 혼란스러웠다. 당시에는 만주국 화폐와 일본 화폐가 혼재되어 유통되고 있었다. 일제와 만주국의 전쟁 준비를 위한 통화 남발은 엄청난 인플레이션을 초래하였고, 투기꾼들의 창궐로 물가가 폭등하게 되었다. 이러한 무정부적인 역사적 배경으로 인하여 중국 공산당 정부가 들어서기 직전시기이던 국공내전 기간 동안은 화폐유통이 매우 혼란스러웠다. 심지어 신 중국 성립 초기까지만 하여도 소련 홍군은 옌벤지구에서 자체적으로 홍군 유통화폐를 별도로 발행하기도 하였다. 혼란한 금융 상황을 수습하기 위하여 정부 산하의 인민 금융기관인 길동은행(성급 은행)이 1946년 4월 연길시에 문을 열었고 일부 현에는 분소 혹은 사무소가 설치되었다. 길동은행에서 지방유통권(투먼에서 제작)을 발행하여 만주국 화폐 및 소련 홍군 유통화폐와 태환해주면서 사회질서는 안정을 찾기 시작하였다. 1947년 하반기에는 길동은행이 도문에서 연길로 이전하면서 성 차원의 중앙은행의 역할을 담당하였다. 옌볜 각지의 은행들은 길동은행의 직접적인 지도하에 예금과 대출 업무를 실행함과 동시에 관계 부문과 협조하여 국공내전 상황 하에서 아직 국민당 군이 점령하고 있던 지역들로부터 식량과 직물, 면 등 전쟁물자를 조달함으로써 해방전쟁을 지원하기도 하였다. 건국초기의 혼란을 거치면서 1948년 3월에 동북은행이 지린시에 설립되었다. 이로써 옌볜 각지의 은행들은 동북은행 지린성 분행의 지점은행으로 재편되었다. 이때로부터 옌볜 각지의 은행들은 개인농민과 호조조에 식량과 종자 그리고 현금을 대여하면서 농업실물 대여금을 제공하기 시작하였고 예대출 업무를 대폭 넓혀가기 시작하였다. 1951년부터는 다시 옌볜 각지의 은행들이 중국인민은행의 분행과 지행으로 재편되었으며, 1952년에는 중국인민은행 옌볜분행이 옌볜중심지행으로 승격하면서 1953년부터 옌볜자치주의 전반적인 금융사업을 지도하게 되었다. 옌볜 각지의 신용합작사도 이때부터 共銷合作 단위 산하 조직에서 인민은행의 기층조직으로 재편되었으며 그 후 다시 농업은행에 귀속되었다. 1954년에는 중국인민건설은행 옌볜중심지행이 정식으로 설립되었다. 농업은행은 2차례나 인민은행과 합병을 반복하다가 1980년 1월부터 다시 독립하게 되었다. 1980년 현재 조선족자치주 금융부문의 종업원 수는 총 2,550여명(그 중 여성 종업원 수는 930여명)에 달하여 1952년보다 3배 정도 증가하였다.

신 중국 성립이후 개혁개방 시작초기까지 30여 년간 은행에서는 자발적인 저축을 유도하고 다양한 방법으로 자금을 조달하여 다량의 대출자금 공급함으로써 옌볜지역 공농업생산 발전과 서비스업

발전에 기여하였다. 1980년 인민은행 연말 예금잔고는 2억 6,110만 원으로서 1949년보다 257.5배 성장하였고 1952년보다 27배 성장하였다. 그 중에서 도시지역 연말저축 잔고는 1949년보다 7,245배 증가하였고 1952년보다 195배 신장하였다. 생산이 발전하고 예금이 증가함에 따라 인민은행의 대출 잔고도 급속히 증가하였다. 1980년 연말 옌볜자치주 대출금 잔고는 6억3,654만원으로서 1949년보다 약 2,600배 늘어났고 1952년보다는 20배 신장하였다.

주목할 만한 것은 1949년부터 1952년에 이르는 신 중국 성립 직후 3년간의 국민경제 복구시기에 자치주의 각급 은행들은 '실물환산예금'을 실시하고 '원금과 이자를 보장'해줌으로써 예금을 유도하여 물가와 시장을 안정시켜 계획경제를 실행하기 위한 자금을 마련하였다는 것이다. 사회주의화 초기 농업합작화 단계에서는 148만원의 합작기금을 대출하여 3만6,400여 호의 빈농들에게 고급합작사에 가입할 지분출자금(그 후 심사 거쳐 이중 52.9%는 상환면제 조치를 취함)을 마련하도록 지원하기도 하였다. 1960년대 초기 대약진 정책으로 인한 정책실패와 한발이 겹쳤던 경제적으로 어려웠던 시기와 뒤이은 조정기 동안 금융부문은 물가와 시장을 안정시키는 면에서 중요한 기여를 하였다. 하지만 뒤이은 10년간의 문혁 기간에는 은행 본연의 업무가 거의 마비되다시피 하였다. 신용대출은 늘어나고 자금회전이 급속히 느려지면서 자금공급이 악화되는 악순환에 빠졌다. 그 결과 많은 생산대들의 대출금이 누적되고 많은 사대기업들이 결손을 보면서 물자가 적체되는 상태에 처하게 되었다. 1977년 문혁이 끝나고 1978년 11기 3중전회에서 개혁·개방 추진을 발표함과 함께 국가 금융기능의 정상화를 보장하는 결정을 내리면서 상황은 호전되기 시작하였다.

은행체제 이외에도 중국농촌지역에는 어느 곳이나 그렇듯이 일종의 농협 또는 마을금고 형식의 신용합작사 제도가 존재하였다. 옌볜조선족자치주에서도 농촌에 퍼져있는 신용합작사들은 예금유치 사업과 생산, 생활 대부금을 제공하는 면에서 중요한 역할을 하였다. 농촌신용합작사들의 연말 예금 잔고는 항상 대부금 잔고보다 많았다. 1962년에는 2.4배 많았고 1980년에는 1.5배 많았다. 1980년 연말 예금 잔고는 5,956만 원으로 1962년보다 5배 늘었고 연말 대부금 잔고는 2,387만 원으로 1962년보다 7.4배 늘었다. 신용합작사 회원 개인예금의 연말 잔고는 1962년의 463만 원에서 1980년에 2,863만 원으로 증가하여 5배 이상 신장하였다. 농민들의 인당 평균 예금 잔고는 1979년의 21.90원에서 1980년에는 29.93원으로 증가하였다. 이는 지린성 은행에서 인당 평균 예금 잔고를 4원으로 증가시키도록 하달한 당시 과업목표를 6배 이상 초과달성한 실적으로 농민 인당 평균예금액이 전체 지린성에서 수위를 차지하게 되었다.

1979년에 세워진 옌볜자치주 농업은행은 독립적으로 사업을 시작한 지 1년 만에 예금액이 6,380여만 원에 달하였으며 공사, 생산대대, 생산대 등에 대출해준 대출금액은 3,600여만 원에 달했다. 이들 대출금은 화학비료와 농약, 농기계 등의 원활한 구매자금으로 투입되었다. 이와 함께 공사, 생산대대, 생산대 등의 다양한 운영자금 대부와 사원대출에도 총 695만원을 지급하여 이 자금으로 사원 개인들로 하여금 목축, 양돈, 양봉업 등을 할 수 있도록 지원하였다. 이와 동시에 공사, 생산대대, 생산대 산하 기업(소)에도 대부금

2,250여만 원을 제공하여 사대 기업들이 발전하는데 기여하였다. 그 결과 사대 기업들의 생산액이 1979년에는 불과 700만원이던 것이 1980년에는 1억 원 수준으로 급격히 증가되어 공사, 생산대대, 생산대 3급 총수입의 3분1을 차지할 정도로 성장할 수 있었다.

제3절 개혁·개방 이전 옌볜조선족자치주 경제의 특성[9]

1. 전반적 특성

1949년 신 중국 설립이후 1978년 개혁개방까지 중국 옌볜조선족자치주는 국공내전의 전후복구와 일제강점 혼란의 극복을 중심으로 사회주의 계획경제 체제 구축과정을 거치면서 1950년대 중반이후 10년간 경제활성화 시기를 갖기도 하였다. 이 시기에는 주민들의 기본적인 생활기반의 회복 및 복구를 위하여 새로운 생산체제를 구축하고 계획경제 분배체제를 조직하는 노력을 중심으로 경제발전이 이루어졌다. 하지만 다시 1960~70년대 문화대혁명을 겪으면서 경제적으로는 암흑기에 들어가게 되었다. 결국 이 시기의 경제적 기반은 체제의 특성 상 집체소유 중심의 자산축적이 이루어졌다는 특징을 가지고 있다. 농촌과 농업의 경우 인민공사 체제를 중심으로 하는 집체소유 체제가 구축되었고, 일정한 시행착오 과정을 거치면서 생산대대, 생산대 단위로 집체소유의 실행 단위가 분화되었다. 질적으로는 농업을 기반으로 하여 농업에 필요한 물자 및 재료 등을 공급하는 소공업 그리고 주민들의 생활물자를 공급하는 경공업

---

9) 본 절의 내용도 개혁개방 이전시기 현황 자료로 제2절과 같은 논지에서 왕국진(2010), "근대 옌볜경제발전사", 옌볜대학교출판사 자료를 참조하여 재정리하였음을 밝힘.

을 중심으로 사대기업 체제의 공업생산 체제를 구축하고 있었다고 정리할 수 있다.

이러한 생산체제와 공급분배 체제는 집체를 기반으로 하고 있기 때문에 당시의 자원축적은 옌볜자치주를 중심으로 개별 시와 진, 현과 향 단위로 생산기반 구축과 자본축적이 이루어졌다. 특히 지린성은 당시 농촌개혁의 시범지역으로 1979년 개혁개방 공식발표 이전에 이미 1977년부터 농가생산책임제가 적극적으로 추진되었던 지역이다. 따라서 이 당시 옌볜조선족 사회는 외부로의 이동을 부추기는 유인보다는 거주지에 머물면서 해당지역 농업부문 경제체제 개혁에 따른 집체자산의 분할 및 공유 그리고 개혁과정에서 발생한 개인 경제자산 축적 기회를 확보하는데 보다 관심과 신경을 썼을 가능성이 크다. 실제로 동북지역 조선족 향을 방문해 보면 이 당시 농촌개혁에 적극 참여하여 해당 마을의 개혁을 이끌었던 집안들이 현재까지도 그 마을의 지도자로서 리더십을 발휘하고 있으며 마을 단위 집체자원의 동원 및 개발에 관한 결정권한을 행사하고 있음을 볼 수 있다. 하지만 앞에서도 볼 수 있듯이 당시 옌볜자치주 지역 경제는 '비정상의 정상화' 단계에 머물고 있었기 때문에 계획경제가 가지고 기본적인 틀과 제약을 벗어나지는 못하고 있었다. 따라서 조선족 개인들이 자신의 자산축적을 위하여 적극적으로 나설 수 있는 상황은 아니었던 것으로 판단할 수 있다.

2. 계획경제 시기의 조선족기업의 특성

중국에서 중화인민공화국이 수립되면서 중국에 거주하던 대부분의 조선인 또한 중화인민공화국의 국적을 갖게 되었다. 중국공산당

제6차 전국대표대회(1948년)에서 처음으로 중국에 거주하는 조선 민족이 중국 소수민족으로 공식 인정되면서 오늘날 우리가 부르는 '중국 조선족'이 탄생한 것이다. 옌볜조선족자치주의 조선족은 혈연적 관계를 중심으로 민족적 정체성과 한민족만의 독특한 문화를 유지, 형성해 오고 있으며, 이외에도 중국 동북3성(헤이룽장성, 지린성, 요녕성)을 중심으로 주로 농촌지역에서 조선족 마을(촌)이나 지구 등의 공동체를 형성하여 고유 민족 언어를 사용하며 한민족의 전통을 지켜나가고 있었다. 또한 조선족인회를 중심으로 한 각종 기업이 여러 가지 경제활동을 전개해 나갔다.

이 당시는 앞에서도 언급하였듯이 전통경제와 전시의 혼란스런 경제체제에서 해방과 함께 국민경제 회복을 위한 노력에 국가적 노력이 집중되던 시기였다. 이 당시의 조선족 기업가를 자세히 확인할 수 있는 정보는 극히 제한적이다. 다만 그 당시에는 조선족인회가 형성되었는데 이를 통해서 간접적으로 추정할 수 있을 뿐이다. 이를 위하여 하얼빈의 조선인회를 중심을 당시의 조선족기업에 대한 부분적인 상황을 조망하기로 한다. 우선 하얼빈시 조선인회는 1948년 4월 23일에 건립되어 1958년 5월에 해산되었다. 이 조직은 하얼빈시 인민정부 민정국에서 직접 관리하는 조선민족의 민간단체이다. 10년 동안 조선족인회는 하얼빈시 정부를 도와 조선족의 정치, 경제, 문화, 교육, 위생(衛生)등의 발전과 민족 단합에 많은 기여를 했다. 당시 조선족기업은 아래의 간단한 사례에서 알 수 있듯이 민정국-조선인회-산하 기업의 형태로 조직되어 있었으며, 대부분 주식제 기업의 형태로 설립되었으나 점진적으로 신 중국의 사회주의 계획경제 체제가 완성됨에 따라서 집체, 국유체제에 편입되어

가고 있음을 확인할 수 있다. 대체로 1958년 계획경제가 완성되는 단계에 이르면 소매유통 체제의 기초 단위조직인 공소합작사를 제외하고는 제조업 및 전문 서비스업종은 계획경제 체제 하의 집체체제/국영체제로 편입되고 있음을 확인 할 수 있다.

사례 1 농기구공장 : *조선인회 산하의 농기구 공장은 1951년 3월에 세워졌고, 자금은 리영호 등 7명이 주금 6,325만원(동북화폐)을 출자하여 구성되었다. 처음에는 6명의 근로자와 기술자 2명이었고, 주요 상품은 수전 제초기, 수전보습, 수전용 낫, 정미기였고, 내연기도 수리 하였다. 1952년 9월에 조선인회 농기구 공장은 하얼빈시 제2경공업관리국으로 넘어갔고, 자금 1억 8,000만원에 종업원 75명으로 확대되었다. 이 농기구 공장이 세워짐으로서 조선족실업자 60여명이 구직하게 되었고, 근교와 각 현에 수전 농기구를 제공하게 되었다. 이 공장은 국가에 세금을 내고서도 조선인회 경비로 3,000만원을 납부하였다. 그 후 이 공장은 오상현(五常縣)으로 이전하여 송화강 농업기계공장(일종의 집체기업)으로 발전하였다.[10]*

사례 2 건축회사 : *조선인회 건축회사는 시정부 건설국의 허가를 받고 1951년 5월 10일 도리(道里) 서11도가 39호에 설립되었다. 리정운, 서해진 등 9명이 주금(납입 자본금) 7,500만원을 출자하였고, 리정운이 경리로 임명되었으며, 공정기술자인 21명의 직원이 있었다. 이 건축회사에서는 토목건축, 측량, 설계, 제도 및 스팀, 전기시설 배설 등의 업무를 담당하였다. 1951년 11월에 주금을 주주*

---

10) 하얼빈시조선민족백년사회-서명훈, p297.

들에게 돌려주고 국유기업 체제로 전환되었다. 순 이윤의 80%는 생활이 어려운 사람과 조선인회 경비를 도왔다. 1952년 2월 국가규정에 따라 하얼빈시 건축회와 합병하였다.[11)

사례 3 소비합작사 : 조선인회 소비합작사는 1951년 여름에 주금 1,028만원 모아 중앙대가(中央大街) 28호에서 개업하였다. 그 후 지단가(地段街) 76호로 이사하여 영업면적을 180 평방미터로 확대하고 조선족의 생활용품을 전문적으로 공급하는 소매유통업을 담당하였다. 1983년도 7월 1일에는 경위2도가 41호에 영업면적 2,400 평방미터의 조선 민족용품 상점으로 발전하였다.[12)

---

11) 할빈시조선민족백년사회-서명훈, p297.
12) 할빈시조선민족백년사회-서명훈, p298.

제3장

조선족사회의 새로운 이주와 정착

제1절 개혁개방 이후 조선족의 새로운 이주

1. 전반적인 현황

앞서도 언급하였듯이 조선족의 새로운 이주는 개혁·개방과 함께 시작되었다. 재중 조선족의 역사를 이주의 관점에서 바라보면 1978년 중국의 개혁개방 발표에서 1992년 한중수교까지 14년 동안은 새로운 이주가 시작되는 재 이동의 잉태기라고 할 수 있다. 특히 옌볜자치주로 대표되는 전통적이며 폐쇄적인 중국 동북지역의 조선족 농촌 공동체는 1978년 '개혁·개방'이후 큰 변화를 맞았다. 개혁·개방과 현대화 건설이 추진되자 중국 사회경제 변화의 조류인 탈농촌 도시화 현상과 산업화 과정에서 대부분이 농촌지역이던 조선족 공동체에도 예외 없이 도시 지역으로의 이탈인구가 증가하는 현상이 나타났다. 이 가운데 친족방문('探親')과 산업연수 형태로 한국으로 유입되는 이른바 '한국 붐'이 일어나면서 중국 조선족 사회의 의식, 문화, 경제 및 가정생활, 가족 구조 등 삶의 전 영역에서 큰 변화가 나타났다.

구체적으로 살펴보면 1978년도 이후 '개혁·개방' 정책이 추진되면서 세계의 다국적 기업들이 중국에 투자하기 시작하면서 새로운 산업과 사업기회를 창출하였다. 한국 또한 1992년 중국과 수교 이후 대도시를 중심으로 1988년부터 소규모로 진출하기 시작한 중소기업은 말 할 것도 없고 대기업들까지 본격적으로 진출하기 시작하였다. 이러한 경제발전과 개방정책의 분위기를 타고 새로운 수입, 소득원을 창출하기 위한 노동력의 이동이 중국내뿐만 아니라 국외까지 확산되게 되었다. 조선족의 경우 예외가 아니어서 농사가 주된 업종인 동북지역으로부터 양질의 새로운 일터를 찾아 광주, 베이징, 톈진, 칭다오 등과 같은 대도시로 이주하기 시작하였다. 이러한 맥락 속에서 보다 진취적이고 모험적인 사람들은 한국, 일본, 미국 등 국외로 이주하는 현상도 나타났다. 이러한 현상의 주요 원인은 원 거주지의 사회경제적 낙후와 사회적 계층의 상승이동 기회가 원천적으로 막혀있던 중국 조선족 사회의 잠재된 발전의 욕구가 분출되면서 개혁·개방과 함께 새로운 기회를 찾기 위한 탈출이 급물살을 탔기 때문인 것으로 파악된다.[13]

한편 당시 조선족 주거지역 경제에서 중추적인 역할을 했던 초기 창업기업들이 파산하면서 그 기반이 무너지기도 하였지만, 새로운 창업과 사업에서 '성공신화'들이 또한 넘쳐나기 시작하였다. 1991년 중국동북 3성에서 약 345개의 조선족 사업체가 성장하였지만,[14] 2012년 중국조선족기업가협회에 등록된 기업 수 기준으로 약 3,000 여개에 이르며, 헤이룽장신문사는 자체조사에 근거하여 1만7천5백여 개로 추정하기도 하였다. 아직은 중국조선족 기업의 역사가 짧고, 단기간에 성장하면서 일정한 규모를 이루는데 급급하였고 할 수 있다. 향후에는 최초로 설립된 조선족기업가협회 등의 네트워크를 통한 시너지 효과 등이 기대되어 중국내 조선족기업계도 더욱 급속하게 신장할 것으로 예상된다. 현 단계의 중국 조선족기업계는 개혁·개방 40여 년간 상당한 자본축적을 거쳐 새로운 산업화 시대에 진입하고 있으며, 자생력을 갖추고 도약을 준비하는 단계라고 판단된다.[15]

---

13) 김현미(2008), "중국조선족의 영국 이주 경험: 한인 타운 거주자의 사례를 중심으로", 『한국문화인류학』41(2), pp39-77.

14) 료녕민족 출판사, 『중국조선족실업태계』p372, 1991년.

15) 이장섭(2011), "중국 헤이룽장성 조선족기업의 경영활동에 관한 연구", 『한국동북아논총』, 제58호, pp91-117.

조선족의 도시 이주에 대한 연구는 도시화 현상으로서의 동북3성 지역 내 이주와 베이징, 상해를 비롯하여 1급 대도시와 2급 도시인 칭다오나 옌타이 등의 연해도시 이주, 해외 이주로 나누어 정리할 수 있다. 우선 사회학자 권태환과 옌볜출신 조선족인 민족대학교수 박광성은 공동으로 '조선족 대이동과 공동체의 변화'라는 시각에서 현지조사 자료를 중심으로 조선족의 관내 이주현상을 분석하였다(권태환·박광성, 2004: 61-89). 1990년대의 대규모 인구 유출로 인한 중국 조선족 사회의 해체위기 현상에 대한 우려에 답하여 처음으로 시도한 임장연구이다. 동 연구는 2001년 1월-2월 동안 옌볜지역 5개 농촌마을을 비롯하여 헤이룽장성 5개, 랴오닝성 2개 마을 등을 중심으로 현장 방문과 심층면접을 실시하였다. 동 연구에 따르면 조선족 거주지들이 주로 분포되어 있는 동북 3성 지역 내 이주의 도시화 현상과 관련해서 같은 농촌이더라도 거주지 성격에 따라 이주양상의 차이가 있음을 밝혔다. 선양, 창춘, 하얼빈, 다롄 등과 같은 지역 중심도시로부터 멀리 떨어진 오지 농촌에서의 이주가 먼저 나타나며, 이들이 떠난 농촌 빈집에는 한족마을에 거주하던 조선족이 다시 이주해 왔다. 따라서 도시근교 농촌은 주민 이주는 많았지만, 오지 농촌으로부터 호구를 옮기려는 사람들이 많이 이주하여 조선족 거주자 호 수에는 큰 변화가 없었다. 한편, 조선족 중심도시 또는 동북지역 중심도시 인근의 조선족 농촌마을에서는 조선족 공동체의 도시 근교화 현상이 나타났다. 예컨대 선양 인근의 조선족 농촌에서는 랴오닝은 물론 지린이나 헤이룽장의 여러 지역으로부터 조선족이 몰려들었다. 이는 마을 개발계획과 조선족 유치를 위한 아파트 건설 전략의 효과 때문이었다. 반면 선양의 시타(西塔)와 같은 시내의 조선족 집거지역은 한국인 중소기업자들이 몰려들면서 한 때 동북지역의 왕징이라 불릴 정도로 한국인과 조선족이 집중되어 한인 타운을 형성하기도 하였다. 이러한 변화가 도심개발 계획을 자극하여 시 정부 주도의 개발계획과 지역 발전전략이 추진되면서 오히려 전통적인 조선족 주거지역으로서의 상징이 해체되면서 이곳에 주거하던 조선족들은 오히려 한족 지역으로 흩어지는 현상도 나타났다.

동 연구는 옌볜을 비롯한 동북3성 지역에 거주하는 조선족들이 주로 대도시나 신흥 산업도시, 연해지역 또는 한국으로 경제적 기회를 찾아 이주하는 현상임을 밝혔다. 중국 내 이주자들은 생활조건과 경제적 발전 조건이 유리한 도시로 이주하여 정착하려는 추세를 보였다. 한국으로 들어온 조선족 이주자들도 처음에는 원래의 고향지역에 관심을 가졌으나 결국은 새로운 경제적 발전의 기회를 찾아 수도권을 비롯한 다른 대도시를 투자 및 정착지역으로 선택하는 경향이 뚜렷하게 나타났다.

2. 조선족기업의 지역별 분포

개혁・개방 이후 조선족 기업가의 새로운 이주는 동북3성 지역을 제외하면 베이징・톈진, 산둥성 칭다오, 상하이를 비롯한 화동지역 그리고 광둥지역에 집중적으로 이루어지고 있다. 지역 분류는 중국 행정 권역을 기준으로 하여 조선족 기업 수가 100여 개가 넘는 지역을 중심으로 정리 분석하였다. 권역 내에 100여개 미만 지역은 기타로 분류하였다. 재중 조선족 기업 분포를 16개 지역별로 정리해보면 아래 표와 같다.

권역별	북경·천진		산동성		요녕성				길림성			흑룡강성	화동지역			광동성
지역별	북경	천진	청도	기타	심양	대련	단동	기타	연변	장춘	기타	흑룡강성	상해	이우	강소성	광동성
기업수	204	168	397	22	142	379	200	134	1188	68	162	133	150	91	75	244
총합	372		419		855				1418			133	316			244

자료출처: 본 연구팀 정리

조선족 기업의 수는 꾸준히 증가해 2016년 기준으로 중국 조선족 기업가 협회에 등록된 기업 수는 3,757개에 달한다. 조선족 기업의 지역별 분포도 기존 동북 3성 지역에서 중국 전역으로 확대되는 추세이다. 디지털타임스의 보도에 의하면, 1991년 당시에는 조선족 기업의 99%가 동북3성 지역에 밀집돼 있었지만, 한·중 수교 이후 10년이 지난 2012년에는 칭다오와 톈진 지역 등지에 소재한 기업의 비중이 11%까지 늘었다.[16] 조선족기업가협회에 등록된 3,757개 기업을 기준으로 확인한 조선족기업의 지역별 분포에서도 이와 같은 변화를 확인할 수 있다. 본 연구에서 확인한 지역별 분포를 살펴보면, 동북3성 지역에서, 베이징, 톈진, 산동성, 장수성, 광동성 지역 등의 동부 연안을 따라서 남부 지역으로의 확산 추세가 매우 뚜렷하게 나타나고 있음을 알 수 있다.

---

16) 디지털 타임스, 유근일 기자, ＜중국 내 조선족기업의 역사와 최근 동향＞, ryuryu@dt.co.kr, 2015-05-13 19:29

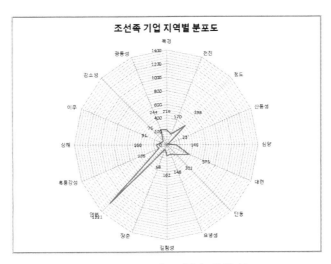

<그림 4-1> 중국 조선족 기업의 지역별 분포도

이를 다시 베이징·톈진, 산둥성, 랴오닝성, 지린성, 헤이룽장성, 화동지역, 광둥성의 7개 권역별로 분석 정리하면 아래와 같다. 옌볜지역을 포함한 지린성 지역이 1,418개 기업이 분포되어 있으며, 랴오닝성 855개, 산둥성 419개, 베이징·톈진 372개, 화동지역 316개, 광둥성 244개, 헤이룽장성 133개로 각각 분포되어 있음을 알 수 있다. 이를 도식화하면 아래 분포도와 같다. 조선족기업가협회에 등록된 3,700여 기업가운데 64.0%의 절대적 비중을 차지하는 2,406개 기업이 동북3성 지역에 분포되어 있고, 베이징·톈진 및 산둥성 등 환발해 서남부 지역에 21.1%인 791개 기업이 분포되어 있으며 중국 대륙의 남부지역으로 분류되는 상하이를 비롯한 화동지역(8.4%)과 광둥지역(6.5%)에 14.9%인 560개 기업이 분포되어 있다. 이러한 조선족기업의 전국적인 분포는 전통적으로 조선족이 집중적으로 주거하고 있는 동북3성과 한·중수교 이후 한국기업들

이 집중적으로 진출한 베이징·톈진 그리고 산둥성 지역에 약 85%가 분포하고 있다는 특징을 가지고 있다. 그리고 전체적으로는 옌볜조선족자치주로부터 광둥성까지 조선족기업의 분포가 중력법칙을 따르고 있음도 확인할 수 있다.

특히 산둥성과 톈진지역에 진출한 조선족기업들은 이들 지역이 한·중수교 이후 한국계 외자기업들이 가장 집중적으로 진출한 지역이라는 점에서 이들 한국계 외자기업들이 형성한 현지 기업생태계와 한인교민 및 조선족 동포 커뮤니티 생태계 관련 사업에 참여하고 있을 개연성이 크다.

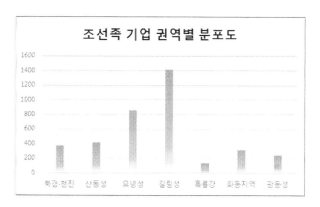

<그림 4-2> 중국 조선족 기업의 권역별 분포도

3. 조선족기업의 업종별 분포

업종은 기본적으로 한국표준산업분류표에 근거하되 재중 조선족기업의 특성을 고려하여 제조업, 설비·건설업, 부동산업, 서비스업(교육·방송광고·법률·금융·기타), 보건업(의료 포함), 유통·물류업, 무역업, IT관련업, 요식업, 숙박업, 여행업, 공공행정, 농·임·

광업, 기타 등의 18개로 분류하였다. 중국 16개 지역 중국 조선족 기업의 업종별 분포를 정리하면 아래 표와 같다.

	북경	천진	청도	산동성	심양	대련	단동	요녕성	길림성	장춘	연변	흑룡강성	상해	이우	강소성	광동성	총합
제조업	31	62	160	7	46	81	39	36	14	18	163	20	32	46	28	104	887
설비업	14	12	22	3	8	23	4	15	7	6	56	14	7	1	6	5	203
부동산업	12	2	1	1	2	3	2	12	2	1	30	1	0	0	1	0	70
법률 서비스업	14	3	2	0	1	6	0	0	0	0	6	4	0	0	0	2	38
교육 서비스	3	1	1	0	0	4	14	5	5	2	56	6	2	0	0	3	102
금융 서비스	29	3	8	0	5	17	3	0	5	9	30	6	9	0	1	6	131
방송광고 서비스업	16	0	7	0	5	5	3	0	5	4	57	9	3	0	0	4	118
기타 서비스업	0	10	0	0	7	23	2	15	15	4	114	4	0	0	2	4	200
여행업	12	2	6	0	4	12	3	1	6	0	25	6	1	0	0	4	82
숙박업	7	3	7	0	5	0	14	2	2	3	32	3	2	0	0	1	81
요식업	11	6	35	0	15	44	12	13	35	4	156	8	2	0	2	6	349
보건업	4	0	5	0	2	7	5	0	5	1	76	9	1	0	0	0	115
IT 관련	15	11	6	0	2	21	2	0	0	2	27	3	1	0	0	8	98
유통·물류	8	14	33	3	11	15	22	5	29	1	109	3	12	11	10	19	305
무역업	28	38	101	3	23	88	57	4	11	10	101	11	74	24	18	49	640
농·광·임업	0	0	1	0	1	12	3	4	6	0	17	6	0	0	0	0	50
공공행정	0	1	2	0	0	4	7	19	2	2	48	7	0	0	3	0	95
기타	0	0	0	5	5	14	8	3	13	1	85	13	4	9	4	29	193
총합	204	168	397	22	142	379	200	134	162	68	1188	133	150	91	75	244	3757

<표 4-2> 중국 조선족 기업의 업종별 분포

중국 전체 조선족 기업의 업종별 분포도를 살펴보면, 제조·설비업이 29%, 무역·유통·물류업이 25%, 각종 서비스업이 18%, 여행·숙박·요식업이 13%, 의료·보건업이 3%, IT관련이 3% 등의 비중을 차지하고 있는 것으로 나타났다. 조선족기업들이 참여하고 있는 4대 업종은 제조업, 무역업, 요식업, 유통·물류업 순이다. 그 뒤를 설비업과 기타 서비스업이 따르고 있다. 조선족기업이 가장 많이 참여하고 있는 2대 업종은 역시 제조업(887개)과 무역업(640개)이다.

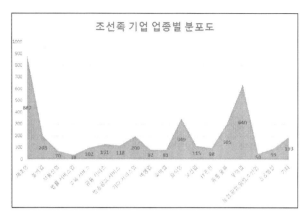

<그림 4-3> 중국 조선족 기업의 업종별 분포도

이들 업종별 분포를 다시 16개 지역별로 살펴보면 아래 분포도를 도출해낼 수 있다. 지역별 업종분포도 기본적으로 전체적인 업종분포를 크게 벗어나지 않고 있다. 다만, 톈진, 칭다오, 산둥, 장수, 광둥지역의 경우 제조업, 무역업 및 요식업에 대한 집중도가 상대적으로 높은 것으로 나타나고 있다. 이러한 현상은 조선족집중 주거지역인 동북3성의 경우는 상대적으로 업종분포가 다양한 편이나. 한국기업이 많이 진출한 지역이나 상하이, 광둥 등 남부지역으로 내려올수록 제조업, 무역업을 필두로 요식업의 3대 업종에 대한 집중도가 상대적으로 높은 것으로 파악된다. 이러한 현상은 향후 조선족기업의 발전과 성장이라는 관점에서 보면 다소 부정적인 전망을 하게 만든다. 제조업의 강도 높은 구조조정과 산업혁명 4.0이 가파르게 진행되고 있는 중국의 산업환경을 고려할 때 조선족기업들의 핵심역량 축적이라는 관점에서 지속가능한 경쟁력을 유지하는 것이 용이하지 않을 것이라는 조심스런 전망을 할 수 있다.

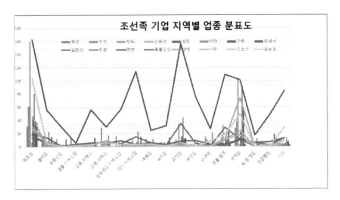

<그림 4-4> 중국 조선족 기업의 지역별 업종 분포도

위 분포도를 보면 알 수 있듯이, 옌볜지역의 기업수가 1,000여개 넘는 반면 창춘, 이우 등의 지역의 경우 100여 개가 채 안되어 지역별로 편차가 심하다는 것을 알 수 있다. 따라서 그래프 상으로 지역 간 비교 분석이 용이하지 않다. 본 보고서는 이를 권역별로 합산하여 아래같이 권역별 업종 분포도를 도출하였다.

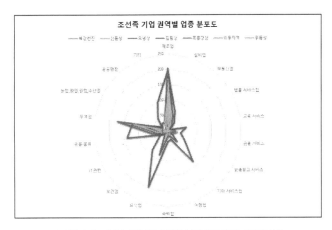

<그림 4-5> 중국 조선족 기업의 권역별 업종 분포도(1)

위의 권역별 업종 분포도를 살펴보면, 권역 간 업종이 비슷한 분포 유형을 보이고 있음을 알 수 있다. 1992년 한·중수교 이후 사반세기가 지난 지금의 조선족기업이 기존과는 다른 방식으로 변화하고 있음을 분명히 알 수 있다. 즉 동북3성이라는 특정지역에서 베이징·톈진 지역, 그리고 동부연안 지역 등 중국의 전역으로 활발하게 진출하고 있다. 그 업종 또한 기존의 제조업 중심에서 무역업, 물류유통업, 서비스 업종 등 다양한 업종으로 다양화되고 있다. 특히 제조업, 무역업 등의 업종은 조선족 기업이 있는 모든 지역에서 높게 나타나고 있어, 조선족 기업의 대표적 업종으로 제조업과 무역업을 꼽아도 큰 무리가 없을 것이다.

기업수가 상대적으로 많은 동북 3성 중 랴오닝성과 지린성을 비교해 보면 랴오닝성의 경우 무역업, 제조업이 가장 많이 분포되어 있고, 지린성은 제조업, 요식업, 유통·물류업이 상대적으로 많이 분포되어 있음을 알 수 있다.

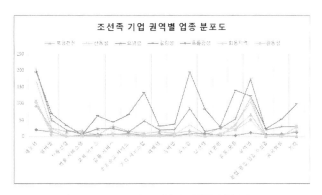

<그림 4-6> 중국 조선족 기업의 권역별 업종 분포도(2)

위의 권역별 업종을 분석해 보면, 화동 지역 및 광둥성 권역의 경우 제조업을 필두로 무역업과 유통·물류업에 다른 지역에 비해 집중적으로 분포되어 있는 것이 재확인된다. 그중에서도 특히 제조업과 무역업에 대한 집중도가 두드러진다. 제조업의 구조조정과 혁신이 강도 높고 빠르게 진행되고 있는 화동, 광둥지역의 산업환경을 고려할 때 조선족기업들의 이러한 환경 변화에 대한 대응이 어떠한 상황에 처해 있는지에 대한 심도있는 확인이 필요해 보인다.

4. 조선족공동체 건설 현황

현재 활발히 운영되고 있는 중국 조선족 기업 관련 협회는 크게 중국의 '중국 조선족 기업가협회'와 한국의 '세계한인무역협회(World-OKTA)'가 있다. 이 외 중국과 한국에 공식, 비공식적으로 활동하고 있는 각종 협회, 골프 모임 등 경제관련 조직과 단체 등이 있다.

가. 중국 조선족 기업가 협회

2007년 설립된 중국조선족기업가협회는 2016년 기준으로 100여 명 회장단, 중국 16개 도시에 조선족 기업가 협회가 결성되어 있으며, 3,600개 소속 회원기업을 둔 중국 최대 규모의 협회로 성장하였다.

183만 명(2010년 인구조사) 조선족 인구에서 한국에 나와 있는 재한 조선족 60만 명과 세계 각지로 진출한 조선족을 제외하면 중국 각지에서 생활하고 있는 조선족은 100만 여명 남짓으로 추정된다. 그 중에서 3,600여 개의 조선족 기업을 협회소속으로 두고 있다고 본다면, 중국조선족 기업가 협회는 명실상부하게 조선족의 삶의 중심에 있다고 볼 수 있다. 또한 지금까지 4차례의 대규모 경제교류회와 2차례 경제포럼을 개최해 조선족 경제 네트워크를 구축해 왔으며 향후 한국과 전 세계 한민족 경제인들과의 교류·협력에도 적극적인 역할을 할 전망이다.

협회 산하에 총 28개 지역 협회가 있으며, 각 협회 산하에 제조업, 무역, 과학기술, 종합, 요식업, 의학 등 6개 분과를 두고 있다.

<표 4-3> 중국 조선족 기업가 협회 지역분회

구분	C협회명	지역	구분	협회명	지역
1	吉林省朝鮮族企业家协会	지린	15	辽阳市朝鮮族企业家协会	요양
2	黑龙江省朝鮮族商会	흑룡	16	抚顺市朝鮮族企业家协会	무순
3	延边朝鮮族企业家协会	옌벤	17	鞍山市朝鮮族企业家协会	안산
4	辽宁省朝鮮族企业家协会	요녕	18	深圳市朝鮮族企业家协会	선전
5	广东朝鮮族企业家协会	광둥	19	天津市朝鮮族企业家协会	톈진
6	青岛市朝鮮族企业协会	칭다오	20	苏州市朝鮮族企业家协会	소주
7	北京市朝鮮族企业家协会	베이징	21	威海市朝鮮族企业家协会	위해
8	丹东市朝鮮族企业家协会	단동	22	牡丹江市朝鮮族企业家协会	목단
9	长春市朝鮮族企业家协会	창춘	23	密山市朝鮮族企业家协会	밀산
10	吉林市朝鮮族企业家协会	지린	24	东港市朝鮮族企业家协会	동항
11	通化市朝鮮族企业家协会	통화	25	盘锦市朝鮮族企业家协会	반금
12	沈阳市朝鮮族企业家协会	심양	26	营口市朝鮮族企业家协会	영구
13	本溪市朝鮮族企业家协会	본계	27	辽中市朝鮮族企业家协会	요중
14	铁岭市朝鮮族企业家协会	철령	28	재한국 조선족기업가협회	한국

자료출처: 중국조선족기업가협회

나. 세계한인무역협회(World-OKTA, World Federation of Overseas Korean Traders Associations)

월드옥타는 모국의 무역증진 및 해외시장 진출에 기여하고, 회원 상호간의 친선도모와 네트워크를 강화하고 정보 교류를 통하여, 범세계적 한민족 경제 공동체를 추진, 민족 경제 공영권을 구현함을 목적으로, 1981년 4월 2일 미국 및 일본을 중심으로 한 세계 각국 한인 무역상 조직으로 결성되었다. 그 후 1994년에는 '통상부'(현, 산업통상자원부) 승인의 사단법인으로 발전되었으며, 해외교포의 경제·무역단체로 활동하고 있다. 기업 분과 모임은 아래와 같이 13개로 분류되어 있으며, 세계 각국의 각 도시마다 1개의 지회를 원칙으로 지회가 설치되어 활동하고 있다. 가입신청 자격은 현지에서 기업을 운영하고 있는 CEO이거나 무역관련 경제단체면 각 지회에 가입신청을 할 수 있다. 2015년 9월 기준, 전 세계 71개국 140개 지회가 설립되어 활동 중이다.

<표 4-4> World-OKTA 분과조직

	분과	업종		분과	업종
1	1통상위원회	생활 잡화	8	8통상위원회	금융, 법률
2	2통상위원회	식음료, 요식업	9	9통상위원회	섬유, 섬유제품
3	3통상위원회	전기, 전자	10	10통상위원회	물류
4	4통상위원회	화학, 자원	11	11통상위원회	전자상거래
5	5통상위원회	건축, 재활용	12	12통상위원회	교육, 문화
6	6통상위원회	호텔, 여행	13	13통상위원회	기계, 공구
7	7통상위원회	건강식품, 미용용품	14		

중국지역의 경우, 2016년 기준으로 23개 지회가 설치되어 운영되고 있다. 베이징(Beijing), 창춘(Changchun), 창사(Changsha), 충칭(Chongqing), 다롄(Dalian), 단둥(Dandong), 푸순(Fushun), 광저우(Guangzhou), 하얼빈(Harbin), 지린(Jilin), 난징(Nanjing), 칭다오(Qingdao), 상하이(Shanghai), 선양(Shenyang), 선전(Shenzhen), 톈진(Tianjin), 퉁화(Tonghua), 웨이하이(Weihai), 시안(Xian), 옌지(Yanji), 옌타이(Yantai), 이우(Yiwu), 산허(Sanhe) 지역에 지회가 있다.

다. 기타 관련 조직

<표 4-5> 기타 조선족 단체 관련조직

	조직명	간략 소개
1	중국 조선족 기업인 골프협회	중국 조선족 기업가들의 정기 모임으로 베이징, 상해, 광둥 지역 등 중국 전역에 16개 지부를 두고 있다. 회원은 1,600여명이며, 2016년 500여명의 회원이 제주도에 집결해 골프로 우의를 다지면서 네트워크를 구축함.
2	대련 람경 골프협회	大连蓝鲸高尔夫球会, 2001년 설립된 후 15년이 지난 현재 초창기 10여명의 회원에서 100여명의 회원으로 발전했다. 전국골프대회 단체우승, 남여 개인우승 등 조선족 골프협회 중에서도 가장 활발히 진행되고 있는 대련 지역의 조선족기업인들을 중심으로 모임.
3	옌벤청년 기업가연합회	延边朝鲜族青年经营者联谊会
4	중국 조선족 흑기회	中国朝鲜族黑骑会
5	요녕성 동주 애심협회	辽宁省同舟爱心协会
6	요녕성 조선족 경제문화교류협회	辽宁省朝鲜族经济文化交流协会
7	심양 조선족 경제문화교류협회	沈阳市朝鲜族经济文化交流协会

8	안산 조선족 경제문화교류협회	鞍山市朝鲜族经济文化交流协会
9	삼하징동	三河京东企业家联合会
10	대련옌볜상회	大连延边商会
11	대련조선족 청년기업가추진회	大连市朝鲜族企业家协会青年发展促进会
12	절강성 조선족 기업가 골프협회	浙江省朝鲜族企业家高尔夫协会
13	옌볜조선족 전통음식협회	延边朝鲜族传统饮食协会
14	칭다오 조선족 여성협회	青岛朝鲜族女性协会
15	영파조선족협회	宁波朝鲜族协会
16	대만 양안의 정 경제무역교류협회	台湾两岸情经济交流协会(www.TwLove.net)
17	옌볜해외귀국자 창업그룹	延边海归创业集团(www.yrea.cn)

라. 온라인 모임 및 언론기관

<표 4-6>

	사이트명	간략 소개
1	모이자 (Moyiza)	2000년 05월부터 운영을 시작한 중국에서 가장 큰 한글기반 커뮤니티이며 또 가장 큰 해외동포사이트임. 현재 회원수는 30여 만 명에 달하며, 일일 방문자수는 평균 7만 명, 페이지뷰는 100만회에 달함. 게시판과 대화방을 통한 온라인 소통 이외에 단순 친목 모임에서 공부방을 통한 컴퓨터, 법률, 외국어 학습 코너가 마련되어 있음. 그 외 비즈니스에 종사하는 조선족 및 해외동포를 위한 인재채용 및 기업홍보 코너도 마련되어 있음. (http://www.moyiza.com/)
2	조글로 (潮歌网)	조선족 네트워크 교류협회(http://www.ckywf.com/)
3	경한광고 (北京富京韩广告)	베이징초범광고공사(北京超凡广告公司)에서 발행하는 한국인과 조선족, 중국인을 대상으로 비즈니스를 전개하는 DM 잡지임. 베이징에 있는 한국 기업, 단체, 개인 및 조선족 중국인기업들의 광고를 주요 내용으로 게재하며, 2014년까지

		는 매월 첫째 주와 셋째 주 일요일에 발행했고, 2015년 1월부터 월간으로 발행됨.
4	헤이룽장신문 (黑龙江新闻社)	안중근 의사의 민족정기와 얼이 살아 숨 쉬는 하얼빈에서 동포사회의 간절한 염원과 기대를 안고 언론문화 창달의 뜻을 가지고 창립된 중국소수민족 언론지 중 행정급 최고 발행 부수, 사회적 영향력이 매우 큰 언론사임. 현재 동북 3성 전통거주지역 조선족을 주 독자층으로 하는 일간지이며, 중국전역 대도시 한겨레를 주 독자층으로 하는 주간지이다. 한국민을 주 독자층으로 하는 한국판신문을 발행하고 있음.(http://www.hljxinwen.cn/)
5	옌벤일보	延边日报朝文社(http://www.iybrb.com/)
6	지린신문	吉林朝鲜文报社(http://www.jlcxwb.com.cn/)
7	옌벤방송국	延边广播电视网(http://cn.iybtv.com/)
8	온바오 (Onbao)	"세계를 한글로 들어 손 위에 올려놓자"는 슬로건으로 중국 대륙의 한글화, 한반도의 한자화를 기반으로 뉴스 및 정보를 제공해 한중 양국, 나아가 아시아 민간 교류의 시대를 열기 위한 미디어임. 중국과 한국 정보와 뉴스를 온오프라인 미디어 시스템을 통해서 제공하고 있으며, 국적과 민족을 초월해 글로벌, 모바일 시대에 걸 맞는 뉴미디어를 창조해 아시아와 인류 번영과 발전에 기여하는 것을 목적으로 하고 있음. (http://www.onbao.com/portal/)

5. 베이징 조선족 사회

조선족의 동북 3성 이외 대도시 이주 현상에 대한 연구로는 베이징의 조선족을 대상으로 이주의 실상을 살펴본 박명규(2005)의 연구와 베이징 왕징(望京) 코리아타운의 조선족 공동체를 집중적으로 조망한 예동근(2010a, 2010b, 2012)의 일련의 연구를 들 수 있다. 이들 연구는 각각 2003년과 2008~09년이라는 시차를 두고 공히 현지 임장조사를 실시함으로써 대도시로의 조선족 이주 현상을 파악하고자 했다. 차이점은 전자의 경우 학계, 교육계, 관료계, 실업계, 문화종교계, 노동계 등 각계각층의 비교적 성공한 조선족 24명을 대상으로 심층 면담방식을 취한 반면, 후자는 조선족 공동체

내의 자발적으로 형성된 비공식 조직체나 집거지 아파트촌 등을 대상으로 참여관찰과 설문조사, 문헌연구 등을 병행하였다는 점이다. 따라서 전자는 개인적인 인적 사항 중심의 심층 면담에 기초한 연구라면 후자는 공동체(고향)-국가(중국)-초국가(한국)의 복합적 연계 속에서 새로운 이주지역으로의 적응과 도시종족공동체 형성의 계기 및 과정의 맥락을 규명하고자 하였다.

이들 연구에 의하면, 베이징 조선족 이주자의 유입은 1978년 개혁·개방정책을 기점으로 두가지 유형으로 구분된다. 하나는 한·중수교나 한국기업의 대중 투자진출과 무관하게 중국의 체제개혁과정에서 나타난 사회적 이동의 기회를 따라 이동한 이주자들로 주로 엘리트층 고학력에다 당시 정부가 배정하는 공공조직이나 정부관련 기구에서 전문 직업을 지니며 호구가 명확하고 안정된 생활을 누리는 계층이다. 후자는 특히 외자기업의 유입과 한·중수교이후 한국계 외자기업의 유입에 따른 창출된 새로운 취업기회와 경제적 기회를 잡기 위해 이주한 사람들로 대부분 호구를 고향에 두고 있는 임시거주자(暫住) 신분으로 자녀교육과 의료보험, 연금 등에서 사회복지혜택의 불리함을 안고 있는 계층이다. 개혁개방 이후 이주자들의 분포를 보면 전자보다는 연고를 통해 이주한 후 한국 기업이나 한국인과 연계된 직종들에 주로 근무하는 후자의 계층이 대부분을 차지한다. 베이징의 경우는 한국기업과 공공기관, 대기업 등의 중국본부 조직이 베이징에 위치하면서 한국인 파견인원들의 베이징거주자 수도 빠르게 증가하였다. 수교이후 적어도 2008년 글로벌 금융위기까지는 지속적으로 증가하였다. 이 과정에서 '왕징'에 한인주거타운이 형성되면서 베이징 한인공동체의 생활생태계의 상징으로 부상하였다. 한인공동체가 자리를 잡고 확대되어가는 과정에서 동 지역으로 동북3성 지역 출신 조선족의 이주도 시작되었다. 한인생활공동체 생태계가 확대와 진화를 거듭하여 다양해지면서 먼저 한국계 외자기업에 종사하는 조선족들이 유입되었고 이어서 이들의 가족과 친척이 유입되기 시작하였다. 이들은 한인생활공동체 생태계의 하부구조를 형성하면서 식품점이나 식당, 술집, 가라오케, 커피숍, 편의점, 여행사, 부동산 소개업, 민박집 등 생활 서비스 관련 자영업에 종사하면서 이들 업종을 처음 시작했던 한인교민들을 구축하고 이들 업종을 지배하기 시작하였다. 한편 한국계 외자기업이나 공공기관에 자리를 잡은 조선족들은 이 기회를 통하여 학습하고 축적된 역량과 네트워크를 기반으로 창업에 성공하여 상당한 사업기반을 구축하고 성공한 기업가로 변신하기도 하였다. 이들은 대부분 현재 베이징의 조선족기업계를 주도하는 세력들이다.

베이징 이주 조선족의 정착과정에서 당면 문제들로는 우선 호구의 부재와 고용 불안정, 유창하지 못한 중국어 등으로 인한 생활상의 불안정성을 들 수 있다. 베이징 이주 조선족은 미혼의 젊은층이 단신으로 이주한 경우가 많고 정착의 어려움으로 인해 결혼과 자녀교육에 애로를 겪고 있다. 많은 경우 부모나 친지가 한국에 거주하므로 장기간 가족들과 교류가 어려워 가족해체의 위기도 상당하다.17) 자본주의 문화가 팽배한 대도시의 배금주의와 경제주의, 물질주의 등을 접하면서 조선족사회에서 강조되던 가치와 생활양식의 부적합성을 느끼게 됨으로서 가치관의 혼돈, 즉 일종의 문화적 아

---

17) 조선족 이주 현상으로 인한 가족 분산과 해체과정에 대해서는 권태환·박광성(2005 : 68-93)의 헤이룽장성 KS마을의 사례연구 참조.

노미 현상도 상당하다. 그 외에도 조선족 이주 2세대에 대한 교육의 부재와 청소년문제를 비롯하여 조선족을 통합하여 방향성을 이끌어줄 수 있는 리더십의 부재와 한국에 대한 과잉 기대감 이에 따른 반동으로 나타나는 불만[18] 등도 문제점으로 지적된다. 하지만 연구자는 이와 같은 문제들에도 불구하고, 조선족이 집거하는 도시형 커뮤니티 형성과 조선족사회의 비전 구상, 재 정착촌과 생태마을형 집중촌 등의 새로운 도시-농촌 연계구조 창출, 변화된 사회환경에 적응하기 위한 새로운 교육제도, 인터넷 동호회를 비롯하여 풍물패나 체육종목 동호회, 종교단체 등 조선족의 새로운 사회연대 구축 등과 같은 긍정적인 움직임도 나타나고 있음을 지적한다.

베이징 이주 조선족 수가 늘어남에 따라 왕징 중심의 조선족 집거구가 성장하면서2010년 왕징에는 현재 조선족 3만 명에 한국인 5-6만 명이 공존하는 것으로 한인교민 공동체가 형성되고 있는 것으로 보인다.[19] 예동근은 시장사회성격에 초점을 맞추어 자발적 결사체와 매스미디어, 교회 등을 관찰함으로써 조선족 사회가 베이징이라는 대도시에서 어떻게 재구성되는지를 고찰하였다. 왕징의 조선족은 한국인, 한족과 교류하고 공존하는 글로벌 공간에서 신분상 승 및 문화취향 등을 다양화하면서 적극적인 적응과정을 모색 중인 것으로 평가한다. 이를 위해 조선족들은 다양한 종류의 결사체를 통해 내적 응집력을 제고하면서 새로운 도시종족공동체를 구축해나 간다. 그런 반면, 호구제도의 영향으로 자녀 교육과 의료복지 등에

---

18) 베이징 이주 조선족 상당수는 한국행을 목표로 삼고 있으며, 한국으로 가기만 하면 돈을 벌어 원하는 계층 상승이 이루어질 것으로 기대한다. 따라서 입국을 위한 비정상적 방법을 동원하기도 한다.

19) 중국 정부 공식통계로는 조선족 1만명으로 나와 있지만, 연구자의 현지조사 결과로는 3배에 이른다(예동근, 2010b : 159-197).

서 차별을 받음으로써 가족 중심의 이주와 정주를 실현시키기 어려운 실정이다. 아울러서 외적으로는 한국인의 경제활동과 이주양상에 변화의 진폭이 적지 않고 세계경제의 영향도 많이 받음으로써 조선족의 삶에 상당한 영향을 미친다는 점도 지적한다.

베이징 조선족 사회는 중국의 수도에 거주한다는 점에서 중국의 조선족을 대표하는 상징성을 갖는다. 비록 지린성 옌벤자치주가 조선족의 중심이기는 하지만 일제강점기 임시정부가 있던 상하이 거주 한인교민사회가 북간도(현재 옌벤)와 연결 네트워크를 가지고 있었던 것과 같이 베이징의 조선족 교민 사회는 그들의 실질적인 역량결집 여부와는 무관하게 중앙정부와 옌벤조선족 사회를 연결하는 상징성을 갖는다고 할 수 있다. 이러한 관점에서 베이징 조선족 사회의 성장 및 발전과정과 현재의 사회계층적 위치에 대하여 심도 있는 연구가 필요한 단계이다.

베이징 지역에서 조사된 조선족 기업은 총 204개로 제조업이 31개, 설비업 14개, 부동산업 12개, 금융 서비스업 29개, 법률 서비스업 14개, 교육 서비스업 3개, 방송광고 서비스업 16개, 여행업 12개, 숙박업 7개, 요식업 11개, 보건업 4개, IT관련 15개, 유통·물류 8개, 무역업 28개 등의 분포를 이루었다.

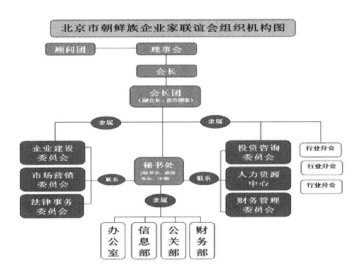

<그림 4-7> 베이징시조선족기업가 협회 조직도

<그림 4-8> 베이징지역 조선족기업 업종 분포도

베이징 조선족기업들이 업종분포는 상대적으로 다양한 편이다. 제조업과 무역업을 중심으로 하는 양대 업종이 대종을 이루고 있는 가운데 특히 다른 지역의 조선족기업들에 비하여 금융서비스와 법률서비스 등 전문적인 비즈니스 서비스 업종과 방송광고 및 IT 관련 업종의 비중이 상대적으로 높은 편이다. 이는 베이징 거주 조선족기업인들 가운데 법률, 금융, IT 등 관련 전문가들이 상대적으로 많이 분포되어 있다는 점을 확인시켜 준다.

6. 톈진 조선족 사회

한편, 베이징과 접경 도시인 또 하나의 직할시인 톈진시 조선족 인구는 3만명으로 추정된다. 한때 5만 명에 달했던 조선족 인구는 2008년 세계금융위기 이후 특히 한국계 외자기업의 철수, 도산이 급속히 확산되는 과정에서 톈진시 한국계 외자기업 및 한인주거지 생태계가 위축되자 역시 급속히 축소되었다. 톈진 조선족의 양극화 현상도 목격되고 있다. 스다이아오청(時代奧城), 메이장(梅庄) 중심의 대기업 주재원 가족 거주지와 '양광100'으로 상징되는 중소기업 자영업자 거주지로 구분되던 커뮤니티가 전자의 축소와 후자의 감소와 함께 톈진 교구의 외곽으로 이전하는 현상이 나타나고 있다. 베이징의 경우 왕징에서 하북성 위에자오로 이전하는 현상과 유사한 것으로 보인다. 현재 이곳으로 이전한 조선족 가구는 200가구정도로 추정되고 있다.

톈진의 비교적 성공한 조선족기업은 기본적으로 한국기업 생태계와 밀접한 관계를 가지고 있는 것으로 확인되었다. 한국계 대기업 외자기업에 구내식당에 음식을 납품하는 케이터링 사업과 식자재 물류사업을 하는 사업가와 삼성전자 2차 협력업체로 이어폰과 플라스틱 사출을 전문으로 하는 기업이 있고, 현대자동차에 납품하는 역시 사출업체가 비교적 큰 업체로 분류된다. 이들 기업은 월 2,000만 위안 대의 매출을 올리고 있으며 연간매출은 한화로 400～500억 대로 추정된다. 이밖에도 대부분의 의류복장 제조업체가 급격한 임금상승으로 도산하거나 청산된 가운데 중국시장의 A급 백화점에 자체 브랜드로 납품하는 의류제조업에가 아직까지 활동하고 있는 특수한 사례가 있다. 이랜드에 납품하던 데코복장의 경우 2010년 10월에 톈진공장을 청산하였다. 코리아노와 노아 브랜드를 생산하는 업체로 이 기업의 오너는 한국인이고 현지 CEO는 중국 국가대표급 축구선수 출신인 염승필(廉勝必) 씨가 맡고 있다. 고급 브랜드로 40～50대와 20～30대를 각각 주요 타겟 목표시장으로 하는 2개 브랜드로 역시 월 2000만 위안 이상의 매출을 올리고 있다. 창업으로 성공한 조선족 요식업체도 유명하다. 녹색장원이 그 사례로 남편이 한국에서 유학하는 7년간 생활비를 벌기 위한 뒷바라지로 한식당에서 일하면서 틈틈이 한국음식 조리법을 배워서 나름대로 레시피 매뉴얼을 만들었다. 남편이 학위를 취득하고 중국으로 귀국하여 톈진에 자리 잡으면서 한국음식의 맛과 식당 서비스를 중국인의 입맛에 맞게 현지화 하여 성공한 사례이다. 월 순수익만 한화 1억원을 넘는 것으로 추정되고 있는데 최근에는 치르치르 치킨(奇樂奇樂) 브랜드 총판을 한국에서 들여와 때마침 불어 닥친 김수현·전지현 주연의 '별에서 온 그대'의 한류효과로 '치맥'이 뜨면서 대박을 터트리며 불과 2개월 사이에 3호점을 준비하는 성업 중에 있다. 이밖에는 대부분 영세한 자영업 수준에 머물고 있다는 것이 현지 한국계 대기업 외자기업의 구내식당 케이터링 서비스 사업을 하고 있는 조선족 사장 김경세씨의 설명이다. 김사장은 옌볜대학 경제학원 출신으로 삼성전자에 근무하다가 LG 화학 다구에서 근무하였으며 이러한 한국계 외자기업에 근무한 경력으로 톈진 모토롤라로 이직하여 노무관리 담당 책임자로 일하다가 외자기업에 근무하는 월급쟁이로 끝내기보다는 고속성장하는 중국시장에서 창업의 꿈을 이루기 위하여 독립하여 자신의 사업을 일군 사례이다. 이들의 공통적인 특징은 한국기업이나 한국과 밀접한 연계 속에서 자기 사업에 성공하였다는 점이다.

한가지 주목할 점은 중국 국유기업이나 공공기관(병원, 의학연구소 등)에 근무하는 기업가나 전문가들에 주목할 필요가 있다. 이들은 이미 중국 한족의 주류사회에서 성공한 조선족들로 기본적으로 중국의 조선족 사회나 커뮤니티에 대해서는 큰 관심을 가지고 있지 않다. 그 보다는 한족 주류 사회 속의 소수민족 마이너리티로 자신들 간(중국의 한족 중심의 주류사회에서 비교적 성공한 조선족들 간)의 사적 조선족 인맥을 유지하고 있을 뿐이다. PET 재료와 소재를 전문으로 생산하는 국유기업(萬華集團)의 총경리 겸 서기를 맡고 있는 조모 씨의 경우 지린대학 경제학원을 졸업하고 국유기업에 입사하여 줄곧 근무하면서 승승장구하다가 진급에서 밀려나면서 한때 중국 이마트의 부책임자로 4년간 근무하기도 하였으나 원래 근무처인 국유기업으로 복귀하여 지금은 최고의 자리에 올랐다. 중국 백혈병연구소 주임인 한모 씨는 일본에서 유학하고 중국 최고의 백혈병 전문가 자리에 오른 의학전문가이다. 옌볜대학 경제학원을 졸업하고 강사를 하다가 한국 영남대학교 경제학부로 유학을 와서 박

사학위를 취득하고 남개대학 상학원에 자리를 잡아 현재 교학부원
장을 맡고 있는 최모 교수는 톈진시 정협 위원이기도 하며 중국의
노사관계학회 상무부회장으로 중국 노사관계 및 인적자원관리 분야
의 최고 전문가이며 최근에는 톈진시의 제3자 노사분쟁 조정위원
으로 위촉되었다.

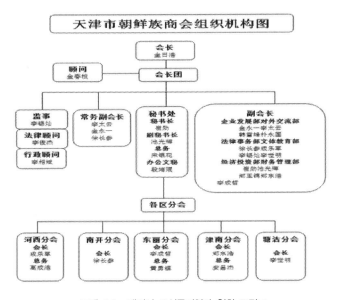

<그림 4-9> 톈진시 조선족기업가 협회 조직도

톈진 지역의 조사된 조선족 기업은 총 168개로 제조업이 62개,
설비업 12개, 부동산업 2개, 법률 서비스업 3개, 교육 서비스업 1
개, 금융 서비스업 3개, 기타 서비스업 10개, 여행업 2개, 숙박업 3
개, 요식업 6개, IT관련 11개, 유통물류 14개, 무역업 38개, 공공행
정 1개 등의 분포를 이루었다. 톈진지역은 수도인 베이징에 근접한

대도시로 동북지방을 연계하는 교통의 요지이며, 수도의 배후지 생산기지와 해운물류기지 역할을 하던 곳이다. 따라서 한중수교 이후 삼성, 엘지를 비롯한 한국 대기업들의 대규모 현대적 공장 중심의 투자진출이 집중적으로 이루어진 지역이다. 톈진의 조선족기업들은 이러한 한국계 대규모 외자기업들의 진출을 따라서 생겨나기 시작하였다. 업종도 제조업과 무역업의 양대 집중되어 있는 가운데 일부 설비, 유통·물류, IT 분야에 각각 10여개의 기업들이 분포되어 있다. 대규모 공장 건설 및 유지, 전자중심의 진출업종, 중국 3대 항만을 가진 항구도시 등을 고려할 때 이들 설비, 유통·물류, IT 관련 업종에 제조업과 무역업 다음으로 조선족기업들이 많이 진출하고 있는 것은 어쩌면 자연스런 현지 진출 한국계 대규모 외자기업중심의 생태계 조성 현상으로 보인다. 그러나 이러한 톈진의 한국계 외자기업생태계가 현재 위기에 처해있다. 2008년 글로벌 금융위기로 세계경제가 위축되기 시작하자 임가공기지역할을 하던 엘지전자와 삼성전자 톈진법인들이 철수를 전제로 대대적인 구조조정에 들어갔기 때문이다. 이에 따라서 조선족기업들도 독자적인 생존의 압박이 거세지기 시작하고 있다.

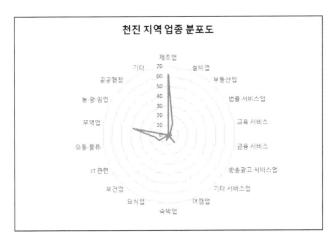

<그림 4-10> 텐진지역 조선족기업 업종 분포도

7. 칭다오 조선족 사회

불완전한 집계에 따르면 칭다오에는 현재 조선족이 근 20만 명 정도 거주하고 있는 것으로 추정된다. 새로이 이주한 소수민족으로는 조선족공동체가 가장 큰 규모를 형성하고 있다. 칭다오는 동북3성 지역을 벗어난 동부연안 대도시 가운데는 조선족의 새 터전으로 '제2의 고향'으로 불리는 곳이기도 하다. 이곳 칭다오에는 현지 조선족들에게 말 그대로 칭다오 조선족 사회의 대부로 알려지고 존경을 받는 현귀춘이라는 원로 조선족이 있다. 그의 칭다오 정착은 전형적인 고급간부의 국가안배에 따른 것으로 그의 이러한 중국 공직자 생활이 은퇴 후 현지 조선족사회의 원로로서 기여와 공헌으로 이어져 칭다오 조선족사회의 형성과정을 설명하는 좋은 사례가 된다. 현귀춘은 인민해방군에 입대하여 제136사 후근부 부장, 해방군 총후근부 산동연락처 주임, 후근부 산하 중국신흥그룹 칭다오수출입회사 당서기 등을 역임하면서 인민해방군 고급간부로서 일찍이 칭다오와 인연을 맺었다. 1998년에 정년퇴직을 하고 지금까지 칭다오소수민족경제발전촉진회와 칭다오시소수민족연합회 임원 및 중한경제발전협회 부회장(국가부속기구) 등을 역임하였으며, 칭다오보세구관리위원회와 옌벤조선족자치주 인민정부 경제고문도 역임하였다. 그는 칭다오시 정부와 조선족사회를 오가면서 대변자와 교량 역할을 해온 그는 80이 넘은 고령이지만 칭다오 조선족들과 정부가 부르면 지금도 달려가 문제를 해결하고 조율하는데 자신의 역할을 다하고 있다.

가. 칭다오 조선족단체 설립의 산모

현귀춘은 어려운 가정환경으로 대학에 입학하였으나 중도에 포기하고 인민해방군에 입대하였다. 선양군구 자동차수리기공학교에 신병으로 입대를 하여 능력을 인정받으면서 고급장교로 승진을 거듭하였다. 칭다오에 오게 된 것은 1988년 중국인민해방군 총후근부의 산동연락처 주임으로 임명되면서이다. 그 후 후군부 산하 기업인 중국신흥그룹 칭다오수출입회사 당서기, 대련수출입회사 당서기 겸 총경리로 퇴직할 때까지 비즈니스도 경험하였다. 한·중수교를 전후하여 한국기업들이 물밀 듯이 들어와 칭다오 시 곳곳에 기업과 공장을 세우면서 조선족들도 칭다오에 몰려들게 되었다. 이어서 자연스럽게 생활생태계와 기업생태계를 지원하기 위하여 독자적으로 음식업과 생활 서비스업 및 중소 제조업과 기업지원 서비스업을 하는 조선족 자영업체나 기업들이 나타나게 되었다. 칭다오 시에 가장 일찍 진출한 조선족기업가와 유지인사인 김명남과 남일주가 1998년 6

월에 현귀춘을 찾아와서 칭다오 시 조선족기업협회 설립 건을 상의
하였다. 당시 조선족기업이 이미 40여개가 설립되어 있었고 기타 한
국계 외자기업 등에 근무하는 젊은 조선족들이 급격히 늘어나고 있
는 상황에서 구심점이 없는 조선족들이 단합해서 더 큰 힘을 형성
하여 발전하자면 이들을 이끌어줄 조직체가 필요하다는 데 인식을
같이하여, 같은해 12월 서라벌식당에서 조선족기업협회를 설립하고
김명남을 초대회장으로, 현귀춘을 명예회장으로 추대하였다. 2018년
현재는 전동근 회장이 칭다오조선족기업협회를 이끌고 있다.

나. 칭다오시정부 소수민족경제발전촉진회 초대 부회장

2001년 칭다오시정부는 소수민족 유동인구가 늘어나고 한국기업
들이 대거 진출하게 되자 소수민족경제발전촉진회를 설립할 필요성
을 느꼈다.[20] 설립 당시 국장급 간부이고 공산당원인 현귀춘을 부
회장으로 추대하였다. 그 자신도 앞으로 조선족들이 칭다오에 정착
하고 조선족 권익을 수호하자면 칭다오시 소속 단체에 가입하여 적
극적으로 개입할 필요성이 있다고 판단하여 쾌히 승낙하였고 위임
장을 받았다. 그는 칭다오시의 정식 요청으로 소수민족경제발전촉
진회에 참여하면서 이미 설립된 칭다오조선족기업가협회 명예회장
으로서의 위치와 독자적인 활동을 도모하기 어렵던 조선족기업협회
를 소수민족경제발전촉진회 산하의 분회로 귀속시켰다. 그 후 노인
회 부인회 등 많은 조선족단체들이 잇달아 설립되면서 현귀춘은 고
문을 맡으면서 이들 단체들에 지지와 도움을 주었으며 행사와 회의

---

20) 소수민족경제발전협의회이지만 실질적으로는 한국계 외자기업들의 칭다오 진출이 급격히 증
    가하면서 자연히 동북지역 조선족의 대거 유입이 이어지면서 조선족

에도 적극적으로 참가해 격려하고 힘을 실어주었다. 칭다오조선족과학문화인협회(초대회장 남룡해)가 설립되자 현귀춘은 동 조직도 칭다오시소수민족경제발전촉진회 소속으로 편입시켜 칭다오에서 조선족 문화인과 지식인을 대표하는 새로운 단체를 공식화시켰다. 이는 조선족을 문화수준이 높은 민족으로서 이미지를 현지에 구축하게 하는 한편 조선족 후세대의 교양문제를 적시에 해결해 나갈 수 있는 인프라를 구축하게 되었다. 조선족 사회가 커지면서 자녀들 교육문제가 주요 관심사로 떠오르자 자연스레 2000년에는 조선족학교 설립 문제가 제기되었다. 마침 칭다오에 조선족들이 대거 유입되어 정착하고 많은 가구들이 칭다오 호구를 취득하였지만 아이들을 보낼 조선족학교가 없어서 칭다오 시로 이주한 모든 조선족을 안타깝게 생각하던 차였다. 칭다오 유관 부문과 교섭한 결과 신뢰할 수 있는 조선족학교를 설립하려면 사립학교 법인대표와 학교법인에게 경제적으로 뒷받침을 제공할 수 있는 기업인이 있어야 한다는 것을 확인하자, 현귀춘은 자신이 학교법인 대표를 맡고 조선족기업가협회 김명남 회장을 경제후견인으로 하여 사립학교인 이창구조선족소학교를 정식으로 개교하였다. 이창구조선족소학교는 처음 13명의 조선족 아이들로부터 시작했으나, 부속 유치원도 생기고 조선족중학교도 새로 추가로 개교하여 지금 이 두 학교에 1,000여 명의 조선족 어린이가 공부하고 있다.

다. 칭다오시 조선족사회의 원로 후견인

2006년 동북조선족축구친목회는 칭다오 시에서 조선족 제9차 축구대회를 개최하려고 칭다오시체육국에 신청했지만 거부되었다.[21]

이 소식을 들은 현귀춘은 소수민족경제발전촉진회 명의로 체육국에 '칭다오에 조선족이 20여만 명에 달하므로 하나의 새로운 생활거주 집단으로 간주해야 하고, 한·중친선에 큰 공헌을 하고 있는 관계로 우호, 친선, 단결, 화합'을 목표로 하는 조선족축구대회의 중요성을 피력하면서 허가해 줄 것을 재 요청하였다. 체육국은 마침내 허가를 하였고 제9차 조선족축구대회는 그해 가을 성공적으로 개최되었다. 칭다오의 조선족은 개혁·개방 이전에는 불과 138명이 거주하고 있었으나 현재는 호구를 가진 조선족만 1만 5,000여명이며, 아파트를 구입하여 거주증을 확보하여 살고 있는 조선족은 그보다 더 많은 수만 명에 달하는 것으로 추산된다. 전체적으로는 20여 만명의 조선족이 한국기업과 관련 서비스업 혹은 자영업 등 영역에서 종사하고 있는 것으로 추정되고 있다. 이외에도 칭다오 시에 거주하는 한국인도 약 10여만 명으로 추정되고 있어, 이렇게 칭다오 거주 조선족과 한국인을 합하여 약 30만 명에 이르자, 조선족 유지들 사이에서는 칭다오에도 우리 말 방송이 필요하다는 문제를 제기했다. 현재 옌볜 위성TV의 칭다오 시청문제를 시정부측과 협상하고 있다.

현 회장은 칭다오 시 민족사무국 및 시통전부 좌담회에 참석하여 칭다오 시 거주 조선족공동체와 관련하여 4가지 문제를 해결해 줄 것을 요청하였다. 첫째는 교육문제였다. 칭다오 시에는 조선족들의 노력으로 이미 조선족 민영학교 2개에 1,000여명 어린이들이 공부하

---

21) 중국은 연고가 확실치 않은 조직들의 현지 단체활동에 대하여 엄격한 통제를 가하고 있다. 칭다오 조선족사회의 법적 실체가 명확하지 않은 상황에서는 현지 체육관련 부서가 비록 민간의 체육활동임에도 불구하고 단체적인 조직활동이나 모임활동을 엄격히 규제하는 모습을 보인 것으로 판단된다.

고 있다. 그 외의 어린이들은 현지 학교에 다니면서 현지 학생들과 동등한 대우를 받지 못 하고 학교에 다양한 잡비를 내고 있다. 조선민족 언어가 상실되어가고 있는 점도 지적했다. 따라서 칭다오 시에도 조선족공립학교가 생겨 조선족어린이들이 민족우대정책과 학교 잡비 부담 면제 등 혜택을 받으면서 걱정없이 공부하고 뛰놀 수 있는 터전을 마련해 달라는 것이었다. 둘째는 노인활동장소문제였다. 동북에는 조선족노인 활동장소가 어디에나 거의 다 있으나, 칭다오 시에는 조선족노인은 알려진 것만 1,500여명, 257개 산하 협회가 있는 데 매 협회마다 조선족노인활동은 거의 다 개별적으로 자제나 조선족기업인들의 후원에 의존하고 있는 실정을 설명했다. 이 문제에 대해서도 관련 부문이 적극 협조해서 소수민족노인들이 만년을 행복하게 보낼 수 있도록 노인활동시설을 마련해 달라는 요지의 요청을 한 것이다. 셋째는 옌볜위성TV 시청문제였다. 칭다오 시에는 한국인과 조선족이 거의 30여만 명으로 추정되는데, 이는 전국 조선족인구의 1/7 이상을 차지하는 것으로, 절대다수 조선족들이 조선말과 글을 듣고 볼 수 있는 옌볜의 위성TV 시청을 희망하고 있어서 우선적인 문제로 조속히 해결해 줄 것을 요청한 것이다. 넷째는 소수민족 간부를 너무 적다는 문제였다. 유동인구가 많고 소수민족이 많으며 조선족집중 거주지구가 생겨나고 중국에 체류하고 있는 한국인중 60%가 산동성에 있다는 점을 들어서, 이들을 위한 대민활동을 원활히 할 수 있도록 소수민족간부가 많아져야 한다고 설득했다. 그들이 직접 듣고 느껴서 칭다오 시에 거주하는 소수민족 사회가 당면하고 힘들어 하는 문제점과 의견이 무엇인지를 귀담아 들을 수 있어야 정확한 해결책과 답변을 나올 수 있다고 설득했다.

라. 칭다오 조선족사회의 안착

현귀춘의 역할은 칭다오 조선족사회의 안정적인 정착에 결정적인 기여를 했다. 그가 칭다오 조선족 사회의 지속적 발전을 위해 제언한 통찰력 있는 조언은 현재의 칭다오 시 조선족 사회가 앞으로 풀어가야 할 숙제이기도 하다. 그는 조선족들이 많아지고 발전해감에 따라 칭다오 시에서의 조선족들의 단결과 화합, 사회적 위상정립 및 한·중 우호발전 등에서 아직도 미비한 문제점들이 나타나고 있음을 안타까워하고 있다. '우리는 칭다오조선족', '문화민족으로서의 이미지 제고에 힘쓰자', '조선족이 한·중우호발전에 기여하자" 등의 신문 칼럼을 발표해 칭다오 조선족들이 한마음 한뜻으로 새로운 환경에서 더욱 단결하고 더욱 화합하며 발전해 가는 것을 목표로 하자는 메시지를 전달해 많은 사회적 공감을 일으켰다. 소수민족경제발전촉진회 부회장으로 활동하면서 새로운 환경 속에서 시정부와 조선족 사이를 오가며 조율하느라고 심혈을 기울이고 있다. 특히 시정부에 조선족의 사회적 위치와 생활 인프라 보급 등의 문제들을 제기하여 응당한 대우를 받을 수 있도록 노력하고 있다. 뿐만 아니라 조선족 스스로 찾아서 해결해야 할 문제점들도 가감 없이 짚으면서, 타향살이 일수록 조선족들이 솔선수범하여 더 우수한 민족으로 거듭나야 한다고 강조한다. 칭다오 조선족 민영기업은 1,000여개로 총투자가 15억여 위안, 세전이익은 해마다 3억 위안에 달한다. 현귀춘은 성, 시 해당부문에서 진행하는 조선족 사업과 기업 정황보고 때 '산둥조선족개황'을 조사하여 참고자료로 제공했으며 수차례 국가민족사무위원회와 성, 시 고위급간부들과 함께 조선족기업들을 방문하고 현장을 청취하는 좌담회를 주선하였으며, 이 과정에서 조선족기업의 우수한 점과 해결점들을 적시에 반영할 수 있게 도왔다. 미국발 글로벌 금융위기와 노무인건비 인상 및 외자기업에 대한 우대조치가 취소됨에 따라 한국의 중소기업들이 앞 다투어 철수하게 되자 조선족기업들도 큰 격변에 휘말리게 되었다. 현 부회장은 한국기업에 의존해서 살아가던 '악어와 악어새'방식의 관계에 더 이상 미련을 두어서는 안 되는 시점이라고 강조하였다. 이를테면 한국기업에서 기술을 배웠거나 그곳에서 하청을 받아 시작한 가공기업들이 그 그늘에서 벗어나기 어려운 상황이기는 하지만 적극적으로 조선족기업들이 내수시장 개척을 확대하고 조직 간소화, 낭비 최소화 등을 통하여 위기를 극복해 나갈 것을 제안하였다.

칭다오 조선족사회 형성의 시작은 한국기업의 칭다오 투자진출과 떼어 놓고는 설명할 수가 없다. 앞서 언급한 현귀춘 부회장을 비롯한 칭다오 시의 일부 조선족 원로들은 한국기업의 칭다오 진출과 관계없이 중국 정부조직 혹은 군 조직의 고급관리로 칭다오에 들어왔으나, 이들이 칭다오조선족사회에서 중요한 역할을 하도록 조선족들이 칭다오에 몰려든 것은 전적으로 한국계 외자기업들의 칭다오 투자와 직접적인 관련이 있다. 이러한 사실은 칭다오 시정부가 조선족인 현귀춘을 소수민족경제발전협회 부회장에 임명한 데서도 유추할 수 있다. 현귀춘 부회장은 2008년 미국발 글로벌 금융위기 이후 칭다오 소재 한국계 외자기업들의 도미노 도산이 조선족기업들의 경영에도 악영향을 미치자, 조선족기업들이 한국계 외자기업에 의존하는 기술이나 비즈니스 모델의 의존도를 하루바삐 탈피해야 한다고 충고하고 나섰다. 이것은 칭다오시의 조선족기업들의 사업적 특성이 현지에 진출한 한국계 외자기업생태계 안에서 이들과 밀접한 관련이 있었음을 반증하는 것이다. 따라서 칭다오조선족기업들의 가장 중요한 특징은 단순히 창업 단계에서나 창업 이전 단계에서 한국기업이나 한국기업인을 통한 학습이나 아이디어 참고에 그치는 것이 아니라 사업적으로나 기술적으로 한국계 외자기업과 밀접하게 연계되어 있는 경우가 대부분을 차지하고 있었다고 유추할 수 있다. 하지만 미국발 금융위기 이후 10년이 지난 지금 상황은 앞서 2018년 칭다오조선족민속축제의 성황리 개최에서 언급하였듯이, 칭다오 시의 조선족기업과 조선족 사회가 홀로서기에 어느 정도 성공하고 있는 것으로 유추가 가능하다.

한·중수교와 함께 한국의 중소기업이 집중적으로 진출했던 산둥성 칭다오 시는 앞서 언급한 베이징, 톈진과는 다소 다른 현상이 나타나기도 한다. 권태환·박광성(2004)은 칭다오의 조선족 이주 현상을 분석함으로써 이 지역의 조선족 집중현상도 경제적 발전 기회를 찾아 이주한 결과라는 것을 주장하였다. 윤인진(2003)은 칭다오를 대상으로 중국 조선족의 도시이주와 사회적응 양상에 대한 연구를 시도하였다. 그의 연구결과에 따르면 조선족의 칭다오 이주는 1992년 한중수교 이후 연해지역으로 한국 기업이 활발하게 진출하면서부터 시작되었다. 특히 조선족 젊은 층들이 많이 몰려들었다. 조선족 경제활동은 많은 사람들이 개체호(個體戶)22)나 상업에 종사하는 반면, 행정사무와 관리직 종사자는 희소하였다. 조선족이 가장 많이 취업하는 곳은 한국인 업체이며, 조선족 업체를 포함하는 민족경제 종사자가 77.8%나 된다. 칭다오의 조선족들은 노인회, 교회, 기업협회, 동창회, 향우회 등을 통해 내적 유대를 강화하며, 민

---

22) 도시지역에서 개인적으로 상공업에 종사하는 식당이나 노래방, 슈퍼, 유흥주점 등 자영업체.

족언론매체23)는 조선족 공동체의식의 구심점이 되고 있다. 칭다오 조선족은 단일의 공동체를 형성하기보다는 조선족 집단의 특성과 주거 구역의 지역적 특성에 따라 몇몇의 산개된 공동체를 형성하는 것으로 확인되고 있다. 이종학(2003)도 칭다오를 중심으로 조선족 이주자의 사회적응 양식의 다차원성에 주목하여 분석하였다. 그는 도시로 이주한 조선족의 적응양상을 민족정체성 유지 정도와 거주국 사회참여 정도에 따라 동조, 동화, 고립, 주변화의 4가지로 유형화시켜 살펴보았다. 칭다오 조선족의 이주지 적응 양상은 같은 민족일지라도 단일의 적응보다는 다차원성을 지니며 같은 배경이나 특성을 지닌 집단끼리의 집단적 적응전략을 갖는 것이 동 연구의 주장이다. 특히 그는 단계별 사회문화 적응요인 중 이주지 정착단계에 영향을 미치는 요소로 도시기회구조, 중국정부의 인종과 민족정책, 한국 영향력, 인간생태학적 특성, 거주기간 등을 적응양태를 판단하는 기준으로 제시하고 있다. 이들 연구결과에서 확인할 수 있는 것은 칭다오 거주 조선족의 이주현상이 한국계 외자기업의(특히 중소기업) 칭다오 진출 현상과 이를 지원하기 위한 칭다오시 정부의 조선족 이주유치정책이 맞물린 결과라는 점이다.

칭다오 이주사례에 관한 연구의 사례자 박정옥은 2002년 칭다오로 이주하여 2004년 구입한 3채로 민박을 시작하였다. 당초 아파트를 구입한 것은 자매형제들의 자금을 투자하여 부동산 재테크를 위한 것이었으나 전세 가격이 상당히 하락하여 투자자금의 회수도 어

---

23) 헤이룽장신문이 대표적인데, 헤이룽장성 출신이 조선족 칭다오 이주자가 다수를 차지하는 현실과 무관하지 않음.

려워지는 상황이 발생하자 투자소득을 높여주고자 주변 권유에 힘입어 아파트 3채를 기반으로 민박사업(하늘민박)을 시작했다. 아파트 3채, 방 6개로는 규모가 미흡하여 사업 효율성이 많이 저하되자 추가로 한국에 나가있는 형제자매들의 자금까지 끌어들여 5채의 아파트로 확장시키면서 민박업은 궤도에 오르게 되었다.

박정옥의 사례는 그가 칭다오의 한인공동체 생태계에서 참여하면서 성공할 수 있었음을 확인시켜 준다. 민박사업 이전에 그녀는 한국인 회사의 식당주방에서 근무하였다. 함께 일하던 고향 사람들이 사례자의 아파트를 구경하고는 민박사업을 권유했다. 식당에 한국인들이 많이 왕래하는 점에 착안하여 내부 벽에다 민박 광고문을 부착함으로서 시작됐다. 당시 사례자는 월급이 1천원이었지만, 첫 달에 3천원의 민박 수익금이 발생하였다. 당시 한국의 칭다오 기업 투자가 늘어나 칭다오를 방문하는 한국인들이 많아졌기 때문이다. 인근에 호텔이 있었지만 가격과 음식 등이 한국인의 구미에 맞지 않자, 한국 식당을 찾았던 호텔의 한국 손님들이 광고를 보고 민박집을 둘러보고는 모두 짐을 싸들고 몰려왔다. 두 번째 달에 5천원, 셋째 달에 6천원 등 다달이 수익이 증가하였다. 이러한 사례는 칭다오에서 창업하는 많은 조선족들의 사업들이 한인공동체 생태계 속에서 창출되고 있다는 것을 확인시켜 준다.

칭다오조선족기업협회는 칭다오 시가 허가한 소수민족 합법단체로 1997년 12월에 김명남 초대회장을 비롯한 여러 기업인들이 설립한 사회단체이며, 초대회장인 김명남 이후, 남룡해, 황민국, 정경택, 한룡태, 김창호, 이봉산 등 역대 회장을 거쳐 2017년 1월부터 전동근 회장이 제10대 회장으로 취임하여 오늘에 이르고 있다. 현재 산하에 청양, 자오저우, 황다오, 라이시 지회를 두고 300여 명 회원을 확보하고 있다. 칭다오 지역의 조사된 조선족 기업은 총 397개로 제조업이 160개, 설비업 22개, 부동산업 1개, 법률 서비스업 2개, 교육 서비스업 1개, 금융 서비스업 8개, 방송광고 서비스업 7개, 기타 서비스업 10개, 여행업 6개, 숙박업 7개, 요식업 35개, 보건업 5개, IT관련 6개, 유통물류 33개, 무역업 101개, 농·광·임업 1개, 공공행정 2개 등의 분포를 이루었다.

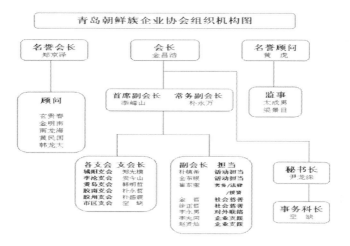

<그림 4-11> 칭다오시 조선족기업가 협회 조직도

<그림 4-12> 칭다오지역 조선족기업 업종 분포도

칭다오 조선족기업의 분포를 보면 역시 제조업과 무역업이 2대 대종을 이루는 가운데, 항구도시의 특징에 맞게 물류·유통업종(33개)과 요식업(35개)도 비슷한 규모를 이루고 있다. 요식업이 특히 상대적으로 많은 것은 칭다오가 한국의 중소기업 임가공생산기지 역할에 초점을 맞추어 한국계 외자기업을 전략적으로 유치하다보니 한국 중소기업형 외자기업의 최다 유치지역이 되었고, 자연스럽게 한국교민들도 많이 유입되었다. 그리고 이들 중소기업들은 내부적으로 중국어 구사능력자를 포함하여 중국 전문가들을 양성할 여력이 없었던 관계로 통역자원을 비롯한 중국 현지 적응을 도와줄 인력이 필요하게 되었고 칭다오시 정부는 이 문제를 해결하기 위하여 옌벤 조선족들의 칭다오 이주에 전향적인 정책을 추진하였다. 그결과 칭다오는 동북지역을 제외하고는 한국교민과 조선족이 가장 많이 주거하는 지역으로 발전하였다. 이러한 한인교민 생태계 형성이 조선족들에게 많은 생활형 사업이나 창업이 가능한 여건을 만들어 주었다. 이 가운데 가장 용이하게 창업이 가능한 업종이 요식업

이었다. 숙박업과 여행업도 같은 맥락에서 창업 기회가 많아졌을 것으로 판단된다. 따라서 칭다오 조선족기업의 업종분포 특성은 대규모로 형성된 한인 조선족 교민 커뮤니티의 생활형 생태계 업종과 중소임가공업종 관련 생태계 사업의 2대 업종분야로 그 특징을 설명할 수 있다.

칭다오 조선족사회는 소수민족 공동체로서 안정적으로 칭다오 시에 정착하고 있는 것으로 보인다. 2018년 10월 19일에 개최된 2018 '해림컵' 칭다오조선족민속축제 환영만찬행사가 이를 입증한다. 격년제로 열리는 동 민속축제 행사에는 전국조선족기업가협회 표성룡 회장, 배일환 집행부회장, 다롄조선족기업협회 장상기 회장, 톈진조선족기업협회 김성환 회장 등 전국 각지의 조선족기업협회 대표들과 해림 시정부 관련 인사 및 칭다오조선족여성협회, 노인총회, 교사친목회 회장들이 대거 참석했다. 민속축제 본 행사는 20일~21일 간에 걸쳐 치러졌는데, 노래자랑과 축구, 배구, 육상, 장기, 씨름, 탁구 등 스포츠경기뿐만 아니라 김치 담그기, 민속놀이, 효도잔치 등 전통문화 행사와 패션쇼, 태권도 시범, 청양구노인협회 300인의 태극권 시연 등까지 다양한 체육·문화 활동을 망라하였다. 동 축제는 칭다오 시 조선족만의 행사이지만 전국적으로 각 지역을 대표하는 조선족 인사를 포함하여 총 2,000명이 참가한 대규모 행사로 성황리에 치러졌다. 이 행사를 조직한 칭다오조선족기업협회 전동근 회장은 전국 각지에서 참석한 조선족단체 회장 및 대표들에게 감사와 환영을 표시하였는데, 전국조선족기업가협회 표성룡 회장은 축사에서 칭다오 시가 오래지 않아 중국에서 조선족인구가 가장 많이 주거하는 지역이 될 것이라고 전망하면서 칭다오 조선족

사회의 발전과 정착을 성공적으로 이끌어 온 칭다오 조선족사회의
지도급 인사들을 치하했다.

8. 광저우/선전 조선족 사회

역사적 기록에 따르면 조선족이 광저우에 첫발을 내디딘 것은
1907년 독립운동가 김규홍 선생이 대한제국의 국민이자 고종의 밀
사로 비자금을 찾아서 상하이에 무관학교를 설립하려던 일이 좌절
되자 광저우로 활동기반을 바꾸면서 시작되었다. 그 이전까지만 하
여도 광둥성에서 볼 수 있었던 조선족이란 소수의 '보따리상인들'
뿐 이었다. 이처럼 광둥성 광저우 지역의 조선족 진출은 생각보다
긴 100년이란 역사를 갖고 있다. 신해혁명의 인재양성 사업 일환으
로 1924년에는 광저우에 중국 최초 군사전문교육기관인 황포군관
학교가 문을 열었고 중산대학도 설립되었다. 손문과 교분이 있던
김규홍의 주선으로 조선족 청년들이 중산대학 학생이 되었고 일부
는 황포군관학교에 입학하기도 했다. 장개석이 교장이었고 주은래
가 정치부 주임을 맡았던 황포군관학교에는 60여 명의 조선족 청
년들이 입학했는데 광저우봉기에 참여했다가 희생된 이들의 명단이
남아 있다. 중산대학교에도 약 200명의 조선족 학생이 있었다.

1907년 광저우에서 독립운동을 재개한 김규홍 선생의 행적을 광
저우에서 조선족이 첫 발자취로 보는 이유는 광저우가 신해혁명의
중심지로 부상하면서 국민의 주권의식이 확산되고 있었고, 개화가
가장 빠른 지역이었으며, 일본에 대한 증오도 깊은 지역이라 독립
운동을 도모하기에 가장 적당한 곳이었다는 점에서 찾을 수 있다.
앞서 언급한 황포군관학교와 중산대학에 입학한 조선족 젊은이들을

비롯하여 김규홍 선생을 중심으로 광둥에서 손문의 혁명당원들과 교류하면서 독립운동을 전개하거나 준비한 조선족의 광저우 이주를 그 시초로 보는 것이 타당할 것으로 판단된다. 역사적으로 확인할 수 있는 공식적인 자료에 의거하면 이들 초기 조선족 이주자들은 청나라 군인들에게 혁명사상을 전파한 것으로 확인된다. 김규홍 선생과 함께 오랫동안 혁명활동을 한 중산대학교 초대교장 추로가 1945년 10월 25일 중국(대만)의 중앙일보에 발표한 '조선의 광복을 회고하며 경축함'이란 글에 의하면 추로는 독립운동을 하러 온 그와의 교류를 언급하며 조선인과 40여 년간 인연을 맺었음을 밝히고 있다. 1905년 일본에서 중국동맹회가 결성되고 1907년 여름부터 광저우동맹회의 대표직을 맡은 추로를 찾아 온 김규홍은 '조선혁명이 성공하려면 먼저 중국의 혁명이 성공해야하기 때문에 내가 중국 혁명운동에 참가하러 왔다'고 신해혁명에 참여하는 목적이 조국의 독립에 있음을 명확히 밝히고 있다. '광저우동맹회' 대표직을 맡았던 추로는 손문의 절친한 친구 여우리에(尤列)의 소개로 동맹회에 가입을 했다. 그가 김규홍을 신뢰할 수 있었던 것은 상해의 천치메이(陳其美)의[24] 소개 때문이다. 김규홍은 이미 상해에 있을 때 손문의 지지자이던 천치메이와 절친한 관계였는데 그가 상해에서 무관학교를 설립하기 위해 튼튼한 인맥을 쌓았기 때문이다. 추로의 술회에 따르면 그는 아주 성실했고 모든 비밀 자료의 관리와 정보연락 업무도 그에게 맡길 정도로 신뢰하였다. 특히 김규홍 선생은 조선의 의관을 착용하고 있어서 의심을 받지 않았다고 회고하고 있다. 실제적으로 김규홍 선생은 청나라 군인들에게 혁명 사상을

---

24) 당시 상하이 4대 민족재벌 중의 한사람.

전파하고 동맹회 회원증을 전달하는 등 극도로 위험한 일에 깊숙이 간여하였으며, 후에 광둥에 성립된 혁명군 정부의 고위직에 임명되기도 하였다. 이러한 사실에서 알 수 있듯이 조선족의 광저우 이주는 광둥성에서 일어난 신해혁명에 적극 참여하면서 비롯되었다는 점에서 그 사적 가치와 의의를 갖는다. 1940년대에 들어오면서 조선족들의 광저우 진입이 늘기 시작했다. 주로 중앙정부가 안배하는 국가인재 배치에 따른 것으로 군 관련자나 의료계 또는 교육계에 종사하는 전문인들이 위주였다.

'중국의 1000년 역사를 보려면 베이징에 가고 100년의 상전벽해를 보려면 상하이로 가라, 그리고 20년의 개혁개방을 보려면 광둥에 가라'는 말이 있다. 광둥성에는 2012년 현재 2,000여 개 조선족 기업이 활동하고 있으며 조선족 약 8만여 명이 거주하고 있다. '광둥성조선민족연합회"는 2004년 8월 8일에 민간조직으로 창립되어 같은 해 10월 1일 선전에서 제1회 조선족종합체육대회를 주최하면서 본격적인 활동에 들어갔다. 이후 무엇보다 민족의 얼을 지키고 우수한 전통문화를 계승 발전시키기 위하여 광둥 지역에서 크고 작은 문화 행사를 조직했다. 그리고 연합회 산하에는 광둥성조선족노인협회, 여성협회, 축구협회, 골프협회, 중년협회 등 협회를 설립하여 광둥지역 조선족사회의 구심점을 형성해 왔다. 2006년 10월 1일부터 3일 간은 후이저우에서 제2회 민속체육대회(8,000여명 참가)를 개최하였으며, 2009년 1월 9일에는 선전에서 광둥성조선족문예대공연을 주최하여 우리 민족의 아름다운 음악과 춤을 선보임 으로써 대내외적으로 우리 민족의 문화예술을 선양하기도 했다. 2009년 10월 1일부터 3일간은 연합회가 60만원을 투자하여 제3회 광둥성조선족민속축제를 주최했다. 연인원 1만 5,000여 명이 참가하여 조선족의 상호교류를 촉진하는 한편 민족의 발전상을 보여주었다. 이후 자녀들에 대한 한글교육의 필요성을 느끼게 되어 주말학교를 세우고 우리 민족타운을 형성하는데 결정적인 계기를 제공하게 되었다. 연합회의 적극 지원으로 2009년 9월 12일에 창립한 세계한인무역협회(OKTA) 선전지회의 지회장으로 연합회의 남기학 부회장이 임명되었다. 친목회는 2005년부터 초중고생, 대학생들의 고국 방문과 세계한상대회, 세계한인무역협회 회의에도 적극 참가해 오고 있다. 2010년 들어서서는 광둥성조선족노인협회 주최의 '노인절 행사', '한마음 골프대회', '노인협회 혜주시 분회 창립', '연합회 송년회', '연합회 법률고문단 좌담회', '광둥성조선족부녀협회 창립', '둥관시 창안진 노인협회 창립', '후이저우시 시후 조선족골프협회 창립' 등 다양한 조선족 관련 행사를 조직하면서 광둥성조선족공동체의 민족적 동질성 회복과 단결을 위하여 노력하고 있다. 2011년 8월 26일에는 조선족 어린이들이 우리글과 말을 배울 수 있는 광둥조선족주말학교를 설립하였으며 2012년 5월 20일에는 광둥성조선족노인총회 3주년 창립 대회를 가졌다. 앞으로 연합회는 산업별 정보 시스템을 갖추고 조선족기업들의 창업 지원 및 중소기업의 자본력 취약성을 해결하기 위해 제2금융권의 형성 등 안정된 사업기반조성을 위한 지원사업을 계획하고 있다.

　조선족 동포들이 광저우를 비롯한 광둥성 지역으로 본격적으로 몰려들기 시작한 것은 1992년 한·중 수교가 이루어지면서 부터이다. 1993년에 한국의 삼성전자가 들어오고 이듬해 LG전자가 들어왔는데 이때부터 조선족 동포들 숫자가 기하급수적으로 늘어나기 시작했다. 한국기어들이 입주하면서 1996년도 홍영옥이 '후이저우 영광오금유한공사'를 창업한 것을 필두로 계속해서 조선족동포들의 창업이 꾸준히 늘어났고 현재 후이저우에만 조선족기업이 50여 개로 확장되었다. 1990년 초에 이홍화가 최초로 '고려정'이란 조선족 식당을 개업하였고 홍광래 씨가 진강에서 '홍씨식품'을 개업하였다. 현재 후이저우에는 조선족 식당만 10여 군데가 넘게 영업을 하고 있다.

선전에 제일 먼저 들어 온 조선족은 1978년 개혁·개방 발표를 계기로 1981년 3월에 공병 3개 사단, 2만 2천 명이 선전 경제특구 건설공사에 투입되면서 이 공병단의 일원으로 들어 온 12명의 군인신분 조선족들이 처음이라고 할 수 있다. 보안현의 어촌에 불과하였던 선전시는 당시 인구가 총 2만여 명을 넘지 않았다. 2년에 걸친 건설기간이 끝나자 1983년 4월에 이들 2만 2천 명을 동시에 전역시키면서 선전시 호구도 발급해주고 현지 건설회사에 재배치해 주었다. 당시 장교로 선전 건설에 참여였던 조선족가운데는 김재광 씨도 있었는데, 그에 따르면 함께 전역한 조선족 12명 가운데 10명만이 살아남아 있으며, 이 가운데 4명은 귀향하고 6명만이 선전 제1 건설회사에서 제5건설회사까지 재배치되었다. 당시만 해도 선전에 거주하는 조선족은 이들이 전부였다. 1985년도에 상하이빈관 건너편에 정홍필이 '조선족 요리'라는 식당을 개업하였다. 1988년도에는 '산림원'이란 고급 한식당이 문을 열었다. 당시의 대졸 초임이 500원 정도 할 때인데 '산림원'의 냉면 한 그릇이 45원으로 상당한 고급식당이었다. 한·중수교 직후인 1993년에는 조선족 식당이 많이 생겨났다. '이화원', '고려원', '한양관' 등이 있었는데 현재는 선전의 조선족 식당만 60개가 넘는다.

1984년도부터 샹강 주재 한국총영사관에서 한국행 비자를 발급받을 수 있었다. 이런 이야기가 퍼지면서 한국에 가고자 하는 조선족들은 한국총영사관에서 비자를 얻기 위하여 선전에 모여들게 되면서 자연스럽게 이를 도와주기 위한 여행사업도 시작되었다. 이러한 기회로 한·중 수교 전에도 조선족들의 한국 왕래가 많아지기 시작하였다.

한·중수교가 되면서 한국기업들이 들어오기 시작했는데 이때 조선족들이 한국인들의 기업설립 관련 업무나 활동을 많이 도와주었다. 특히 세관에서 많은 문제점들이 발생했는데 한국인들은 언어도 잘 통하지 않는데다가 중국의 관련 법규를 몰라 많은 곤란을 겪었다. 1990년대에 들어오면서 눈에 뜨일 정도로 조선족들이 몰려들기 시작했다. 처음에는 회사를 설립한 사람은 없었고 대부분 관리자나 통역으로 주로 일을 했다. 그 당시 관리자나 통역을 맡았던 조신족들이 대부분 현재 광둥성조선족기업들 대표로 성장해 있다. 대부분이 통역으로 왔다가 관리자가 되고 공장장, 총경리까지 성장하면서 고향의 친척이나 친구들을 불러오기 시작했고, 조선족 인구가 급격히 늘어나기 시작했다. 이어서 조선족기업이 하나둘씩 창업하기 시작했다.

1992년도에 한·중수교가 이루어지고 대기업을 비롯한 한국의 완구회사 등 중소형 임가공기업들도 선전에 들어오기 시작하였다. 현재 광둥성조선족기업연합회 회장단 안에도 이 당시 이들 임가공기업에 취업하기 위하여 선전에 처음 들어온 조선족기업인들이 있다. 이들의 회고에 따르면 1997년 현재 이미 선전에는 3만여 명의 조선족들이 있었으며, 완구업종에 조선족기업들이 점차 발을 들여놓고 있었던 시기이다. 현재는 선전에만 조선족기업이 80여 개가 운영중이며, 선전, 둥관 합쳐서 조선족 식당이 100개가 넘는 것으로 알려져 있다.

가. 조선족기업 2,000여개에 조선족인구 8만여 명 규모

현재 광둥선조선족기업협회 회장을 맡고 있는 이철호 회장은 1988년부터 광둥성으로 이주해온 광둥성 조선족의 선구자이자 토박이이다. 20여 년간 현지에서 사업을 배우고 자신의 사업을 벌이면서 광둥성 조선족사회 형성과정을 직접 목격하고 참여해 왔다. 1980년대 중반부터 광둥성에는 상당수의 일본기업들이 진출하기 시작하였다. 일본어는 어법과 어순에서 한국어와 비슷한 부분이 많아서 한국인이나 조선족이 배우는데 비교우위가 있다. 따라서 중학교 때부터 일본어를 배워온 조선족 젊은이들에게는 일본기업 통역이라는 일자리는 매혹적이었고 현지에서 언어소통 때문에 고심해오던 일본기업으로서는 쉽게 일·중통역 문제를 해결할 수 있었다. 이어서 1992년 한중수교와 더불어 한국기업들이 광둥성 등 연해의 도시들에 대거 진출하자 동일한 언어문화를 공유하고 있는 동북3성의 조선족들에게는 다시 광둥진출 붐을 이룰 수 있는 기회가 주어졌다. 그 결과 광둥성에 대규모 조선족공동체가 형성되기 시작하였으며, 현재 광둥성에는 무려 8만여 명의 조선족이 장기적으로 거주하면서 나름대로의 공동체를 형성하기 시작하였다.

광둥지역에서 조선족들의 왕성한 창업시대는 1990년대로 거슬러 올라간다. 1980년대의 일본기업 진출과 1990년대의 한국기업 진출은 조선족 청년들에게 새로운 일자리를 창출해주었을 뿐만 아니라 새로운 기술과 비즈니스 경험을 습득할 수 있게 함으로써 기업 관리자로서의 자질을 향상시키는 좋은 계기를 제공해 주었다. 10년 이상 외국기업에 근무하며 경험을 축적한 조선족 관리자와 직원들이 하나씩 둘씩 광둥성에서 창업대열에 끼어들었다. 대부분 조선족기업들은 광둥성 성도인 광저우보다는 경제특구인 선전에 대거 집중되었다. 광둥성에서 창업에 성공한 2,000여개 조선족기업들 가운데 25%가 선전에 위치하고 있다. 이들 가운데는 선전의 3대 주축 산업인 가전, 전자, 핸드폰 부품 및 조립, 금형 및 사출 등 IT 첨단 분야 제조업 등에 종사하는 업체가 전체 조선족업체의 25%를 차지한다. 소규모 가공업으로 출발한 제조업체들 가운데는 이미 글로벌 시대에 걸 맞는 대기업으로 발돋움한 기업들도 있다. 중국의 대외무역 특히 가공무역 센터로서 선전을 비롯한 광둥지역에서 전자산업이 차지하는 비중은 금융시장에 큰 영향을 미칠 만큼 거대한데 이미 정상급에 오른 몇몇 조선족기업은 그 영향력이나 역량 면에서 점차 일본, 한국, 대만과 샹강기업을 추월하기 시작하고 있다. 자영업가운데는 현대 산업의 동력으로 불리는 물류업에 종사하는 조선족기업이 150여개나 된다. 이들 조선족 물류기업들은 이미 전 세계의 모든 국가를 연결하는 글로벌 네트워크를 구축하고 있으며 그동안 쌓아온 신용과 축적된 노하우로 세계 물류업계에 도전장을 내밀고 있다. 광둥성 내에 산재하고 있는 조선족기업들은 이미 각 지역에서 성실한 기업, 선진적인 우수기업으로 지역의 안정과 발전에 기여하고 있으며 이 과정에서 이들 기업들이 광둥성조선족사회의 경제적 기반을 굳건히 다지고 있다.

이 회장은 일본기업들이 지역상공회를 중심으로 정보공유 및 전달체계가 합리적이고 구체적으로 구축되어있다는 것에 주목한다. 조선족기업들은 그동안 각자 살아남기 위한 치열한 창업경쟁 속에서 많은 시행착오를 거쳤다. 만일 산업별 정보전달 및 공유시스템이 갖추어진다면 보다 안정된 기반을 통해 창업과 발전이 이루어질 것이다. 따라서 광둥성조선민족연합회는 별도 기구를 조직화하여 미래지향적인사고들의 틀을 만들고 있고 정보망을 구축하고 있다.

나. 광둥성조선민족연합회는 가장 단결력이 강한 조선족단체중의 하나

이 회장은 '우리 광둥성조선민족연합회는 중국 각지의 조선족단체 가운데서 가장 단합이 잘 되는 협회가운데 하나이다'라고 자부한다. 회원들이 대부분이 기업의 고급 관리직에 있는 임원 및 창업에 나서 성공한 기업가들로 구성되어 사회적 지위가 다져지고 검증된 사람들로 구성되어 있어서 갈등이나 모순이 적다. 광둥성조선민족연합회는 보다 발전적인 미래의 청사진을 그리며 민족의 발전을 위하여 꾸준히 노력하려는 데 뜻을 같이한 28명의 부회장단과 30여명의 이사들로 구성되어있다. 이들은 동북3성의 정든 고향을 떠나 멀리 중국대륙 남단인 광둥성에서 장기간 사업하고 생활하다보니 고향과 민족의 정이 너무나 그리운 사람들이다. 2004년 8월 8일에 설립된 광둥성조선민족연합회는 그동안 최용균 초대회장과 여러 유지급 인사들의 적극적인 참여와 지지 그리고 꾸준한 노력으로 산하에 조선족노인협회, 중년협회, 청년모임, 여성협회, 축구협회, 골프협회 등을 둔 1,000여명 회원이 망라된 단체로 커졌고, 광저우, 후이저우, 둥관 등지에도 지회가 설립되어 지역별 활동도 활발하게 전개되고 있다. 그리고 조선족변호사들로 구성된 연합회 법률고문단이 광둥지역 조선족들의 법률적 애로를 수시로 청취하고 자문해 줌으로써 명실상부한 법률구조 활동을 해주고 있다.

2009년 5월 24일에는 광둥성 조선족기업인 10여명이 72만 위안을 투자해 광둥성조선족노인문화센터를 설립하였다. 선전시 바오안구에 위치한 정천화빌딩 4층에 문을 연 동 센터는 100평 규모로 새로운 실내장식과 현대화한 시설로 사무실, 도서실, 오락실, 주방시설, 온돌방, 조종실, 화장 실로 고급스럽고도 아담하게 꾸며져 조선족노인들은 물론 방문한 인사들을 만족시켰다. 광둥성조선족노인문화센터는 2009년 새로 회장에 오른 이철호 회장이 오래전부터 구상하여 추진해온 계획을 실현한 것으로 이 회장을 비롯하여 남룡운, 남화섭, 김영택, 남기학, 김지웅, 전우 등 10여 명의 기업인들의 적극적인 지원으로 72만 위안의 자금 모아서 투자해 설립한 것이다. 노인문화센터는 노인절, 여성절, 청년절, 노래자랑, 전통예절교육, 한글교육, 문화강연회 등 여러 가지 대형 문화행사를 진행하고 노인들의 심신과 건강에 유익한 도서. 보건체육 기자재, 의료서비스 등 노인복지를 위한 서비스와 다양한 시설 및 설비를 제공하고 있다. 광둥성조선족노인문화센터는 광둥성 조선족들의 유대감과 우의를 돈독히 해 주고 학습, 오락, 체육 활동을 중심으로 하는 대중조직으로서 민족문화자질을 향상시키고 적극적으로 사회공익활동에 참여하도록 하는 장소이자 광둥성조선족사회의 중추역할을 해가는 민족문화의 중심지로 자리잡아가고 있다.

다. 다양한 행사들을 통해 '한집안 식구 된다'

광둥성조선민족연합회는 종종 중국 국경절 시기에 맞추어 광둥성조선족민속축제를 개최한다. 보통 2,000여 명의 선수가 참가하고 7,000여 명 응원단이 참가하는 이 행사에는 조직위 인원만 200여 명 투입된다. 뿐만 아니라 이 축제에 참가하기 위하여 둥관, 후이저우, 광주 지역에서는 축제행사장까지 해당지역 조선족을 수송하는 고속버스를 배치하여 노인과 어린이 및 행사에 참가하는 가족들에게 편리를 도모해주는 등 적극적으로 지원하고 있다. 다양한 전통문화 행사와 민속놀이, 전통음식이 제공되는 등 광둥성조선족공동체가 단일 민족으로서 한마음을 다지는 계기를 제공해주고 있다. 민속축제는 광둥성에 거주하는 조선족들에게 배려와 화합을 위한 체육활동, 전통 민속놀이 등을 통하여 후손들에게 민족의 핏줄을 확인시키고 나아가 전통문화를 계승시킴으로써 그곳에 정착해 살아가는 조선족들이 민족의 정체성을 새롭게 깊이 인식하고 전통적 문화생활을 지켜나가도록 하는 활력소를 심어주는 계기를 제공하고 있다. 그리고 민속축제 기간에는 전후하여 광둥성조선족청년모임도 조직하여 광둥성에 거주하는 조선족청년들 간에 상호 교류와 발전, 단합과 친목 그리고 인적네트워크를 구축하여 업그레이드된 상호정보 교류망을 형성할 수 있도록 지원하고 있다. 이밖에도 '광둥성조선민족골프대회'를 조직하여 광둥성에서 비교적 성공한 조선족기업가들의 네트워크을 구축하였다. 이를 중심으로 실질적인 조선족기업 및 조선족공동체의 중요한 사업을 제안하고 주도하며 지원하는 메커니즘을 운영하고 있다.

광둥성 지역의 조사된 조선족 기업은 총 244개로 제조업이 104

개, 설비업 5개, 법률 서비스업 2개, 교육 서비스업 3개, 금융 서비스업 6개, 방송광고 서비스업 4개, 기타 서비스업 4개, 여행업 4개, 숙박업 1개, 요식업 6개, IT관련 8개, 유통물류 19개, 무역업 49개, 기타 29개 등의 분포를 이루었다.

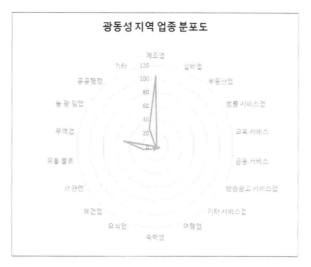

<그림 4-13> 광동성 지역 조선족기업 업종 분포도

9. 상하이 조선족 사회

2010년 중국 인구조사통계에 따르면 상하이 조선족 인구는 1953년에 35명, 1964년에 245명에서 개혁·개방 초기인 1982년에 462명, 1990년에 734명이었다가, 2000년에 5,120명으로 6천명 선을 넘어섰고, 2010년에는 22,257명으로 급증하였다.[25] 상하이 조선족

---

25) 박창근(중국 복단대학 교수), 상하이 조선족이 나아갈 길, 중국조선족 이슈(2014/06/16 22:15)를 연구목적에 맞게 요약하여 편집 정리하였음.(http://blog.hani.co.kr/kh99/46554), 2016. 9. 30. 접속.

인구는 1990년대 푸둥지역 개발로 본격화 된 상하이 개혁·개방과 1992년 한·중 수교 이후 20여 년간에 급증하여 왔음을 알 수 있다. 상하이 개혁·개방과 한국기업들의 상하이 진출이 겹쳐지면서 조선족의 상하이 지역 진입이 급증한 것이다.

상하이의 조선족 유입은 1953년에 동북 지역으로부터 상하이로 100여명의 조선족 통역 인재들이 배치를 받으면서부터 시작되었다. 1950년대에 제기된 '과학을 향해 진군하자'는 정책에 부응하여 이공대학에 진학한 일부 조선족 대학생들이 1960년대 초 대학을 졸업하고 상하이로 배치 받아 오면서 상하이 소재 연구기관이나 공장에서는 조선족 과학기술자들의 활약이 나타나기 시작하였다. 특히 1970년대 후반에 '문화대혁명'이 끝나고 개혁·개방이 시작되자 1980-90년대에 접어들면서 이들의 활약은 꽃피기 시작했고 이 시기부터 상하이 조선족 인구의 증가도 가속화되었다. 푸둥지역 개발에 힘입은 1990년대 상하이 개혁·개방의 가속화, 특히 1992년 한·중 수교를 계기로 급증하기 시작한 한국 기업의 상하이 지역 진출의 가속화는 상하이 조선족 인구의 급증과 상하이 조선족의 역할 확대를 가져왔다.

1990년대 이후 상하이 조선족 인구의 급증과 역할 증대에 가장 큰 기여를 한 것은 특히 산업계에 진출한 조선족들이다. 그중 대다수는 한국계 회사를 비롯한 외국계 회사와 중국 회사의 일반 사원들이었지만 회사 창업자나 경영인으로 활약하는 조선족인도 적지 않았다. 그중 무역업, 관광업, 제조업 3업종은 조선족 기업인들이 가장 활발한 활동을 벌인 업종이라 할 수 있다. 상하이에서 제1대 조선족 기업인이 출현한 것도 이 시기이다. 21세기에 들어서서 1960년대 상하이로 유입된 조선족 원로 과학기술자들의 퇴임으로 저조해지던 상하이 조선족 과학기술자들의 역할은 해외에서 유학하여 박사 학위를 취득하고 귀국하여 상하이에 정착한 조선족 과학기술자들의 증가로 다시 활기를 띠게 되었다. 그 결과 2008년부터 중국조선족과학기술자협회 (상해)학술교류회가 매년 1회씩 열리고 있다. 조선족 과학기술자, 기업인과 대학생들이 동참하는 이 회의는 상하이 조선족의 현주소를 보여주는 가장 중요한 모임 중의 하나로 자리 잡게 되었다.

　상하이에서의 역사가 일천한 대다수 상하이 조선족들은 우선 조선족끼리의 만남과 모임을 중요시하지 않을 수 없다. 결과는 각종 조선족 모임이 활발하게 조직되고 운영되고 있다. 대체적으로 정규적 기구에 의한 모임과 비정규적 기구에 의한 모임으로 나눌 수 있다. 현재 상하이에 존재하는 조선족 모임 중 중국조선족과학기술자협회 상해분회, 옌볜대학교우회 상해분회, 상해조선족기업가협회, 상해축구협회 조선족동맹회, 상해 조선족노인협회 등은 그 활동 규모가 비교적 큰 모임이다. 예를 들면, 2008년부터 해마다 열리는 중국조선족과학기술자협회 (상해)학술교류회는 해를 거듭할수록 모임이 활발해지고 있다. 2015년 현재 참가자는 연인원 547명, 그중 특강 연사는 7명, 발표된 학술논문 수는 32편, 학습포럼 발표자는 20명(교수 1명, 학생 19명)이다. 미래 조선족 과학자를 양성하는 차원에서 2014년부터는 우수한 조선족 대학생들에게 장학금도 지급하고 있다.

　조선족 학부모들이 상하이에서 살면서 가장 심리적 어려움을 느끼는 것은 자녀들에 대한 우리말 우리글 교육이다. 역사상 우리말의 위상이 제일 높고, 우리말을 배우는 중국인과 세계인이 제일 많고, 우리말의 사용가치도 제일 높은 이 시기에 '우리말 벙어리' '우리글 문맹'이 되어가는 자녀들을 보는 부모들의 숙원사업은 한글학교 설립이었다. 2011년 9월에 생긴 상하이 조선족 주말학교는 설립 초기의 2개 학급에서 시작했으나 현재는 13개 학급으로 증가하여 상하이 조선족 사회에서 하나의 중요한 학습모임으로 자리 잡고 있다. 이 외에도 조선족여성기업인협회, 조선족골프협회를 비롯하여 동방살롱, 등불회, 청담회 같은 여러 형태의 독서회 등이 있다. 그리고 조선족축구대회, 조선족 종교 모임 등도 조직되어 있다.

상하이에는 앞서 언급한 조선족 엘리트 과학자들 가운데 중국과학원 출신 엘리트 과학자로 한·중수교 이후인 1995년 퇴직하고 15년간 30여개(20억 달러 규모)의 한국기업 중국투자를 유치한 '투자유치달인'김민달 대표가 있다. 그를 통해서 상하이 조선족사회의 형성과정을 간접적으로 추적해 보고자 한다. 김민달은 12억 달러 규모의 장자강 포스코(포항제철) 투자 프로젝트 유치성공에 기여함으로써 이후 장강삼각주지역 여러 지방정부 고문으로 초빙되어 한국기업 투자유치 사업을 지원하는 탁월한 역량을 보여 '김고문'으로 불리게 된다. 지금은 상하이의 젊은 조선족 사업가들과 격의 없이 교류하면서 그들의 고문이자 어른 역할을 하면서 그들의 사업에 도움을 주며 상하이 조선족 사회의 '김고문' 또는 '해결사'로 활발히 활동하고 있다.

가. 문혁으로 고초를 겪으면서 중국 첫 인공위성 설계에 참가한 우주과학 전문가 조선족

어려서부터 수재로 소문났던 김민달은 우수한 성적으로 옌볜1중과 지린대학를 졸업한 후 복단대학에 배치되었다가 1965년 국가급 최고프로젝트로 중국 첫번째 인공위성인 '동방홍' 총체설계팀에 뽑혀 중국과학원 상해우주비행연구센터에 근무하면서 그의 꿈인 우주과학자의 길을 걸었다. 그의 상하이 이주는 전형적인 우수인재의 국가배치 시스템에 따른 것이었다. 하지만 그의 과학연구 인생은 결코 평탄하지 않았다. '문화대혁명'이 일어나자 함께 일하던 조선족과학기술자 동료가 북한으로 건너간 것에 연루되어 누명을 쓰고 약관 불과 28세이던 청년 김민달은 억울하게 '북한 스파이' 누명을 쓰고 5년간의 옥고를 치르게 된다. 감옥에서 거의 폐인이 되다시피 하여 출소하였으나 아직 문혁기간이던 1972년 말이어서 억울하게도 과학원은 그를 과학연구에 참가시키지 않고 하방시킨다. 3년간 하방기간을 보내던 김민달은 당시 국무원 사업을 주관하고 있던 등소평에게 편지를 보내 억울함을 호소하고 구명해 줄 것을 요구했다. 인편을 통해 전해온 소식은 당시 등소평은 '당신 문제는 꼭 해결될 날이 있으니 건강에 주의하며 그날을 기다리라' 소식을 보냈으나 기쁜 소식도 잠시 청천벽력 같은 소식이 날아온다. 주은래 총리가 서거하고 등소평이 다시 '4인방'에 의해 좌천되면서 등소평에게 편지를 보낸 것이 문제가 되어, 다시 스파이 죄목을 뒤집어 쓰고 1976년에 또 다시 감옥으로 끌려가는 신세를 면하지 못한다. 그가 석방되었을 때는 이미 양친은 아들의 출소 소식도 알지 못하고 고인이 되었다. 억울하게 감옥에 있는 기간에 옌벤에 있던 그의 형님은 문혁기간 상하이로 그를 보러 왔던 일을 빌미가 되어 고향에서 갖은 고초를 겪었다. 친구들인 동창생 3명도 그를 만나러 상하이에 놀러왔던 것이 죄가 되어 문초를 받다가 고통을 이겨내지 못하여 감옥에서 자살한 일까지 발생했다. 그가 옥중에서 허약해진

몸 가누고 11년 만에 귀향했을 때는 거의 아무것도 남아 있지 않았다. 1978년 년 말 개혁·개방이 시작되면서 비로소 누명을 벗은 김민달은 중국과학원에 복귀하여 다시 과학연구사업에 종사하게 되었다. 그에게 맡겨진 일은 기상예보 인공위성시스템 인 '풍운' 프로젝트였다. 문혁기간 귀중한 청춘을 억울하게 감옥에서 흘려보낸 김민달은 흘러간 10년 세월을 보상받기라도 하겠다는 듯이 과학연구에 몰두한다. 1995년 과학원에서 퇴직할 때까지 그는 줄곧 인공위성 풍운1호와 풍운2호 프로젝트에 혼신을 다했다.

나. 한국계 외자기업 투자유치 달인으로 변신

대학교를 졸업하고 국가 최고급 연구과학 사업에 종사하면서 혼기까지 놓친 검민달은 스파이 누명으로 10년을 허송세월하다 39세이던 1979년에야 늦은 결혼을 하고 아들 슬하에 하나를 두었다. 하지만 어쩌면 이러한 인생의 가장 혈기왕성하던 시기를 억울하게 허비 당하게 만든 당시의 사회·정치적 환경이 그를 국가 최고급 과학자의 길을 포기하고 사업가의 길로 나서게 하는 결정적 요인으로 작용하였을 지도 모른다. 정치적으로 무당파 무소속 과학자인 김민달은 1995년에 평생직장이던 과학원을 과감히 퇴직한 후 자유분방한 성격과 우수한 두뇌로 다가오는 시대적 변화를 직감하고 새로운 인생행로를 향하여 자신의 가치를 실현할 것을 결심한다. 한·중수교 이전까지는 중국정부가 지정한 산둥과 랴오닝을 중심으로 한국의 중소형 수출임가공기업들이 몰려들기 시작하였으나, 수교 이후에는 대기업을 중심으로 당시 푸둥개발 프로젝트가 시작되고 있던 국제적 대도시인 상하이 시를 비롯한 장강삼각주 지역에 투자하려는 한국기업들이 급속히 증가하기 시작하던 시기였다. 한국기업들 특히 대기업들이 중국에 진출하려면 당시 중국에 대한 이해가 매우 부족하던 한국기업들의 입장에서는 중국을 경제적으로는 물론 사회적, 정치적, 제도적으로 잘 아는 전문 인재가 매우 필요하였다. 대학을 갓 졸업하고 동북지역에서 이주한 젊은 일반 통역사 자원은 많았지만 상해지역 특히 장강삼각주일대를 잘 알고 투자 프로젝트에 대해 정확히 파악하고 맥을 짚을 줄 아는 전문성을 갖추고 사회적 네트워크를 갖춘 인력은 거의 전무한 상태였다. 30년 동안 상하이에 살았고 또 과학연구 분야에서 오랜 동안 국가급 연구사업에 참여해 온 김민달은 고급인력인 조선족 출신으로 이 지역에서 누구보다 넓은 중국정치 사회 분야의 인맥을 구축하고 있었고 현지 사정을 잘 아는 전문가였다.

그는 과감히 퇴직을 결정하고 현지 지방정부 부문과 협력하여 한국 대기업의 장강삼각주 지역 투자유치에 혼신을 다했다. 그는 한국기업인들과 접촉하면서 장강삼각주지역에 대한 소개와 현지조사 활동을 돕고 나섰다. 그가 가장 자랑스럽게 생각하는 투자유치 사업은 총 투자액이 12억 달러에 달하는 장가항 포항제철(포스코) 투자항목이다. 세계적인 글로벌기업인 포스코가 성공적으로 중국에 진출하는 것을 돕는 것은 의미 있는 일이라고 판단하고 적극적으로 협조하여 마침내 포스코가 1995년 12월 장자강에 투자하는데 결정적 기여를 하게 된다. 그 결과 바로 '포스코의 장자강 정착의 공로자'라는 칭호가 붙여졌고, 포스코의 성공적인 투자유치를 계기로 김민달 자신도 한국기업의 중국진출이 조선족 사회에 가져오는 파급효과를 깨닫게 되었다. '한국 대기업 하나가 중국에 투자 진출하여 정착하게 되면 수많은 조선족 직원들이 필요하게 되고 우수한 조선족 청년들은 한국 대기업에서 선진적인 기술과 경영방식을 배우게 된다. 뿐만 아니라 퇴직 후에도 조선족사회에 공헌할 수 있다는 생각에 희열을 느꼈다'고 그는 회고했다. 그 후부터 김민달은 확신을 갖고 더욱 많은 한국기업들을 유치하기 위하여 헌신적인 노력했다. 15년간 그는 30여개의 한국기업들을 장강삼각주 지역에 유치했는데 총 투자액이 무려 20억 달러에 달한다고 한다. 1년에 평균 2개 업체의 투자유치를 성공시킨 그를 두고 장강삼각주 지역에 진출한 한국계 외자기업 인사들 사이에는 그를 '투자유치의 달인'이라고 부른다. 김민달은 투자유치에만 그치지 않고 자기가 유치한 한국계 외자기업들의 비상임 고문을 자발적으로 맡고 이들 업체들의 투자이후 고정처리와 애로사항 해결을 돕고 나섰다.

동시에 그는 장자강, 수저우, 쿤산 등 장강삼각주 여러 도시의 지방정부 투자유치 관련 부서의 고문으로도 활약하고 있어서 관련 업체와 해당 지방정부로부터 모두 신임을 받는 영향력 있는 중개인 역할을 할 수 있었다. 이들 지역의 일부 도시 경제개발구 건설과 투자유치 사업을 책임진 부서의 책임자들은 자발적으로 그를 찾아와 한국기업 유치문제를 협의하고 자문을 구하곤 했다. 중국 진출에 성공한 포스코의 경우도 장자강 프로젝트의 투자규모를 확대하고자 하는 시점이 오자 다시 그의 도움을 요청하였고, 그는 또 다시 관련 부서를 찾아 협상을 주선 하고 추자확대 승낙을 받는데 기여하였다. 지금도 그는 1년에 한두번씩 자기가 유치한 한국기업들을 방문하여 애로사항을 포함하여 사업진행 상황을 파악하는 등 지속적인 지원활동에 벌이고 있다.

다. 조선족기업 상하이 진출의 가교이자 대부

한국기업들의 투자를 상하이를 비롯한 장강삼각주 지역으로 유치한 그의 경력은 상하이로 이주하려는 조선족기업들에게도 적지 않은 기여를 하게 되었다. 그는 상하이 조선족 사회의 어른으로서 젊은 조선족기업들의 성장에 남다른 관심을 쏟았다. 창업자금이 부족한 조선족기업가들을 도와주거나, 투자 방향을 바로 잡아주는 것을 물론 필요시 상하이 시 등 지방정부의 필요한 인맥을 연결시켜 주는 등의 활동을 통하여 조선족기업가들의 장강삼각주 지역 안착을 도왔다. 이들 도움을 받은 조선족기업들 중에는 1억 달러 이상 매출액을 자랑하는 기업이 3개나 되고, 천만 달러 규모 이상 기업들은 적지 않다. 상하이에 진출한 조선족기업인들에게는 항상 '사업에 성공해 재벌이 되라'는 덕담을 건넨다. 그는 '상하이의 경우 2000년 이전까지는 많은 조선족들이 현지 한국인들보다 경제적 지위가 낮았지만 그 이후로는 많은 한국인들이 오히려 조선족기업에 취직할 정도로 조선족의 경제적 지위가 향상되었다'며 '현재 상하이 조선족의 평균생활수준이 상하이 거주 한국인들의 그것을 추월했다고 했다'고 장담한다.

현재 상하이에 거주하는 조선족인구가 5만-6만 명으로 급증하면서 조선족사회의 활동도 점차 많아졌다. 해마다 상하이에서 개최되는 '조선족 큰 잔치'에 그는 개인적으로 5만 위안 씩 후원하고 있다. 고향을 떠나 상하이로 이주해 살고 있는 조선족들이 한 가족처럼 단합해서 잘 살았으며 하는 바램 때문이란다. 오늘날 상하이의 조선족사회가 창조한 경제적 부는 이미 상당한 수준에 달한 것으로 추정된다. 그 내면에는 한국의 선진적인 기술과 경험을 학습한 바

탕 그리고 상하이라는 경제, 금융, 무역의 중심도시의 글로벌 사업
환경, 조선족의 언어적인 우위와 근면, 도전적 자세 등이 복합적으
로 작용했다는 것이 그의 판단이다. 장강삼각주 지역의 각급 조선
족지도층들이 이 지역에 들어와 사는 조선족사회 문제에 조금만 관
심을 돌린다면 화동지역의 조선족사회가 더욱 발전하고, 확대될 것
이라는 것이 그의 확신이다. 상하이 조선족공동체의 형성과 발전과
정을 김민달과 같은 조선족리더의 눈으로 바라 본 것이다. 70세를
바라보는 김민달은 파란만장했던 자신의 지난날을 돌이키면서 과학
자로 인생을 시작해서 후반은 자유인으로 살았지만, 잃어버렸던 시
간과 젊음을 만회할 수 있었고, 그나마 개혁·개방이후 중국의 경
제발전 과정에 참여하여 조선족과 상하이지역 조선족사회를 많은
공헌을 할 수 있었다는 것에 만족한다고 술회한다.

 김민달의 사례에서 알 수 있는 것은 오늘날 상하이 조선족 사회
의 대부라 할 수 있는 그가 있기까지 그의 타고난 재능과 그가 겪은
온갖 역경 그리고 주변의 친인척, 지인들이 자신 때문에 당한 재난
과 고초 등을 극복한 정신력 그리고 자신의 인생을 국가급 자연과
학자에서 민간 사업가로 변신할 수 있는 타고난 긍정심과 도전심
그리고 판단력 등이 복합적으로 작용했다는 것을 알 수 있다. 한 사
람의 인생으로 보면 쉽게 허물어져 버리거나 인생을 포기할 수도
있는 엄청난 개인적 재앙과 나락에 떨어지는 경험을 했던 결코 쉽
지 않은 인생을 살아 온 것이다. 하지만 그의 이러한 탁월한 재능과
인내와 끈기, 강한 정신력, 도전정신으로 무장한 그만의 능력을 인
생후반의 성공으로 이끌어준 중요한 일종의 조절변수가 한국기업의
대중 투자와 이를 유치성공으로 이끌기 위한 그의 현지 네트워크

구축의 역량발휘에 있다. 한국기업을 유치하는 과정에서 김민달의 이러한 잠재적인 능력과 역량이 발휘되면서 자연과학자로서의 능력과 역량을 사업가적 역량으로 전환시키는 학습을 성공적으로 완성시킬 수 있었다. 아울러 그 자신이 과학자로서 구축했던 상하이 및 주변지방 정부 및 인사들과의 네트워크를 역시 외자유치 프로젝트 유치라는 당시 모든 지방정부들이 가장 우선순위를 두고 추진하던 개발사업과 연계시켜 비즈니스 네트워크로 전환시키는데 성공한 것이다. 투자유치 자문 전문가로서 그의 역량과 이를 추진하는데 필요하게 최적화 된 현지 정부를 비롯한 공공기관과의 네트워크 구축은 그의 핵심역량으로 작용하고 있음을 알 수 있다. 그리고 이러한 성공의 첫발을 내디딜 수 있게 만들어 준 것이 바로 포스코 장자강 투자프로젝트이다. 이러한 그의 성공적인 핵심역량 구축은 창업성공을 꿈꾸며 상하이로 이주해 오는 젊은 조선족기업가들을 도와주고 후견인 역할을 하는 데까지 이어지고 있다. 그의 상하이 조선족사회에서의 역할은 문제 해결자이자 후배 조선족사업가들의 사업 후견인 그리고 상하이조선족사회의 정신적 지도자라고 할 수 있다.

한 가지 주목할 만한 것은 김민달 자신이 인정하고 있듯이 상하이로 이주한 조선족들의 한국의 선진적인 기술 및 경험의 학습이다. 그 자신이 성공하게 된 결정적인 역량을 구축하는 계기가 바로 포스코를 비롯한 30여 한국계 외자기업의 유치를 성공시키는 과정에 축적되었다고 스스로 회고하고 있다. 그리고 그가 옆에서 지켜본 젊은 조선족기업들의 성공에도 한국기업의 선진적인 기술과 경험에 대한 학습이 적지 않게 작용하고 있음을 밝히고 있다. 한 가지 관심이 가는 부분은 그가 술회하고 있듯이 '이제는 상하이 조선족사회가 현지 한인사회에 비하여 경제생활 여건이 좋아지고 있다'는 점이다. 이는 현지 한인사회와 조선족 사회 사이에 경쟁관계나 갈등관계가 전개되지 않았나 하는 의구심을 갖게 하는 부분이다. 한국기업을 통하여 성공을 일구었고 선진기업 경영에 대한 학습이 이루어졌음에도 불구하고 현지 조선족 사회와 한인사회가 갈등내지는 경쟁적 관계를 형성하고 있다면, 이는 본 연구주제와 관련하여 매우 중요한 현상이자 반드시 미래지향적으로 해결해야 할 과제이기도 하다.

상해 지역의 조사된 조선족 기업은 총 150개로 제조업이 32개, 설비업 7개, 교육 서비스업 2개, 금융 서비스업 9개, 방송광고 서비스업 3개, 여행업 1개, 숙박업 2개, 요식업 2개, 보건업 1개, IT관련 1개, 유통물류 12개, 무역업 74개, 기타 4개 등의 분포를 이루었다. 상하이는 중국의 최대 항구도시이자 무역 금융도시이다. 따라서 조선족기업의 업종 분포도 다른 지역과 달리 제조업 보다는 무역업이 74개로 최대 업종을 이루고 있다. 그다음이 제조업종(32개)이고 이어서 유통·물류(12개), 금융서비스(9개) 업종순이다. 이러한 업종분포는 현지에 진출한 한국계 외자기업의 영향을 받기 보다는 상하이 자체의 도시 인프라 특징과 거시적 경제환경의 영향을 더 많이 받은 결과로 유추할 수 있다.

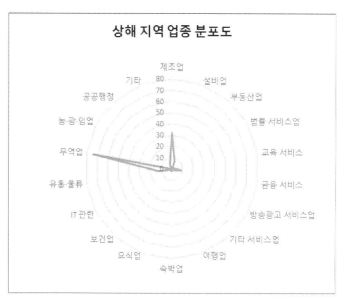

<그림 4-13> 상해지역 조선족기업 업종 분포도

10. 재한 조선족 기업가 관련 단체

재한국 중국 조선족기업가협회 회장을 맡고 있는 엄은하 대표에
따르면, 재한 조선족 기업의 본격적인 한국 진출은 대략 10년 전부
터 시작되었다. 그 동안 대부분 요식업, 여행사 등 특정 업종에 소
규모로 사업을 진행하고 있는 상황이라 현재 한국 조선족 기업가들
을 결집할 구심점은 상대적으로 아직 미약하다고 지적하고 있다.
따라서 조선족 기업들을 중심으로 활발한 활동을 진행하고 있는 조
직이나 모임은 아직 없는 상황이다.

<표 4-7> 재한 조선족 공동체 관련 기구

	협회명	소 개
1	재한국중국조선족기업가협회	韩国中国商人联合会 회장: 엄은하(严银河) 정정식품(正正食品) 대표 핸드폰: 010-3939-9780 이메일:phy1717@hotmail.com 주소:서울시 금천구 독산동 969-21
2	톈진항-한국인천항우호관계협회	天津港与韩国仁川港友好关系
3	한중일경제발전협회	회장: 권순기(权顺基) 베이징상립대투자고문유 한공사 대표
4	재한국중국동포위원회	(www.koreadp.net)
5	한중경제무역촉진협회	1994년 설립되어, '한중관계의 그늘은 최대한 줄이고 우호협력의 길은 최대한 넓히자'라는 구 호로 양국의 지정학적인 중요성과 동북아의 현 실에서 상호협력 방안을 모색하는 민간 교류 단체임. (서울시 서초구 신반포로47길 51-4 02-782-6448)
6	한중 창업 경영자협회	창업 박람회를 비롯해 한국에서 창업을 했거나 사업을 준비 중인 중국동포들에게 교육, 컨설팅 지원 활동을 하는 협회

출처: 재한 조선족

☞ 재한 조선족 단체 발전 과정[26]

시 기	내 용
2000년 이후	서울조선족교회를 비롯한 일부 교회에서 동포들의 권익을 위해 나섰고 그들을 중심으로 재한조선족련합회, 귀한동포련합총회 등 교회 주도의 초기 동포 단체들이 설립됨.
2003년 11월	당시 유일하게 합법체류자격을 가진 동포들로 구성된 중국동포 대학원생들로 구성된 재한조선족류학생네트워크(KCN)가 설립됨.
2007년 이후	2007년 방문취업제, 2008년 재외동포체류자격 부여가 시작되면서 수많은 동포 단체들이 생겨남. 대표적으로 천지산악회, 한마음골프클럽, KCS배드민턴클럽, 재한 중국동포축구련합회, 재한중국동포장기련합회, 재한중국동포배구

26) 중국동포한마음협회 김용선 회장, <[특별기고]서울 대림동과 재한조선족(상)>,모이자 뉴스,
ttp://news.moyiza.com/408298[출처]

협회 등 스포츠 동호회들과 서예협회, 문인협회, 음악동호회, 신화밴드, 영상협회 등 예술단체, 한마음봉사단, 한마음마미재능나눔단, KCN봉사단, 한나봉사단 등 봉사단체, 꽃망울회, 중덕장학회, 나뭇잎사랑나눔 등 자선단체, 대림동시내길경로당, 가산중국동포경로당, 대한아리랑경로당련합회 등 로인단체, 중성촌동향회, 오산동향회 등 고향모임, KC오피스맨클럽, 미래지향엘리트모임 등 전문직 단체, 조선족을 중심으로 된 한중무역협회와 같은 경제단체가 생겨남.

제2절 조선족의 새로운 이주 현황

본 연구의 일환으로 진행된 현지 조선족기업가 설문조사 분석결과에 따르면 현재 경제활동을 하고 있는 도시 혹은 지역에 정착한 시기를 물어본 결과 중국이 WTO를 가입한 2002년 이후가 72명(46.6%)으로 가장 많았고, 한·중수교이후라고 응답한 경우가 53명(36.0%)으로 그 다음을 차지하여 한·중수교가 현재 정착하여 경제활동을 하고 있는 지역으로 들어오게 된 중요한 요인이라고 응답한 조선족들이 적지 않음을 확인할 수 있었다. 개혁·개방 이후 한·중수교 이전에 이미 현지에 정착하여 활동해왔다고 응답한 사람도 23명(15.4%)를 차지하였다. 이는 앞서도 유추한 바 있듯이 중국의 개혁·개방과 한·중 수교 그리고 중국의 WTO 가입에 따른 시장개방 확대 등의 요인이 중국 조선족들을 이주시키는데 중요한 요인으로 작용하였음을 확인할 수 있는 조사결과이다.

<표 4-9> 현지에 정착한 시기

정 착 시 기	빈 도	퍼센트(%)
1977년 이전	2	2.0
1978~1992년(한중수교 이전)	23	15.4
1993~2001년(WTO 가입 이전)	53	36.0
2002년~ 현재	72	46.6
합계	150	100

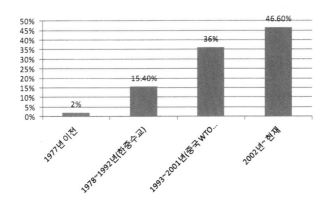

<그림 4-14> 조선족 기업가의 현지 정착 시기

특히 현재 사업활동을 전개하고 있는 지역으로 이동하게 된 이유를 묻는 질문에서는 한국기업 내지 한국과의 연계성이 더욱 강하게 나타남을 확인하게 된다. 현재 활동하고 있는 지역으로의 이주동기를 묻는 질문에 한국업체 취업에 따른 이동 27.3%(41명)때문이라고 응답한 조선족이 가장 많았고, 그 다음이 자기사업을 위한 자발적인 이동이 16%(24명)이었으며, 중국업체 취업에 따른 이동이 14.7%(22명)로 뒤를 이었다. 이는 개혁·개방에 따른 새로운 경제활동의 기회를 찾아 이동한 3가지 특성을 반영한 결과이며, 이 가운데서도 특

히 한국기업의 유입에 따른 취업기회가 조선족이 대도시 이동에 가장 중요한 요인으로 작용하였다는 것을 확인시켜주는 결과이다.

<표 4-10> 현지 진입 동기

현 지역에 온 이유	빈도	퍼센트(%)
학업	16	10.7
한국 업체 취업	41	27.3
중국 업체 취업	22	14.7
공공기관 추입	2	1.3
친/인척 방문	4	2.7
친구/선/후배 방문	6	4.0
관광/여행	2	1.3
자기사업	24	16.0
출생지	12	8.0
기타	20	13.3
합계	149	99.3

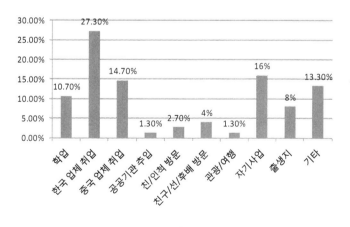

<그림 4-15> 현지 진입동기

현재의 기업을 창업하기 전에 가지고 있었던 직업에 대하여 질문한 결과 40.8%(61명)가 한국계를 비롯한 외국계 대기업이나 개인기업(서비스업)에 근무했다고 응답하였다. 이 경우에서도 중국 조선족의 상당 비중이 한국을 포함한 외국계 외자기업이나 개인사업체에서 근무한 경험을 가지고 있음을 확인할 수 있다. 중국 민간기업에 근무한 경험이 있다고 응답한 비중이 18.8%(28명)이었다. 조선족기업의 창업에는 글로벌¨ 외자기업이나 치열한 경쟁에서 살아남은 중국 민영기업에서 근무한 경험과 노하우가 일정한 정도 영향을 미쳤을 것을 유추할 수 있는 부분이다. 다만, 22명과 12명의 응답자가 각각 '다른 업종의 개인사업을 했다'거나 학생이었다고 응답한 것으로 나타나 총 22.7%가 자기역량에 기초한 자발적 창업을 추진했음을 확인할 수 있었다.

<표 4-11> 이전에 종사한 직업

직 업	빈도	퍼센트(%)
한국계 또는 외국계 민간 대기업/중견기업 직원	44	29.4
한국계 또는 외국계 민간 개인기업(식당 등)직원	17	11.4
중국 공공기관 직원	11	7.4
한국계 공공기관 현지채용 직원	6	4.0
중국 민간기업(대기업/중견기업)직원	20	13.4
중국 민간기업(소기업/영세기업)직원	8	5.4
학생	12	8.0
실업자	4	2.7
다른 업종의 개인사업	22	14.7
합계	141	94.0

1. 창업에서 지금까지 소요시간(정착기간)

우선 처음 창업을 시작하여 현재까지 소요된 기간을 묻는 문항에 대한 조사결과 5~15년 정도 기간이라고 응답한 비중이 총 30.6%(46 명)이다. 무응답자가 절반이상을 차지하여 처음 창업에서 현재까지 얼마나 소요되었는지 전반적인 상황을 파악하기에는 불완전하다.

<표 4-12> 처음 창업에서 현재까지 소요 기간

총 기간	빈도	퍼센트(%)
5년 미만	11	7.3
6~10년	24	16.0
11~15년	22	14.6
16이상	11	7.3
무 응답자	82	54.6
합계	150	100

현재의 사업을 시작한 시기로부터 지금까지 경과된 기간에 대한 질문 문항에 대해서도 무응답 비중이 60%로 응답결과가 매우 제한 적이다. 역시 10년 미만이라고 응답한 비중이 29.3%(44명)를 차지 하고 있다. 이에 비하여 10년 이상 경과한 사례는 10.6%(16명)에 불과했다. 이상의 높은 무 응답률이 시사하는 것은 최초 창업이나 현재 업종의 창업에서 지금까지 소요기간이 그다지 길지 않을 가능 성이 있다. 한중 수교 이후 본격적인 창업이 시작되었다고 볼 때 약 20년의 시간이라는 창업기회 공간이 있었다. 자신의 혁신역량에 기초한 자발적 창업을 제외하고 창업까지 필요한 경험축적 기간도 필요했을 것이라는 점을 감안할 때 높은 무응답률이 시사하는 것은 창업이 최근에 이루어지고 있을 가능성이 크다는 점이다.

<표 4-13> 현재의 사업을 창업하여 운영한 기간

총 기간	빈도	퍼센트(%)
5년 미만	24	16.0
6~10년	20	13.3
11~15년	10	6.6
16이상	6	4.0
무 응답자	90	60
합계	150	100

2. 업종 변경 빈도(정착의 시행착오)

최초 창업 이후 사업을 전환한 경험을 묻는 문항에 대해서는
52.0%(78명)가 1~2회 업종을 변경한 것으로 나타났다. 상대적으
로 짧은 시간적 창업공간을 고려할 때 4회 이상 업종을 변경한 경
우도 22.0%(33명)에 달하였다. 창업이후 현재까지의 경과 기간이
상대적으로 짧다는 앞의 설문결과와 업종 변경 빈도 등을 고려할
때 설문에 응답한 조선족기업들이 아직은 창업초기 혹은 성장초기
단계에 머물고 있다는 것을 유추할 수 있다.

<표 4-14> 사업 변경 경험(횟수)

변경 회 수	빈도	퍼센트(%)
1.00	55	36.7
2.00	23	15.3
3.00	30	20.0
4.00	22	14.7
5.00	5	3.3
6.00	6	4.0
합계	142	94.7

3. 현재 종사하는 직종(정착 현황)

현재 종사하고 있는 업종을 묻는 문항에 대해서는 무역업과 제조업이라는 응답률이 총 47.3%(71명)으로 가장 높은 비중을 차지하였다. 요식업, 숙박업, 미용업, 부동산중개업, PC방/당구장 등으로 대표되는 자영업종 비중은 예상보다 높지는 않았다. 이는 코트라 중국 각 지역무역관을 통해서 설문조사를 실시한 조사과정이 자영업종에 대한 접근을 기술적으로 다소 어렵게 한 결과가 아닌가 상정해 볼 수 있다.

<표 4-15> 현재 종사하는 업종

직 업	빈도	퍼센트(%)
제조업	33	22.0
요식업	9	6.0
무역업	38	25.3
실내장식/설비업	5	3.3
판매업	10	6.7
유통업	6	4.0
이/미용업	2	1.3
목욕업/숙박업	1	.7
PC방/당구장	1	.7
여행업	4	2.7
지역 매체 홍보업	2	1.3
전문서비스업	6	4.0
금융업	1	.7
물류업	9	6.0
IT/SW	4	2.7
부동산소개업	1	.7

기타	8	5.3
요식업/무역업	1	.7
무역업/실내장식/설비업	2	1.3
합계	147	98.0

4. 현재 취급(생산)하는 제품

현재 취급하거나 생산하는 제품이 어떤 분야인지를 묻는 문항에 대해서는 조립금속/기계 장비 관련 제품과 섬유/의류 가죽 관련 제품 및 기타 제품이 총 39.3%(58명)를 차지하고 있다. 무응답자 73 명은 제품 관련된 서비스업 이외의 서비스 업종을 운영하는 사업가 들로 추정된다.

<표 4-16> 현재 취급하는 제품(서비스)

제 품	빈도	퍼센트(%)
무 응답자	73	48.7
음식료품 및 담배	5	3.3
섬유/의복 및 가죽	17	11.3
목재 및 나무 제품	3	2.0
종이 및 종이 제품, 인쇄 출판업	4	2.7
화합물/석유/석탄/고무 및 플라스틱	6	4.0
조립 금속/기계 및 장비	15	10.0
기타 제품	27	18.0
합계	150	100.0

5. 사업장의 직원 구성과 규모(수)

종업원의 민족적 구성을 묻는 문항과 관련해서는 중국인과 조선 족이 같이 근무하는 경우와 한국인까지 포함하여 함께 근무하는 경

우가 총 86.1%(119명)로 절대적인 비중을 차지하고 있다. 이는 조
선족기업들이 업종 특성 상 조선족을 비롯하여 한족과 한국인을 포
함한 다양한 민족적 구성을 가지고 있을 것이라고 유추할 수 있다.

<표 4-17> 중국인 종업원 고용규모 비교

중국인 직원 수	빈도	%
10명 이하	65	54.6
11~50	35	29.4
50명 이상	19	16.0

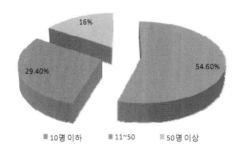

<그림 4-16> 중국인 종업원 고용 규모

6. 사업장 소재 지역

현재의 사업장 소재지를 묻는 질문에는 32.0%(48명)가 칭다오로
가장 많았고, 그 다음이 상하이 18.7%(28명), 선양 12.7%(19명) 순
이었다. 칭다오지역의 조선족기업은 칭다오 시 정부의 적극적인 한
국기업 유치와 밀접한 관계가 있다. 1988년 산둥성 정부 대표단의
한국방문을 계기로 시작된 한국기업의 산둥성 특히 칭다오 진출은

특히 중소형 수출업종을 중심으로 집중되었고 이때까지 거의 전무하다시피 했던 칭다오 시 거주 조선족은 한국기업의 언어소통 문제 해결을 위해 고심하던 칭다오 시의 적극적인 조선족 유입정책으로 나타났다. 반면에 선양시의 조선족기업가들은 대부분 시내 중심의 조선족거주지로 유명한 서탑이나 주변 농촌지역 조선족 마을인 수자툰 등지에 살던 현지 원 거주 조선족들의 창업이 중심을 이룬 것으로 유추할 수 있다.

<표 4-18> 현 사업장 소재지

업소 / 사업장 소재 도시	빈도	퍼센트(%)
베이징	13	8.7
상하이	28	18.7
톈진	2	1.3
선양	19	12.7
칭다오	48	32.0
옌타이	2	1.3
기타동부지역	14	9.3
기타	19	12.7
합계	146	97.3

7. 사업장이 위치한 지역 특징

도시에서도 구체적으로 어떤 지역인지를 물은 결과 도시 시구가 68.7%(108명)으로 절대적인 비중을 차지하였다.

<표 4-19> 사업장이 위치한 지역

사업장 소재 위치	빈도	퍼센트(%)
도시	103	68.7
농촌	2	1.3
교구	33	22.0
합계	138	92.0

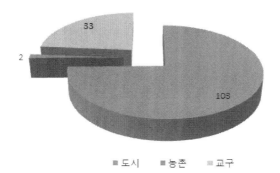

<그림 4-17> 사업장이 위치한 장소

8. 주당 근무시간

　주당 근무시간은 근로기준인 40시간 이하가 48%(71명)으로 가장 비중이 높았고, 그 다음이 41~60시간으로 42.8%(63명)을 차지하였다. 개별 응답 사례가운데는 최대 주당 160시간을 근무한다고 응답한 응답자도 있다. 이러한 응답자는 소규모 자영업자일 가능성이 높다.

주당 근무 시간	빈 도	퍼센트(%)
40시간 이하	71	48.0
41~60시간	63	42.8
60 이상	14	9.5
합계	148	100

9. 월평균 수입 수준

응답자 중 한달 평균 수입을 묻는 문항과 관련하여 20,000인민폐 이상이라고 응답한 비중이 40.4%(36명)로 가장 많았고, 그 다음으로 5,000~10,000 인민폐 사이가 28.1%(25명)을 차지하였다. 개별 응답 사례가운데 월간 최고 수입액은 1,180,000 인민폐이었다.

<표 4-21> 월평균 수입

한 달 평균 수입	빈 도	퍼센트(%)
5,000 RMB 이하	15	16.8
5,000~10,000	25	28.1
15,000~20,000	13	14.6
20,000 RMB 이상	36	40.4
합계	89	100

10. 현 사업의 연간 매출규모

현재 연간매출 규모는 5,000만 인민폐(한화 100억 수준) 미만이라고 응답한 비중이 88.3%(114명)로 절대적인 비중을 차지하고 있다. 5,000만 인민폐 이상은 10.8%(15명)에 불과하였다. 응답자 가운데 연간 사업수입 최고액은 5억 인민폐(한화 1,000억원) 이상이라고 응답한 사례가 1건이다.

<표 4-22> 현 사업체 연간 매출 규모

전체 수입(매출 규모)	빈 도	퍼센트(%)
5,000만 RMB	114	88.3
5,000~1억 RMB	14	10.8
5억 RMB 이상	1	0.7
합계	129	100

11. 현 직업에 대한 '전반적 만족도'

현재의 직업에 대한 만족도를 물어본 결과 응답자의 86%(129명)가 만족한다고 응답하였다. 이는 응답자의 절대적인 비중이 현재의 자기 사업에 만족(보통 만족 이상)하고 있음을 의미하는 것이다. 불만족스럽다고 응답한 응답자는 10.0%(15명)에 불과하였다.

<표 4-23> 현재의 직업에 대한 만족도

측 정 항 목		빈도	퍼센트(%)
매우 만족	1	22	14.7
	2	26	17.3
	3	48	32.0
보통 만족	4	33	22.0
	5	12	8.0
	6	2	1.3
매우 불만	7	1	.7
합계		145	96.7

제3절 조선족 새로운 이주의 성공요인

1. 분석 대상의 선정

본 연구는 중국조선족 기업들의 경영성과에 미치는 성공요인을 밝히고 더나가서 중국조선족 기업들의 네트워크가 기업경영성과에 어떻게 영향을 미치는지를 밝히기 위해 중국조선족 기업들을 대상으로 설문조사를 및 개별 기업 인터뷰를 통해 자료 수집을 하였다. 조사기간은 2013년 4월부터 8월 30일까지이며, 조사기관은 코트라(KOTRA)의 중국 각 지방 무역관을 통하여 중국 동북 3성, 베이징, 상해, 칭다오, 무한 등 지역 조선족 기업들을 대상으로 랜덤 표본추출방법을 실시하였다. 아울러 연구자들의 직접 현지 방문을 통한 개별 기업 심층면담(Depth Interview)을 통해 최종 설문지 160부를 회수 하였다(설문에 참여한 응답자들의 인구통계적 특성은 첨부한 별첨 1을 참조).

2. 분석 변인

본 연구에서 제시한 변수들의 측정은 중국조선족 기업들을 대상으로 하기 때문에 기존 연구에서 사용한 측정 항목을 그래도 도입하는 것은 무리가 있다고 판단하여 본 연구의 목적에 따라 일부 항목을 수정한 측정항목으로 재구성하였다. 구체적인 측정 변수의 조작적 정의는 <표 4-25>에 정리되어 있다. <표 4-25>에서 사용된 다양한 변수들은 5점 리커트 형식의 다 항목 척도로 측정 하였다.

<표 4-25> 측정변수의 조작적 정의

구성개념	측 정 항 목	참고문헌
중국관련 이해정도	중국 구사능역 정도 A1 중국 사회·문화 이해 정도 A2 중국 역사 이해 정도 A3 중국 정치 이해 정도 A4 운용메커니즘 및 경제동향 이해정도 A5 업종동향 업계경쟁 기제 이해 정도 A6	Andersson U, Forsgren, M & Holm, (2002)
조직단체 가입여부 참여빈도	조선족기업가협회 I1 조선족 협회 I2 중국인 단체 I3 동창회·향우회 I4 취미·문화 동호회 I5 동종업자 모임 I6 공공기관 행사 참여 I7	Watson, J.(2007)
창업성공 핵심역량	학습 통한 현지경험 지식축적 능력 C1 기회포착 통찰력과 도전정신 의지 C2 현지 한국인과의 네트워크 구축 C3 목표실행 필요 통제가능 자원 확보 C4	Lee et al.(2001)
중국측 네트워크	중국 권력기관 인사 네트워크 N1 중국 전문가 네트워크 N2 중국측(인) 고객 네트워크 N3 중국측(인) 공급선 네트워크 N4	Watson, J.(2007)
경영 성과	사업의 성장가능성 평가 R1 사업의 확대 가능성 평가 R2 사업의 현지 수익 평가 R3	Glaister and Buckley (1998) Pangarkar(2008)

3. 실증분석

본 연구의 전체 유효 표본은 150부이며, 응답자들의 인구 통계적 특성은 병첨 1과 같다.(첨부한 별첨 1 참조). 다만 개별 기업 인터뷰를 통해서 확인할 수 있었던 것은 60년대 및 70년대 출생 한 사

람들은 중국 개혁개방 직전에 태어나 역동적인 사회적 변화를 체험
하면서 성장한 세대로 새로운 도전을 많이 함으로써 기업가가 많이
배출되고 있음을 알 수 있었다.

가. 신뢰성과 타당성 검증

본 연구의 개념의 구성하는 조작된 척도들의 단일차원성을 검증
하기 위해 <표 4-26>과 같이 탐색적 요인 분석을 실시하여 각 요
인별 Cronbach's α 값을 계산 하였다. 요인 분석결과 모두 5가지
차원의 요인이 도출되었다. 내적일관성을 검증하기 위한 Cronbach's
α 값을 도출한 결과 모두 0.7이상의 값을 나타남으로써 모든 요인
군별로 신뢰성이 있다고 판단할 수 있으며 본 연구의 항목들이 신
뢰성을 확보하고 있다고 볼 수 있다. 또한 타당성 검증에서는 요인
들의 고유치인 아이겐 값이 1이상으로 나타나 타당성이 있다고 볼
수 있다.

<표 4-26> 탐색적 요인분석

변수	항목	성 분					Crobnbch's 값
		요인 1	요인 2	요인 3	요인 4	요인 5	
조직 단체 모임 참여 정도	I1	.839	.113	.021	-.014	.057	
	I2	.807	-.048	-.075	-.036	.227	
	I3	.800	.138	.135	-.060	.044	
	I4	.780	.213	.111	-.033	-.100	0.897
	I5	.745	.016	.043	.021	.310	
	I6	.704	.222	.212	.032	-.126	
	I7	.667	.161	.225	-.062	-.091	

중국 이해 정도	A1	.098	.849	.056	.095	.158	
	A2	.182	.818	.045	.200	.242	
	A3	.196	.812	.155	-.001	.120	0.898
	A4	.243	.803	.175	-.036	-.001	
	A5	.095	.777	.213	-.018	-.107	
	A6	-.027	.642	.026	.057	-.050	
중국 네트 워크 구축	N1	.035	.156	.793	-.007	.192	
	N2	.000	.273	.783	.088	.295	0.868
	N3	.369	-.035	.667	.190	.207	
	N4	.310	.140	.654	.063	-.188	
경영 성과	P1	-.061	.012	-.084	.879	.015	
	P2	-.041	.095	.054	.856	.149	0.830
	P3	-.007	.059	.238	.790	-.066	
창업 성공 핵심 역량	C1	.074	.145	.163	.136	.787	
	C2	.100	.081	.114	-.056	.770	0.702
	C3	.068	.336	.028	.246	.683	
	C4	-.161	.204	.201	.222	.626	
eigenvalue		6.816	3.821	2.304	1.742	1.547	총
고유 값 %		28.40	15.92	9.598	7.259	6.447	67.62%

나. 조선족기업 경영성과에 미치는 요인에 관한 실증분석

앞에서 서술한 실태조사 결과를 정리한 것과는 별도로 본 연구 주요 과제인 중국 조선족기업들의 경영성과에 미치는 요인을 탐색적으로 파악하기 위해서 다중회귀분석을 통한 실증분석을 실시하였다. 독립변수로는 경영성과에 영향을 미칠 것으로 예상되는 핵심역량, 중국네트워크, 중국에 대한 이해정도 그리고 조직 단체 모임 등

에 대한 참여도 등의 4개 항목으로 사용하였고, 종속 변수는 경영
성과를 사용하였다. 분석결과 <표 4-27>와 같이 나타났다.

<표 4-27> 조선족기업 경영성과에 미치는 영향 검증

모형	B	표준 오차	표준화 베타	t	유의 확률	공차	VIF	F
(상수)	1.998	.456		4.376	.000			
핵심역량	.267	.111	.233	2.396	.018**	.853	1.172	
중국네트워크	.135	.067	.206	2.010	.047**	.771	1.298	5.249***
중국이해 정도	.152	.094	.162	1.619	.108	.809	1.236	
조직단체 참여	-.148	.078	-.193	-1.910	.059*	.793	1.262	

<표 19>에서 본 것과 같이 조선족 기업경영성과에 미치는 회귀
식은 유의한 것으로 나타났다(F=5.249, p<0.01). 또한 공차한계의
값이 0.1보다 크며, 분산팽창요인(VIF)의 값이 10보다 작은 값을
나타내고 있음으로 다중공선성의 문제는 없다고 할 수 있다. 그리
고 <표 5>에서 본 것과 같이 중국이해 정도가 조선족 기업경영성
과에 유의적인 영향을 미치지 않는 것으로 나타났고(t=1.619,
p>0.1), 조직 단체 모임 참여도는 통계적으로 0.1 수준에 유의한 것
으로 나타나긴 하였으나, 오히려 조선족기업의 경영성과에 부정적
인 영향을 미치는 것으로 나타났다(t=-1.910, p<0.1). 정리하면, 중
국 조선족기업들의 경영성과에 영향을 미치는 주요 요인으로는 중
국네트워크와 조선족기업가들의 핵심역량 요인 등이 통계적으로 유
의한 것으로 나타났으며, 따라서 이들 요인들을 조선족기업들의 성
공요인으로 유추할 수 있을 것이다.

다만 조직이나 단체 모임 등에 대한 참여정도가 기업의 경영성과

에 '부(-)'의 상관관계를 갖는 다는 실증결과는 추가적인 분석과 관심이 요구되는 부분이다. 비공식적인 단체나 조직의 모임에 자주 나갈수록 사업에 대한 집중도가 떨어져서 단체모임 참여도와 경영성과 간에 '부(-)'의 상관이 나왔다고 해석할 수도 있다. 다른 해석은 단체나 모임에 대한 참여빈도가 경영성과와 부의 상관관계가 나타났다는 것은 단체나 모임에 적극적인 참여를 통한 네트워크 구축이 사업성과의 달성에 부정적인 영향을 줄 수 있는 개연성에 주목하게 한다. 중국 조선족기업가들이 사업에 성공하는 데는 모임이나 단체에 적극적으로 참여하는 정도나 빈도와 부의 상관관계가 있다는 발견을 보다 세심하게 분석해봐야 할 필요가 있는 부분이다.

다. 조선족기업들의 핵심역량과 네트워크가 경영성과에 경영성과에 옆에 붙도록 올리기

본 연구에서는 앞서 확인된 조선족기업들의 핵심역량과 중국내 네트워크가운데 어떠한 요인들이 구체적으로 경영성과에 영향을 미치는지를 검증하기 위해서 먼저 경영성과와 핵심역량별 항목을 투입하여 재차 다중회귀 분석을 하였다. 분석결과는 <표 4-28> 과 같이 나탔다.

<표 4-28>에서 본 것과 같이 먼저, 회귀 식은 유의한 것으로 나타났다(F=2.35 p<0.01). 또한 공차한계의 값이 0.1보다 크며, 분산팽창요인(VIF)의 값이 10보다 작은 값을 나타내고 있음으로 역시 다중공선성의 문제는 없다고 할 수 있다. 그리고 <표 4-28>에 본 것과 같이 창업 성공의 핵심역량 변수 중 '학습을 통하여 현지 경험을 지식으로 축적하는 능력'이 조선족 기업경영성과에 유의적인 영향을 미치는 것으로 나타났으며(t=3.139, p<0.01), '기회포착 통찰력과 도전정신과 의지'도 유의적인 영향을 미치는 것으로 나타났

다(t=2.146, p<0.05). 기타 변수들은 유의적인 영향을 미치지 않은 것으로 나타났다.

다음으로 중국현지네트워크 요인들 가운데는 '중국 전문가 네트워크 구축'만 중국조선족 기업경영성과에 미치는 것으로 나타났으며(t=2.383, p<0.05), 기타 항목들은 유의적 영향을 미치지 않았다. 이러한 결과는 중국의 조선족기업가들이 중국의 정책환경을 포함한 사업환경 변화 및 사업기회에 대한 고급 정보를 획득하는 네트워크가 그들이 운영하는 기업이나 업소의 경영성과에 긍정적이고도 중요하게 작용한다고 인식하고 있음을 유추할 수 있다.

<표 4-28> 조선족기업 경영성과에 미치는 영향 검증

	B	표준 오차	표준화 베타	t	유의 확률	공차	VIF	F
(상수)	3.449	.652		5.287	.000			
네트워크1	-.115	.085	-.141	-1.347	.180	.674	1.483	
네트워크2	.232	.098	.270	2.383	.019**	.578	1.731	
네트워크3	-.195	.130	-.198	-1.498	.137	.423	2.366	
네트워크4	.120	.135	.116	.889	.376	.436	2.293	2.35***
핵심역량1	.496	.158	.352	3.139	.002***	.591	1.693	
핵심역량2	.360	.170	.242	2.114	.037**	.567	1.763	
핵심역량3	.037	.118	.033	.313	.755	.683	1.464	
핵심역량4	-.124	.153	-.094	-.811	.419	.553	1.807	

*p<0.1, **p<0.05, ***p<0.01

4. 실증분석 결과의 해석

중국의 조선족기업들도 1978년도 중국의 개혁개방 정책에 따라 옌벤조선족자치주를 비롯한 동북 3성은 물론이고 베이징(北京), 칭다오(靑島), 상해(上海), 선전(深圳), 톈진(天津) 등 대도시에서에서도 자영업과 기업을 경영하면서 우후죽순처럼 뻗어나면서 성장을 거듭하고 있다. 또한 개혁개방 30여 년간 조선족 기업들이 상당한 자본축적을 거쳐 도시 중심의 새로운 산업화시대에 진입하고 있으며 한인상권 내에서도 자생력을 갖추어 가고 있음을 확인할 있다. 따라서 본 연구는 중국조선족 기업들의 경영성과에 미치는 요인을 밝히고 더나가서 중국조선족 기업들의 네트워크가 기업경영성과에 어떻게 영향을 미치는지를 밝히기 위해서 중국 전역에 있는 조선족 기업들을 대상으로 설문조사와 심층면담(Depth Interview)을 진행하여 수집된 유효설문지 150부를 분석하여 다음과 같은 연구결과 도출 하였다.

첫째, 조선족기업가들은 현재 사업을 이루기까지 성공요인으로 자신들의 끊임없는 새로운 아이디어 창출 및 사업개발 노력과 오랜 현지 경험에서 축적된 노하우가 성공의 핵심요소라고 인식하고 있음을 확인할 수 있었다. 이에 반하여 현지 중국인과의 네트워크 구축과 현지 한국인과의 네트워크 구축은 그들 사업성공의 핵심요인으로 인지하지 않는 것으로 나타났다. 그러면서도 새로운 아이디어 창출에서는 현지 중국인이나 현지 한국인과의 교류가 긍정적인 영향을 미쳤다고 응답하고 있다. 이는 조선족기업가들이 아직은 네트워크 자체에 대한 인식이 부족하며 따라서 한국기업들과는 물론 조선족 기업가들 간의 네트워크도 체계적으로 잘 형성되고 있지 않고 있기 때문인 것으로 추정된다. 이는 중국에 진출하여 경영성과 부진으로 어려움을 겪고 있는 한국계 외자기업들이 조선족기업과의 네트워크를 형성하여 상생할 수 있는 협력전략 방안을 강구할 필요가 있음을 역설적으로 입증하고 있다고 할 수 있다.

둘째, 중국 조선족 기업들의 경영성과에 영향을 미치는 요인들에 대하여 회귀분석을 통하여 실증 분석한 결과 핵심역량 요인과 중국 네트워크가 통계적으로 유의하게 영향을 미치는 것으로 나타났다. 반면, 중국에 대한 이해와 조직단체 모임 및 가입 참여 정도는 통계적으로 유의적인 영향을 미치지 않는 것으로 나타났다. 이는 중국조선족기업가들은 중국에서 태어나 오랜 동안 생활하고 성장해오면서 중국사회, 중국문화, 중국역사, 중국정치 등에 대해서 잘 이해하고 이를 잘 활용하는 역량도 갖추고 있는 것으로 판단된다. 따라서 중국에 대한 이해정도가 이미 역량이 어느정도 입증된 성공한 조선족기업가들 사이에는 큰 차이가 없을 것으로 유추할 수 있다. 뿐만 아니라 사업 추진함에 있어서도 정보나 제도적 장벽을 크게 느끼지 않고 있다고 해석할 수 있다. 또한 중국조선족기업가협회가 2007년도에 출범하였지만, 아직까지는 중앙정부의 허가를 받지 못한 초기 단계에 머물러 있었기 때문에 많은 조선족기업들이 이러한 조직에 대한 중요성을 인식하지 못했을 것으로 판단된다. 따라서 이를 통한 네트워크 구축의 필요성을 느끼지 못했을 것이다. 이제 조선족기업가협회가 중앙정부의 인가를 받았기 때문에 이를 기반으로 중국조선족기업가들의 네트워크 구축이 활발하게 이루어질 것으로 예상되며 더 많은 조선족 기업인들이 탄생하여 조선족사회의 번영을 가져올 수 있을 것이다.

셋째, 중국조선족기업들의 경영성과와 네트워크 효과간의 상관관계에 대한 심도있는 실증분석 결과를 살펴보면 중국 측 네트워크 가운데 중국 전문가 네트워크 구축만이 경영성과에 유의적인 영향을 미치는 것으로 나타났다. 이는 중국조선족기업들이 중국전문가 네트워크 구축을 통해서 새로운 아이디어 및 새로운 산업의 탄생이나 급변하는 경영환경 속에서 경쟁기업들과 경쟁하여 삶아 남을 수 있는 방안 등에 대한 자문과 지식을 획득하고 있는 것으로 유추할 수 있다. 반면 중국 권력기관 인사 네트워크 구축이 경영성과에 미치는 영향은 유의적이지 않은 것으로 나타났다. 이는 중국 조선족기업가들은 중국적 사업관행인 비공식적인 '꽌시'(Guanxi)가 사업성과에 영향을 미치지 않고 있음을 의미한다.

마지막으로 경영성과와 핵심 역량간의 상관관계를 심도 있게 실증분석한 결과 핵심역량 가운데서도 '학습을 통하여 현지 경험 및 지식을 축적하는 능력' 만 통계적으로 유의하게 영향을 미치는 것으로 나타났다. 반면 기대하였던 '현지 한국인과의 네트워크 구축'은 경영성과에 통계적으로 유의적인 영향을 미치지 않는 것으로 나타났다. 이는 어느 조선족기업가와의 면담내용에서 그 원인을 찾을 수 있다.

'사실 우리 조선족기업가들의 성공에는 중국에서 사업하는 한국기업이나 한국인사업가와 한국을 방문한 경험이 중요한 역할을 했다는 것을 부정할 수는 없을 것입니다. 사실은 사실이니까요. 나는 지금도 일 년에 두 번씩 명동과 청담동을 들러서 현지의 동종업종의 변화를 살피고 새로운 사업감각을 유지하고 새로운 서비스 메뉴를 들여와 개발하려고 노력합니다. 그러나 정서적으로 이러한 사실

을 인정하지 않으려 하는 심리가 있는 것도 사실입니다. 솔직히 말
해서 결국은 자기가 능력이 없으면 결코 성공할 수 없다고 생각하
는 것도 사실이니까요27)

---

27) 최근에는 '별그대가' 중국에서도 인기몰이에 나서면서 상하이 지역에서 '치맥' 카페가 선풍적
    인기를 끄는 것을 보고 한국에서 '치르치르'라는 프랜차이즈의 매스터 프랜차이즈 권한을 들
    여와 톈진에 중국명 '氣樂氣樂'라는 치맥카페를 개점하여 공전의 히트를 치고 있다. 톈진 녹색
    장원 원xx 사장과의 면담 중에서(2013. 8. 6. 1차, 2014. 8. 5. 2차)

제4장

조선족기업 창업사례와 성공요인

제1절 베이징, 칭다오 창업 사례

1. 베이징 한나산(한식음식점) 그룹 사례

조선족음식업계 제1브랜드 "한나산(漢拿山)" 장문덕 이사장

장문덕 한라산 이사장은 1973년 11월 교하시 출생으로 중앙민족대학 조선어문화학부를 졸업하고 창업의 길을 걸었다. 2000년에 베이징에서 한국음식점 '한나산'을 개업한 뒤 2003년에는 톈진 등에 한나산체인점을 설립하였고 2005년에는 한나산 사우나 호텔업에도 진출하여 오늘날 베이징한나산그룹을 일구었으며, 배이징청년기업가협회 부회장과 중국인민정치협상회 베이징시 조양구 위원을 역임하였다.

중국어 최대검색엔진인 바이두에 들어가 "한나산숯불구이"를 검색하면 바로 검색창에 4만 6,000개의 댓글이 달려 나온다. "한나산"은 이미 중국 조선족음식업계에서 명실공히 제1위의 브랜드로 인정받고 있다. 대형음식체인기업인 베이징한나산은 현재 산하에 직영체인점만 모두 51개. 베이징에만 숯불구이직영점이 30개, 톈진, 상하이, 선전에 직영체인점이 모두 11개 이밖에 또 베이징에 한나산 패스트푸드(快餐) 직영점 10개, 그 외에 3개의 대형사우나 체인점, 종합휴가클럽인 한나산국제클럽, 베이징 올림픽촌부근에 1억 위안을 투자한 2만 평방미터 면적의 탕천국제호텔을 거느린 그룹으로 성장하였다. 산하 직원은 모두 3,000여명이며, 2008년에는 세계적인 경제위기 속에서도 총매출 5억 위안(한화 800억 원 상당)을 돌파했다.

중국 조선족음식업계의 대형그룹을 형성하면서 이끌고 있는 이

는 40대 중반의 지린성 교하출신의 장문덕, 베이징한나산그룹 이사장이다. 2000년 베이징에서 모체인 한나산불고기식당을 시작할 때 그는 막 중앙민족 대학을 졸업한 27세의 총각이었다. 평소 거리에서 흔히 볼 수 있는 40대의 모습으로 안경을 착용한 캐주얼차림의 수수하고 격식 없이 없으며 솔직 담백한 스타일이다.

가. 한나산 숯불고기는 한식이 아니다?

한나산 숯불고기는 한국을 대표하는 불고기를 중국인의 입맛에 맞추어 레시피를 현지화하면서 성공신화를 쓰기 시작하였다. 이는 한국식 불고기의 전통적인 맛은 중국에 진출한 한국계 자본의 음식점을 따라가기 어렵다는 현실적 제약을 고려한 선택이었다. 정문덕 대표는 이를 '중국특색의 한식'이라고 한다. 한나산 숯불고기는 비록 '한식'이지만 맛에서는 전통한식과 다르며 또 중국인들이 흉내내어 만드는 '한식불고기'와도 그 맛이 다르다. 한나산의 숯불고기 맛을 본 한국인들도 한국불고기 맛이 아니라는데 동의한다. 한나산 숯불고기는 선양 서탑에서 한때 유행하였던 연탄불고기에서 아이디어를 가져왔다. 다만 연탄불이 숯불로 대체 되고 선양사람들의 입맛에 맞는 양념 레시피를 베이징 사람들의 입맛에 맞게 개량한 것이다. 한국음식이라는 이국적 맛을 느끼게 하면서도 중국의 현지화된 입맛으로 개량한 레시피를 개발한 것이 성공의 포인트이다.

그리고 한식 전문식당들은 고기구이를 포함하여 메뉴가 단순하고 전문화되어 있다. 조선족식당은 민족요리를 중국인의 음식소비문화에 맞게 메뉴를 다양하게 만들었다. 한식 음식점처럼 전문식당으로 하면 중국에서는 고객이 제한되어 수익성을 보장하기 어렵다는 문제가 발생하기 때문이다. 예컨대 삼계탕 전문집 같은 비즈니스 모델이 중국에서는 성공하기 어려운 이유이다. 한나산의 경우 비록 숯불불고기를 브랜드로 하고 있지만 불고기 전문점이라기보다는 다양한 현지화된 한식 메뉴를 제공하고 있다. 메뉴는 모두 160종정도로 다양한데 다양한 한식 메뉴를 제공하는 것은 중국인의 식사습관에 맞춘 것이다. 점포면적은 보통 300-500평방미터의 규모로 다른 한식점과 비교해 지역적으로 분산되어 있다. 이것은 목표고객의 차이에 따른 것으로 베이징의 한식점들의 경우 대개가 왕정 지역을 비롯한 한국인이나 조선족들이 모여 사는 지역을 벗어나지 못하지만 한나산은 거의 모든 베이징 도심 번화가에 진출해 있다. 이는 목표 고객이 한국인이나 조선족이 위주가 아니라 본지 한인이 주류이기 때문이다. 연령대로도 화이트칼라 회사원과 젊은 대학생과 중고등학생 층이 한나산의 주요고객이다. 따라서 가격도 이들 주 고객이 수용할 수 있는 가격대인 60-70원 정도의 메뉴가 주된 요리이며 메뉴도 냉채류, 볶음요리가 많이 마련되어있다.

베이징에서 한나산이 한식불고기의 제1위 브랜드로 자리잡는 데는 차별화된 소고기 조달전략이 가장 주효했다. 중국 국내 조선족과 한국계 자영업자간의 도토리 키재기식 경쟁과 한국계 자본의 고급한식당 진입으로 경쟁은 매우 치열해졌다. 게다가 현지 한족기업가들도 자금력과 규모의 경제를 바탕으로 한식불고기 음식시장에 진입하기 시작하였다. 한나산은 베이징 불고기음식점 가운데 제일 먼저 시장가격보다 15% 비싼 정육 소고기를 사용하기 시작했고 연료로는 숯불을 고집했다. 공급상으로부터 누린내와 잡내를 제거한 정육만 사용하니 단가가 시장보다 비싼 편이었지만 대량 구매로 단가를 낮추어 소규모 식당과 비교하면 고기품질은 월등하지만 오히려 단가 면에서는 경쟁력을 유지하도록 규모의 경제로 승부하는 한편 고급한식당과는 인테리어 실내장식의 고급화로 비슷한 매장 분위기를 만들어 대응하였다.

나. 점포 위치선정의 달인

베이징의 한나산 숯불고기 체인점은 가게마다 성업중이다. 장 회장이 지정한 곳은 풍수를 본다는 소문이 날 정도로 100% 성공하여 실패한 사례가 없다. 가게를 선정할 때 목이 좋은 곳이라면 임대료의 고하는 고려하지 않는다. 현재 베이징에서는 더 이상 한나산 숯불고기 점포가 입주할 만한 곳을 찾기가 어렵다. 도시의 생리와 해당 지역의 인구이동 특성을 잘 파악하여 선정한다. 특히 가주 점포의 경우 고객이 모여드는 지역인지를 먼저 살핀다. 아래윗집이나 길거리 하나를 사이에 두고도 점포로서 좋고 나쁜 갈라지기 때문이다. 주민특성, 유동인구, 이들의 소비습관과 소득수준 등을 고려한다. 최근에는 베이징도 이전과 많이 달라져서 유명 음식점들이 가두 점포형 위주에서 대형상가(대형쇼핑몰)에 입주하는 형태로 변화하고 있다. 한나산의 많은 체인점들도 쇼핑몰에 입주하고 있다.

한나산이라는 중국식 한식사업이 성공을 거둔 요인가운데 빼놓을 수 없는 것이 사업가의 도전정신과 모험정신이라고 장 회장은 생각한다. 2001년 처음 친지들로부터 융자한 자금을 포함하여 400만 위안으로 한나산 1호점을 개업할 때 만해도 주변에서는 만류하는 사람들이 대부분이었다. 그러나 장 회장은 대담한 투자를 감행했고 마침내 오늘날의 한나산을 일군 것이다. 사업을 보는 감각과 사업 운이 따라야 하고 당연한 것이지만 부지런 하고 근면해야 하는 것도 중요하다는 생각이다. 특히 시대의 변화와 추세를 잘 따라야 하는데, 요식업도 2000년부터 마침 규모화의 바람이 불어와 한나산도 확장을 계속했다. 이제는 규모화를 넘어서서 브랜드로 승부하는 시대가 왔다고 그는 단언한다.

다. 브랜드화를 위한 또 하나의 도전

장 회장은 "한나산의 입맛"이라는 브랜드를 어떻게 구축하고 있을까? 그는 이제 한 달에 한 번꼴로도 직영점 현장에 직접 내려가지 못할 정도로 눈코 뜰 새 없이 바쁘다. 톈진, 선전 등 타 지역 체인점들에 대한 관리도 숙제가 되고 있다. 핵심은 한나산 숯불구이 전국 체인망에서 차별화된 입맛을 어떻게 담보하고 일사분란하게 한나산 숯불구이만의 독특하면서 일정한 입맛을 전국적으로 유지하는가 하는 것이다. 답은 3만 평방미터의 원료배송센터를 건설하여 모든 지점과 체인점에 공급하는 원료를 원료배송센터에서 통일적으로 구입, 가공하여 배송하는 시스템을 구축하는데서 찾았다. 따라서 지역이나 거리와는 상관없이 소고기 육질에 대한 철저한 품질관리를 가능하게 하고 고품질의 원재료를 구입해서 전부 사람 손으로 가공하고 이 과정에서 색깔, 고기부위 및 질에 따라 철저히 분류가공하는 체제를 구축하였다. 일일 공급량이 소고기만 1만Kg이 넘고 배송센터의 직원만 해도 수백명에 달한다. 이는 한나산 숯불구이 브랜드 이미지를 유지하는 핵심이다. 이 같이 공장화된 가공시스템을 구축함으로써 육가공 기술은 배송센터가 가지고 있고 각 체인점에서는 가공된 원료를 받아서 음식가공에만 힘쓰기 때문에 점포마다 육질의 차이가 없고 일정한 입맛을 유지할 수 있게 된다.

사업규모가 확장을 거듭할수록 방대한 조직을 어떻게 관리할 것인가 하는 것도 중요한 경영관리 이슈로 부상하였다. 한나산의 조직구조는 가두 점포 체인점, 호텔 대형쇼핑몰 내 입점 점포, 배송물류 등 3개 부서에 따라 각기 운영시스템을 달리하는 구조를 구축하고 있다. 이 시스템은 한나산 그룹의 전반적인 조직관리 시스템의 핵심이다. 조직관리는 결국 인력관리 시스템의 구축이 관건이다. 직원들에게는 '한 배를 타고 있다'는 생각을 갖게 하고 동고동락을 하는 분위기를 만들어주는 것이 중요하다. CEO는 기업의 사업 및 경영방향 즉 전략을 정하고 자금을 관리하고 수익배분을 합리적으로 하고 인재를 적재적소에 적절히 잘 배치하고 관리하는 것이 중요한 역할이다. 구체적인 실무는 담당직원들이 분야별로 수월한 전문성을 확보하도록 해야 한다. 이를테면 메뉴개발은 더 이상 CEO가 맛보고 개발하는 것이 아니다. 매달 체인점마다 3-5개 메뉴를 자체 개발하여 고객들의 반응에 따라 선정하고 반응이 부정적이면 다시 갱신하고 개선하는 시스템을 구축하였다. 이러한 시스템으로 새로운 메뉴(신제품)가 계속 개발될 수 있는 체제가 갖추어졌다.

라. 5년 이내 전국에 체인점 100개 목표

한나산 숯불고기 체인점이 이젠 베이징시 외곽으로 확장되고 있다. 전국적으로 한나산체인점 100개를 설치하는 목표를 세우고 있다. 한나산은 끊임없는 치열한 경쟁환경에 둘러싸여 있다. 이제 경쟁 라이벌들도 계속 확장하고 추격해오는 상황이기 때문에 한나산 그룹도 멈출 수가 없다. 직원들에게도 계속 동기부여를 해줌으로써 발전 가능성과 발전공간을 제공해 주어야 인재를 확보 유지할 수 있다. 인재유지와 확보를 위해서도 계속 발전할 필요가 있다. 조선족기업계에서는 한나산이 이젠 상장할 조건을 갖추었다는 시각도 있으나, 아직 시기상조라는 것이 장 회장의 생각이다. 한나산은 아직 성장초기 단계에 머물러 있다. 하루아침에 무너질 수도 있다. 일단은 규모면에서 각 성의 성도(省會) 소재지를 목표로 직영점을 100개까지 늘리는 것이 중요하다. 전국 성도 소재지인 도시들은 모두 개발가치가 있는 유망한 잠재시장이라고 판단하고 있다. 많은 음식업체들이 베이징에서 성공해 전국 각지로 확산되어 간 선례가 있다. 베이징은 현재 더 이상 시장공간이 없다는 것이 장 회장의 판단이다. 글로벌 금융위기의 하에서는 잠시 투자확장을 자제하면서 내실을 다지는 한편 비상을 위한 기반을 공고히 하는데 주력하였다. 아직 시기상조이긴 하지만 주식상장에 필요한 점포규모를 갖추는데 힘을 다하고 있다. 주식상장은 기업의 규모와 체력이 갖추어지면 반드시 추진할 생각을 가지고 있다.

비약적 발전을 위해서는 직영점 체제가 아니라 체인점 체제로 전환할 필요가 있다. 하지만 장 회장은 아직은 직영점을 견지하고 있다. 체인점을 차리려고 방문하는 사람들이 끊이지 않지만 아직은 시기상조라고 판단하고 거절하고 있다. 가맹점의 품질관리 등이 각종 문제점에 대한 확실한 방안이 현재로서는 구축되어 있지 않기 때문이다. 만일 이러한 문제를 해결할 수 있는 방안이 마련되지 않은 채 체인점 방식으로 확장한다면 전체적인 한나산 숯불고기 입맛의 브랜드 이미지가 훼손될 위험이 크기 때문이다. 음식업은 베이징이나 상하이에서 일단 성공적으로 인지도와 지명도를 확보한 후 전국으로 확산시켜 진출하는 것이 효과적이고 바람직하다. 베이징이라는 고지를 전략적으로 잘 장악하고 있어야 한다. 아직은 베이징을 중심으로 외곽지역까지를 주력시장으로 잘 다져서 안정시킨 다음 비로소 지방에 프랜차이즈 방식으로 브랜드와 관리를 수출하는 방안을 고민 중이다. 장 회장의 고향인 지린성 진출도 시기가 되면 추진할 생각이 있지만, 아직은 역시 시기상조라는 판단이다.

마. 조선족식한식업종이 대규모 사업으로 성장하는 비결

대부분 조선족음식점 업주들의 고민은 기타 민족 업주들이 조선족음식점이라는 간판을 걸고 경영하면서 조선족요리를 빙자하거나 저가경쟁 등을 조장함으로써 한식음식시장의 질을 저하시키고 결국은 한식시장을 훼손시켜 시장성립 자체는 위협하고 있는 상황이다. 조선족자치주인 옌벤의 경우는 조선족한식업자들이 민족 특색을 현지화해서 한족 고객들도 그 맛을 받아들이고 있다. 그러나 다른 지역의 경우는 그렇지가 않다. 베이징만하여도 한족 등 기타 민족 기업가들이 막강한 자금력으로 한식이나 조선족요식업에 진출하고 있다. 시장 잠재력이 있다 보니 어쩔 수 없는 자연적인 현상이다. 불고기나 보신탕이 등이 '우리 민족의 음식'이라고 선언한다고 되는 일이 아니다. 음식문화는 세계적인 것이며 누구도 막지 못한다. 이름이 조선족음식일 뿐이지 그 범위도 넓고 어느 민족이나 능력만 있으면 만들 수 있다. 한나산의 경우도 직영점 책임자나 그룹간부 직원 중 한족과 기타 소수민족 직원들이 많다. 그들은 아주 능력이 있고 맡은 일에 최선을 다하고 있다. 여건이 되어 이들이 독립하여 한식점을 차리려고 한다는 것은 극히 자연스러운 것이다. 한나산은 조선족음식업이 단순히 소규모 밥벌이 자영업 수준의 사업이 아니라 조직화된 큰 사업으로 발전할 수 있다는 것을 잘 보여준 모델로, 많은 동종업자들에게 귀감이 되고 동기를 부여하는 계기가 되었다. 장 회장은 한나산이 이런 대형기업으로 발전할 수 있었던 것은 사업 확장 즉 사업의 성장을 순리에 따랐기 때문이라고 분석한다. 우선 창업초기에는 생존하는데 최선을 다했고 어느 정도 매출 규모가 오른 뒤에야 비로소 그 다음 단계로의 발전을 위한 체계적인 목표를 세우고 이를 확실히 달성하는데 집중해 온 것이다. 그러자면 먼저 열심히 연구·개발에 매진하는 것이 관건이다. 그렇게 해야 그 분야에 정통할 수 있고 강한 기업으로 키울 수 있는 핵심 역량을 확보할 수 있어 나중에 크게 발전할 수 있게 된다는 것이다. 생계를 목적으로 음식점을 하는 것이 아니라 사업으로 발전시키려면 끊임없이 노력하고 하나하나 착실히 다지면서 전진하는 것이 중요하며, 헛 욕심으로 성급하게 일만 벌리는 것은 자양해야 한다는 것이 장 회장의 경험이다.

바. 장 회장의 경영고민

회사경영에서 가장 어려운 난제는 인재라고 한다. 인재 발굴도 중요하지만 능력 있는 인재를 잡아두는 것도 쉽지 않다. 요식업은 대표적인 서비스업종인만큼 보다 나은 서비스, 보다 나은 품질, 보다 나은 환경의 3가지 요소가 성공의 관건이라고 장 회장은 판단하고 있다. 각 음식점 점포의 점장이나 관리자가 전문경영자로서 3가지 요소를 관리할 수 있는 수준의 역량을 갖추어야 한다. 이것이 회사가 성공하는 핵심요소이다. 따라서 회사의 관리체계를 견실하게 하는 것이 매우 중요하다. 경영관리팀을 잘 조직하고 운영해야 회사가 부실이 없이 지속가능하다. 특히 인재들의 이직을 막기 위하여 한나산그룹은 임금이외에도 우리사주를 제공하고 있다.

1980년대의 조선족음식점은 업종 자체가 막 출현하기 시작한 맹아기였고, 1990년대에 접어들면서 확실한 전문업종으로 성장하였다. 이에 따라서 한국음식 전문점도 다양한 경쟁자가 나타나기 시작했다. 현재 중국에는 한국계 자본이나 자영업이 진출한 한국음식점과 조선족기업인들이 설립한 한식점 이외에 많은 한족 중국인들도 상하이, 텐진 등 대도시를 중심으로 한식점을 창업하고 있다. 갈수록 치열해지는 경쟁 속에서 강력한 경쟁자는 조선족이나 한국계 사업자가 아니라 오히려 한족 경쟁자들이 더 강력하게 부상하고 있다. 전통적 한국음식의 맛을 내기에는 역부족이지만 중국인들의 입맛에 맞는 레시피 개발로 승부하고 있다. 뿐만 아니라 중국음식과의 융합까지 시도하면서 위협적으로 성장하고 있다. 조선족요식업은 전통 한국음식의 특색으로 차별화하고 규모화와 산업화를 추구하는 전략만이 살길이라는 것이 장 회장의 판단이다. 전반적으로 볼 때 아직은 한나산을 포함해서 매우 신중하게 접근하는 탐색단계에 머물러 있다. 아직은 강력한 경쟁력을 갖춘 기업으로 성장하지 못하고 있다. 하지만 김치 등 발효 음식이 세계적으로 건강식품으로 인정을 받고 있어, 인재양성만 성공적으로 뒷받침되면 성공의 가능성은 무한하다는 것이 장 회장의 판단이다.

사. 10만원 시골집이 5억원 한나산그룹으로

1995년 중앙민족대학교 재학중 수년간 여행사의 가이드로 아르 바이트를 하면서 10여만 위안의 돈을 모은 22세의 장문덕은 식당업을 시작할 종자돈이 생겼다. 허베이성에서 4만 위안으로 기사식당을 시작했다가 실패하고 김치장사로 고생하시는 부모님들을 위하여 다시 식당을 차려드리기로 한 것이다. 1995년 겨울 장문덕은 중앙민족대학 주변의 자그마한 집을 세내어 '시골집'이라는 식당을 차렸다. 식탁이래야 겨우 9개 정도 놓을만한 아담한 식당이었으나 매일 초만원을 이루었고 식사시간만 되면 사람들이 줄을 서서 차례를 기다렸다. 순식간에 확장하기 시작해서 직영점이 5개로 늘어났다. 2000년 27세이던 장문덕은 성업 중이던 선양 시타(西塔)의 조선족 불고기집을 보면서 선양에서 잘되는 불고기집이라면 베이징에서도 잘 될 것이라는 판단을 내렸다. 마침 문을 닫는 사천요리 식당을 인수하여 당시로는 매우 큰 거금이라 할 수 있는 400만 위안을 끌어 모아서 과감한 투자를 했다. 한국식 인테리어 설계사를 초빙하여 전통한식의 분위기로 장식을 하고 종업원들에게 철저한 한식 서비스교육을 시켜 색다른 이미지로 출발했다. 오픈 첫날부터 '한나산 숯불구이'는 호황을 누리기 시작하여 손님들이 줄지었다. 그 결과 단 창업 1년 만에 투자자금을 전부 회수하고 흑자를 기록하겠다. 1년 후인 2001년에 장문덕은 당시 베이징에서 당시 제일 큰 불고기 음식점이었던 '설악산'을 400만 위안에 인수하여 한나산 2호점을 개업하였는데 역시 호황을 이루었다. 한나산 숯불구이는 폭발적인 성장을 시작하여 불과 2년 사이에 점포가 5개로 늘어났다. 한나산 숯불구이는 점심, 저녁 할 것 없이 손님들이 줄을 서서 기다렸고 매출액은 수직상승했다. 창업 5년 만에 한나산 숯불구이 점포는 7개로 늘어났으며 현재는 베이징에만 직영점이 30개가 된다. 한나산그룹은 성공에 힘입어 기타 업종으로 사업을 확장시켰다. 2006년부터는 사우나 업계로 사업을 확장했다. 면적 2만 평방미터에 300개의 룸을 갖춘 직원 500명 규모의 한나산국제클럽을 오픈했는데 손님들로 붐볐다. 같은 해 8월에 한국인과 조선족들이 비교적 많이 집거하고 있는 왕징코리아타운에 한나산천연옥사우나를 이어서 개점하였는데 하루 내방객 유동량이 1,000명을 넘었다. 한나산 숯불구이 체인사업은 폭발적인 성장을 거듭하여 2006년에는 매출액이 3억원 위안을 기록하였다. 2008년 베이징 올림픽을 맞아 베이징올림픽촌 부근에 1억 위안을 투자하여 2만 평방미터 규모의 탕천국제호텔을 설립하였다. 2008년 그룹의 총매출액은 5억 위안을 돌파했다.

2006년 장문덕 이사장은 중국인민정치협상회의 베이징시 조양구 위원으로 선출 되었으며, 현재 베이징청년기업가협회 회원, 베이징시조양구청년연합회 위원으로 활동하고 있으며, 한나산은 베이징시 서양요리협회 회장업체로 명명되었다. 성공한 자식을 보고 세상을 떠난 장문덕 이사장의 부친은 민족문화사업을 후원하라는 유언을 남겼다. 부친의 유언을 따라서 2004년부터 부친의 이름을 딴 '장락주문학상'을 설립하여 후원하고 있으며 해마다 불우한 조선족 학생들에게 장학지원금을 보내주고 있으며, 고향의 학교와 노인협회에도 지속적으로 지원을 하고 있다.

2. 중국 최대의 탕약기제조기지 동화원 남룡 이사장

베이징동화원의료설비유한회사의 남룡 이사장은 옌지 출신으로 1984년 광저우 중산대학 일본어학부를 졸업하고 1985년-1988년간은 중국 국유기업인 오금광산수출입공사에 근무하면서 사회에 첫발을 내디뎠다. 1988년부터 1991년까지 일본에 유학하면서 창업에 꿈을 꾸고 일본에서 동성교역주식회사를 설립하기도 하였다. 1992년에 귀국하여 톈진탕구경제기술개발구에 톈진동화국제무역회사 설립하였으며, 이어서 1994년에는 장자커우에 동화화학공업광산유한책임회사를 설립하였고, 1995년 산시성 양티엔에 동화원야금광산제련유한회사를 설립하는 등 다양한 사업기회를 모색해왔다. 그러던 중에 2000년 베이징에 동화원의료설비유한회사를 설립하면서 오늘날 사업의 발판을 마련하였다. 그후 2년 후인 2002년에 베이징 창핑위안에 중국 최대의 현대적 탕약기 및 소모재 생산기지를 설립하였다. 이러한 활약에 힘입어 중국인민정치협상회의 베이징시 창평구 위원과 중국조선족사학회 후원회 이사장을 역임하였다.

엔지시 태생인 남룡이 베이징에 중국 최대의 탕약기제조기지를 건립하기까지는 비교적 순탄했다. 광저우에서 일본어학부을 전공한 남룡은 1984년 졸업과 동시에 베이징공업대학 교원으로 배치를 받아 베이징으로 부임하였으나, 바로 1년 후 국가경제무역부 산하 중국오금광산수출입공사로 전근하게 되었다. 이곳에서 3년 근무하자 1988년에 일본 지사로 파견 나가는 기회가 생겼다. 일본으로 건너간 남룡은 사업가로 변신할 뜻을 굳히고 1년 만에 현지에서 사직하고 일본 무역회사에 취직하여 2년간 국제무역 실무를 배운 뒤 1991년에 일본 현지에서 드디어 "동성교역주식회사"를 차려 창업한 기업인으로 변신했다. 1992년에는 다시 귀국하여 톈진탕구경제기술개발구에 톈진동화국제무역회사를 세우는 등 앞서 언급한 다양한 업체를 설립하면서 기회를 모색하던 중 1997년부터 한국에서 탕약기와 탕약포장기계를 수입하여 판매하던 인연을 자신의 사업화로 연결시켜 2000년에 오늘날의 동화원의료설비유한책임회사를 설립하고 독자적인 지적재산권을 확보한 중약탕약기를 연구개발하기 시작하였다. 그 결과 2002년에는 중관촌 고신기술(첨단기술)개발구 창핑위안에 중국 최대의 현대식 탕약기제조기지를 설립하기에 이른다. 베이징동화원을 필두로 30여개 분공사 및 지사를 갖고 있는 동화원그룹은 의료설비와 화공제품의 연구개발 및 제조와 판매 및 무역을 하는 기업이다. 베이징동화원은 7가지 계열제품에 30여종의 탕약기와 탕약포장설비를 개발 및 생산, 판매하는 기업으로 중국 최대 규모의 탕약기생산기지로 성장했다. 현재 베이징동화원은 중국내수시장의 70% 이상을 점유하고 있으며 업계 선두기업으로 국내외 의료과학 연구기관과 병원 및 진료소 등 4만여 단위의 단골고객을 보유하고 있다. 그 외에도 '인체성분분석기', '스트레스분석기', '전자동혈압측정기' 등 건강검진 관련 의료설비의 연구개발을 진행하고 있다. 중국내수시장뿐만 아니라 세계 여러 나라의 검증과 인증을 거친 동화원 의료기기들은 미국, 영국, 오스트레일리아, 일본, 프랑스, 한국, 샹강, 대만 등지에 수출되고 있다.

가. 불황을 모르는 기업

베이징동화원은 9년간의 창업을 거쳐 현재 500명 직원을 고용하고 있고 연간 생산액 규모는 2억여 위안, 자산규모는 수억 위안에 달한다. 설립초기부터 탄탄한 기술력을 가졌기에 2000년에 '베이징시첨단기술기업'으로 지정되었고 2006년에는 '베이징시 40대 민영기업 자주혁신기업'에 올랐으며 '베이징시 창핑구(중관촌고신기술개발구의 하나)에 입주한 5,000개 기업 중 40대 납세기업'으로 지정되었다. 베이징동화원이 불황속에서도 성장할 수 있었던 것은 꾸준한 기술혁신을 통해 혁신적인 제품개발로 내수시장을 개척했기 때문이다. 2007년 초 동화원은 국가위생부와 중의약관리소 등 17개 부처의 추천을 받아 탕약기생산업종에서 유일한 협찬회사로 '중국중의약행'이라는 전람회에 참가하였으며 같은 해 5월에는 칭화대학 박사연구생 실습기지로 지정되었고, 이어서 10월에는 베이징시 특허시험단위로 선정되었다. 같은 해 12월에는 '중의중약중국행 공익사업공헌상'을 받았다. 2008년 10월에는 전국제약장비표준화기술위원회와 국가발전개혁위원회의 비준을 거쳐 베이징동화원의 기술표준이 국가표준으로 확정되었다. 한편 같은 해 1월부터 국가중의약관리국의 위탁을 받아 117가지 새로운 성능을 갖춘 중약탕약기를 연구제작하여 2009년 3월에 국가위생부와 중의약관리국의 검수를 통과하였고 5월부터 국가신성과보급센터를 통해서 전국에 보급시키고 있다. 그 결과 글로벌 금융위기 속에서도 판매량이 전년대비 40%나 증가하였다. 국가 차원에서 사회보장체계를 개선하고 의료개혁을 추진하고 있는 정책적 상황에서 국무원은 중의약산업의 육성과 발전을 위한 다양한 지원책을 내놓았다. 정부의 여러 관련 부서에서는 동화원의 기술력과 제품개발 실적을 매우 높이 평가하고 있다. 그 예로 국가 중의약관리국 국장이 5차례나 동화원을 방문하여 연구과제의 진척상황을 점검하고 지도했다. 이는 중의약산업화와 현대화라는 정부의 정책적 지원방향과 탄탄한 기술력과 그 성과로서 시장점유율 70%를 달성한 동화원의 핵심역량이 잘 부합한 결과라 할 수 있다.

나. 제조업과 내수시장 두 마리 토끼

중의약의 종주국인 중국에서 중의약이나 의학계의 아무런 배경도 없는 기업인이 특히 소수민족기업인이 국가의 중의약기술표준을 제정하기까지에 이르고 탕약기분야의 산업화와 현대화를 이끈다는 것은 매우 드문 일이다. 20세기 90년대 초부터 무역업에 종사한 남룡 이사장은 제조업이야말로 자신이 꿈을 이룰 수 있는 길이라고 판단했다. 1994년 장자커우에 불화수소산 등 제품을 생산 수출하는 동화화공광산유한회사를 설립했고 1995년에는 산시성 양천에 금속규소공장을 세워 제품 전량을 수출했다. 하지만 생산한 제품을 수출하면서 남룡 이사장이 눈독을 들인 것은 오히려 13억 인구의 중국 내수시장이었다. 한동안 한국에서 탕약기를 수입하여 판매하던 그는 중국의 의료 서비스 및 의학공급 환경의 열악함을 보고 중국에서 중의약이 무한한 가능성이 있는 것으로 판단했다. 그리고 당장 사업화가 가능한 탕약기의 시장 가능성을 발견하였다. 그동안 수입판매업을 하던 한국 탕약기는 의료용이기보다는 단지 보약류를 조제하기 위해 만든 것이 대부분이었다. 따라서 중국의 의료 실정에 부합하지 않는다는 것을 발견하였다. 그리고 중국 실정에 부합되는 치료용 중약들을 조제하는데 사용할 수 있는 중국의 중의학 실정에 부합하는 탕약기를 개발, 제조하기로 결심한 것이다. 확신을 가지고 탕약기 자체 개발 및 생산 판매사업에 뛰어드는데 주요하게 고려된 요인은 제조업과 내수시장의 두마리 토끼를 잡을 수 있는 절호의 기회라는 확고한 판단이었다. 그동안 한국산 약탕기를 중국의료 시장에 공급하면서 당시 중국내에서는 아직 전문성과 기술력을 가지고 탕약기를 개발 생산하는 중국기업이 보이지 않는다는 사실을 확인하였고, 소득수준의 급신장하고 있는 것에 비하여 현대적 의료서비스를 공급하는 종합병원이 태부족인 상황 하에서 탕약기 잠재시장이 무한하다고 본 것이다. 그리고 이러한 판단과 예측에 따른 의사결정은 정확했다. 내수시장을 개척하기 위해 베이징동화원은 전국 각지에 회사 직영판매점을 두고 판매와 판매후 서비스(AS)를 일체화했다. 서비스가 동반되지 않는 영업은 필패라는 판단에서였다. AS를 중시한 중국식 CRM의 결과로 중국 전역에 4만여 개 단골 구매고객(회사)을 확보할 수 있었고 탕약기 소모재료의 판매량도 덩달아 증가하였다. 현재는 매출액가운데 탕약기 판매액과 소모재 판매액이 각기 절반씩을 차지하고 있다. 남룡 이사장은 제조기업의 생명은 핵심역량 확보에 있고 이는 기술혁신이 바탕이 된다는 확신을 가지고 있다. 따라서 베이징동화원은 현재 30여종의 특허를 확보하고 지금도 30여명의 기술개발팀으로 신제품 개발에 주력하고 있다.

다. 대륙문화를 배우고 기업문화를 만들다

'기업을 경영하면서 가장 깊이 느낀 점은 마케팅의 중요성이다. 마케팅이 따라가지 못하면 아무리 훌륭한 첨단기술제품이라고 해도 마케팅을 잘하는 저급기술제품에 비하여 매출 측면에서 뒤쳐질 수 있다' 남 이사장의 술회다. 그는 조선족기업들의 가장 큰 약점중의 하나가 바로 마케팅 능력이 취약한 것이고 그 원인이 인맥관계의 열세와 문화적인 차이 그리고 언어적인 제한에 있음을 인식하게 되었다. 중국에서 인맥('꽌시') 역시 일종의 문화의 연장선이라고 보아야 한다. 한족의 생활 풍토와 문화, 사고와 행위 방식을 잘 이해하고 이에 잘 대응하고 적응해야 한족과의 인맥형성이 가능하다. 뿐만 아니라 한족문화를 잘 알아야만 회사의 한족직원들을 잘 관리할 수 있고 그들의 능력을 최대한 발휘하게 할 수 있다.

남 이사장은 창업을 꿈꾸는 조선족 젊은이라면 중국 대륙의 문화를 배우고 그것을 바탕으로 한 마케팅 기술을 배워나가는 것이 필수라고 강조한다. 쉽지 않지만 마케팅은 기업활동의 바탕이고 그것을 배우는 과정이 준비된 창업자로 성장하는 과정이라는 것이다. 남룡 이사장은 조선족기업이 대기업으로 성장하려면 업종 및 제품 선정도 중요하겠지만 대륙문화에 대한 이해와 이를 바탕으로 문화 내부로의 진입이 중요하다는 생각이다. 대륙문화를 알아야만 그 문화집단 내부에 깊숙이 들어갈 수 있고 비로소 끈끈한 인맥을 만들어 나갈 수 있으며 나아가 인맥을 통하여 기업성장에 필요한 자원을 확보할 수 있다는 확신을 가지고 있다. 그는 중국시장에서 사업성공 요인을 인맥, 인재, 마케팅 이외에도 관리역량으로 집약했다. 그리고 경영관리의 핵심요소로서 그는 기업문화를 중시한다. 동화원그룹의 기업문화는 기업정신과 경영이념으로 구성되는데, '안전할 때 위험함에 대비하고 실질적인 것을 추구하고 단결분투하여 변화를 창조'하는 기업정신과 '실질적인 것을 추구하여 새로운 것을 창조하고 더욱 훌륭한 것을 추구함으로써 고객을 만족을 추구'하는 경영이념으로 집약된다.

사회적인 책임감도 중시하여 원촨대지진구조 및 중의약 공익활동 등 행사에 거금을 기부하는 등 중국 사회공익사업에 적극 동참할뿐더러 2008년에는 "동화원컵" 베이징조선족운동대회를 협찬하고 중국조선족역사학회 명예이사장을 맡아 학회에 재정지원을 아끼

지 않는 등 조선족사회의 화합과 발전에도 기여하고 있다. 남 이사
장의 또 하나의 꿈은 동화원을 상장시키는 것이다. 이미 자격은 되
지만 보다 내실을 다지기 위하여 착실히 준비하고 있다.[28]

3. 칭다오 코리아수정실업유한회사 이사장 남룡해

남용해 회장은 원래 예술분야 전문가로 출발하였다. 1980년대부
터 90년대 초반까지 옌볜촬영가협회 부비서장, 부주석, 주석을 거
쳐 지린성촬영가협회 부주석, 중국예술촬영가협회 부주석 등 직무
를 역임하였다. 1993년에 연해도시 칭다오에 진출하여 고려수정실
업유한회사 등 3개의 개인 사업을 성공시키면서 칭다오시조선족기
업가협회 회장 및 중한경제발전협회 부회장, 세계해외한인무역협회
칭다오지회 지회장 등을 역임했다. 칭다오조선족기업인들을 조직하
여 10여 차례나 한국, 미국, 오스트레일리아, 브라질, 멕시코 등지
에 진출하여 무역상담회, 전시회, 박람회에 참가하였고, 그의 노력
으로 칭다오시는 3차 세계한인무역회(OKTA)로부터 칭다오차세대
무역스쿨 개최지 권을 따오는 데 성공하여 200여명의 칭다오 거주
조선족 대학생과 청년들에게 무역교육을 진행하였다. 2007년에는
칭다오조선족과학문화인협회를 창립, 중국해양대학, 칭다오대학, 칭
다오과학기술대학, 칭다오이공대학, 칭다오농업대학에 근무하는 70
여명 조선족 교수가 칭다오시 조선족 사회의 구축과 발전을 목표로
칭다오시조선족 운동대회를 개최하고 제9차 전국조선족축구대회를
조직하였으며, 옌볜가무단의 '장백 아리랑'가무단을 칭다오에 유치
하여 칭다오와 옌타이에서 3차례 공연활동을 조직하기도 하였다.

---

28) 연구기간 완료 후 동화원이 상장에 성공했다는 소식을 확인하였음.

현재 중국인민정치협회의 칭다오시위원으로서 칭다오시에 소재한 2개 조선족소학교의 공립화 문제, 조선족중학교 설립문제와 옌볜위성TV 칭다오지역 시청문제 등 칭다오지역에서 조선족 후손들의 교육 및 양성을 비롯하여 조선민족문화 발전을 위한 사업을 추진을 위해 노력하고 있다.

칭다오시 소속의 사단법인 중·일·한경제발전협회 부회장이며 칭다오코리아수정실업유한회사 이사장인 남룡해(56세)는 옌볜에서 사진촬영전문가로 활동하다가 창업을 결심하고 칭다오에 진출한 것이 1994년 일이다. 당시 옌볜조선족자치주 문화예술 분야에서 사진작가로 이미 두각을 나타내었고 또 옌볜촬영가협회 주석까지 역임했던 남룡해는 당초 사진예술가가 꿈이었다. 그러나 높은 경지의 예술성을 지향하는 과정은 경제력이 밑받침되지 않으면 안 된다는 것을 깨닫자 창업을 결심하게 되었다. 어차피 실패해도 사진작가로 돌아가면 그만이라는 배짱으로 1994년에 정든 고향 옌볜을 떠나 칭다오 정착하게 된다.

가. 남보다 먼저 미래를 보고 틈새시장을 공략

남룡해 회장이 칭다오에 진출한지는 20년이 넘었다. 그동안 남룡해 회장은 9,000여평방 미터 규모의 상가빌딩에 대한 소유건과 사용권을 가진 칭다오 조선족 사회의 유력인사로 부상하였다. 그는 현재 외교부소속 중·일·한경제발전협회 부회장을 맡는 등 성공한 기업인의 반열에 올랐다. 남룡해 회장이 낯선 타향에서 경제적인 성공을 거둘 수 있게 된 데는 남보다 먼저 비즈니스 기회를 찾아내고 틈새시장을 공략하는 그만의 독특한 비즈니스 기회를 찾아내는 노하우가 있었기 때문이다. 칭다오시 샹강중로는 지금은 칭다오시 전역에서 가장 번화한 황금노른자의 위치가 되었지만 남회장이 투자할 당시만 해도 투자자들의 관심을 별로 끌지 못하는 거리였다. 1994년 칭다오 진출 당시 남룡해 회장은 샹강중로가 조만간 번화한 상업중심거리로 탈바꿈할 것임을 판단하고 이곳에 점포 하나를 임대했다. 집을 임대할 때에도 향후 늘어나게 될 건물수요에 대비해 건물용적을 더 늘일 수 있는 단층건물을 임대하였다. 아니나 다를까 1995년 이후부터 샹강중로는 상업거리로 서서히 탈바꿈하면서 투자자들이 대거 몰려들기 시작하여 상업용 건물들의 공급부족 형상이 나타나기 시작하였다. 이 기회를 이미 예견한 남룡해 회장은 단층건물 위에 2층과 3층 증축하여 건물용적을 배로 늘였다. 집을 임대해서 단층건물 위에 증축하는 데는 불과 1년 정도의 시간밖에 걸리지 않았다. 남들보다 앞선 생각과 안목이 부를 창출하는 기회를 만들어 주고 또 부를 창조하게 한 것이다. 南龍海가 샹강중로에 임대한 건물이 위치한 지역에는 전체 칭다오시에서 유명한 코리안타운이 형성되었다. 제1차 부동산 개발 창업 성공에 이어 남룡해 회장은 제2차 사업확장을 시도하면서 칭다오시 세계무역센터 건물 지하공간을 임대하였는데 이것이 1998년도의 일이다. 당시 건물 지하층을 임대하는 남룡해 회장을 두고 사람들은 사업가가 지하에 들어가니 망할 수밖에 없다면서 안타까워하는 사람이 대부분이었다. 당지 사람들의 인식으로는 지하로 들어는 장사는 망한다고 믿었던 것이다. 무려 800만 위안이나 되는 자금을 지하에 투자하는 남회장이 이해되지 않았던 것이다. 주변사람들의 입방아에도 아랑곳 않고 남룡해 회장은 자신의 사업 감각을 믿고 세계무역센터 건물 지하공간을 임대하여 칭다오시에서 가장 호화로운 대형 사우나인 수정궁 사우나를 오픈하였다. 수정궁 사우나는 후에 전체 칭다오에서 모르는 사람이 없을 정도로 유명해지게 되었으며, 칭다오의 사우나 문화를 선도하는 사교장으로 자리게 되었다. 남룡해 회장은 사우나 사업을 시작하면서 중국식과 한국식 사우나문화를 접목시켰다. 이를테면 한국식 사우나는 목욕탕물이 깨끗하고 냉온탕 온도가 시종일관 고른 반면 차 한잔 나누면서 쉴 수 있는 공간이 없는 것이 흠이다. 그러나 중국식 목욕탕은 목욕탕물의 수질관리가 가 잘 안 되고 물 온도가 불안정한 반면 차 한 잔이라도 마실 수 있는 쉼터를 제공하는 점에서 중국식 목욕문화의 이점을 가지고 있다. 남 회장은 상술한 중국식 및 한국식 사우나의 각 장점을 통합하여 목욕 관련 수질을 포함한 환경도 양호하게 유지 관리하고 중국인들이 선호하는 사교공간인 휴식하면서 대화할 수 있는 공간도 격조 있게 설치함으로서 목욕과 휴식 및 오락이 어우러진 새로운 사우나문화를 만들어냈다. 지금은 이 같은 사우나 시설과 서비스가 보편화되었지만 20년 전인 당시만 하더라도 이 같은 사우나 문화를 주변에서 볼 수 없었기 때문에 선풍적 인기를 끌면서 돌풍을 일으켜 대중적인 인기를 모으기에 충분했다. 다른 사람들이 장사가 안 된다고 기피하던 지하상가에 사우나를 오픈했지만 장사가 잘 되어 나중에는 지하상가 건물을 매입하게까지 되었다. 남룡해 회장은 남들이 보지 못하는 시장기회를 찾아내고 이를 경제적 가치가 있는 상품으로 변화시키는 특유의 안광을 가지고 있다. 샹강중로의 쓸모없는 자투리 땅이라고 모두에게 외면 받던 변전소 자리를 변전소가 이전하자 그곳에 4,400평방미터나 되는 상가건물로 앉히자 비로소 사람들은 그 자리에 이렇듯 훌륭한 상가건물을 지을 수 있었구나 하며 뒤늦게 감탄했다. 또 세계무역센터 건물의 지하공간을 임대할 때도 사용률이 매우 낮은 회의실을 개조하여 원래 2,200평방미터에 불과하던 면적을 리모델링 방식으로 3,200평방미터로 늘였다. 그리고 당초 회의실로 설계된 공간을 대형 헬스클럽, 나이트클럽, 음식점, 회사 사무실 등으로 활용할 수 있게 하였는데 이를 지켜보던 사람들은 그저 감탄할 뿐이었다. 남룡해 회장을 아는 칭다오시의 많은 지인들은 남룡해 회장이 칭다오시 도시계획국 국장으로 가장 적임자라는 농담을 할 정도로 그는 부동산 투자의 귀재이다. 남룡해 회장은 자신이 자투리땅도 금값이 될 수 있는 도시에서 땅의 잠재적 부가가치를 십분 활용하는 노하우를 축적했듯이 모든 일은 자신의 일을 대하는 자세에 마음가짐에 따라서 보다 창의성 있게 최선을 다하면 성공은 가까이 있다고 충고한다.

나. 칭다오시 조선족사회의 구심점이자 조선족 경제문화발전의 견인차

현재 칭다오시에는 20여만 명의 조선족이 살고 있는 것으로 추정된다, 그 중에는 남룡해 회장처럼 정든 고향을 떠나 창업에 성공한 조선족들이 적지 않다. 남룡해 회장은 성공했다고 골프치고 고급 자가용 타고 다니고 잘 먹고 입는 데 허비하는 것보다 자라나는 우리 민족 후손들에 대한 전통적인 교육문화 전수가 더 중요하고 시급하다고 강조한다. 옌벤문화계 리더 출신인 남룡해 회장은 대부분 동북지방에서 흘러 들어와 모래알처럼 따로 흩어져 사는 칭다오 조선족사회의 현상을 매우 안타깝게 생각하고 직접 나서서 칭다오시 조선족 후손들을 위한 민족문화교육에 나서고 있다.

칭다오에 살고 있는 조선족들은 대부분 자영업이나 개인사업을 영위하기 때문에 개성이 강하고 따라서 단결력이 약하고 조직적인 제한이나 지배를 받는 것을 싫어한다. 이런 상황에서 남룡해 회장은 자세를 낮추고 그들과 가까이 하면서 함께 여러가지 모임들을 조직하고 우리 민족 문화를 이야기하고 예술을 이야기하면서 문화적인 이벤트도 많이 조직했다. 처음에는 이러한 행사들을 기업인들 위주로 펼치다가 점차 문화인들도 참여시켜 갈수록 행사의 질을 개선시키고 있다. 그동안 경로대잔치, 제1차 칭다오조선족운동대회 등 여러가지 활동들을 조직하여 칭다오 조선족들을 단합시키고 힘을 모으는데 일조했다. 2004년에 칭다오시에서 조선족축구대회를 조직할 때에도 남룡해 회장은 다양한 행정적 규제와 레드 테이프를 극복하면서 동분서주하여 마침내 대회가 성사될 수 있도록 했다. 이는 과거에 동북3성내에서만 개최되던 전국조선족축구대회가 기타 지역에서 개최될 수 있게 하는 첫발을 내디딘 결정적인 계기를 만들었다는 데서 그 의의가 크다. 그리고 칭다오 시에는 조선족사립학교가 2개 있는데 칭다오 조선족들이 전액 운영비를 지원하고 있다. 칭다오 지역에 살고 있는 조선족 아이들이 민족의 언어로 공부를 할 수 있다는 것은 대단한 일이다. 남룡해 회장은 칭다오 시 조선족사회가 조선족학교에 많은 관심과 도움을 줄 수 있도록 유도하였다. 특히 조선족 후손을 대상으로 한 중학교는 원래 칭다오시에는 없었거니와 그것을 설립하는데 엄청난 자금이 들기에 칭다오 국가외국어국제학교에 조선족반을 설치하는 방식으로 조선족어린이들이 유치원에서부터 중고등학교 교육까지 우리말 교육을 받을 수 있도록 적극 협조했다. 조선족 집중주거지역이 아닌 타 지역에서 조선족학교를 세운 이러한 경험은 동북지역으로부터 중국 전역으로 확산되면서 형성되고 있는, 특히 동부연안 지대 대도시 지역에 현재 산재하고 있는 조선족 사회의 후손들에게 전통언어와 문화교육 기회를 제공하는 문제에 대한 솔루션의 한 사례를 제공하고 있다.

현재 남룡해 회장은 또 칭다오지역에서 우리말 방송인 옌볜위성TV를 시청할 수 있도록 하기 위하여 동서분주하고 있다. 우리말로 된 TV방송 프로그램의 시청은 민족 문화 전파의 중요한 경로이기 때문에 남룡해 회장은 이 사업이 당면한 가장 중요한 지체할 수 없는 사업이라고 말한다. 지금까지 이미 근 3년째 칭다오에서 옌볜위성TV를 시청하는 일 때문에 칭다오시 및 옌볜의 해당 부문과 접촉하여 연구하고 있으며, 국가민족사무위원회와 중국사회과학원의 조사연구 부문에도 이 문제해결에 대한 협조문제를 제기했다. 그 결과 이미 칭다오시 청양구 일부 지역에서는 옌볜위성TV 시청이 가능해졌으며, 조만간 칭다오 전역에서의 시청이 가능해질 것으로 보인다. 향후 남룡해 회장은 기존의 칭다오시 2개소 조선족학교를 공립화하는 문제와 조선족문화센터를 세우는 일을 적극적으로 추진할 예정이다. 이같은 일들은 민족문화 및 교육에서 매우 중대한 일들로서 칭다오 시에 거주하는 조선족 사회 지도층이라면 어차피 누군가는 반드시 해야 하는 일이기 때문에 하루라도 일찍이 서둘면 그만큼 이득도 크다는 게 남룡해 회장의 생각이다.

다. 고유 전통문화 살리기 앞장

남룡해 회장는 칭다오로 이전해 온 조선족사회가 현지에 정착하여 안정적으로 뿌리를 내리기 위해서는 민족의 전통문화를 살리는 노력이 필요하다고 생각한다. 그의 견해로는 칭다오에서 조선족의 전통문화를 살리는 것은 결국 칭다오 지역에서 성공한 조선족사업가들이 책임질 수밖에 없다는 것이다. 그는 민족문화 사업은 누군가의 희생이 필요하다고 생각했다. 어찌 보면 조선족 전통문화라는 관점에서 거의 불모지나 다름없는 칭다오 지역에서 민족문화사업을 일으키는 것은 쉽지 않은 일이었다. 남 회장은 민족문화 사업을 추진하면서 하면 할수록 할 일이 많아지고 할수록 어렵고 할수록 힘이 드는 것을 느꼈다. 그는 거창한 성과를 욕심내기보다는 자신의 작은 노력으로 칭다오 지역 조선족사회을 위한 민족사업에 자그마한 흔적이라도 남기고 싶은 심정으로 추진한다는 취지의 생각을 피력한 바 있다. "내가 번 돈이 다 내 돈은 아니다. 내가 번 돈을 우리 조선족사회를 위한 민족사업에 쓰는 것은 정말 매우 유익한 일이 아닐 수 없다"고 말한다. 남 회장은 이러한 노력이 한사람의 힘으로는 불가능하다는 것을 잘 알기에 자신만 조선족 사회를 위한 공헌활동에 주도적으로 참여하는 것이 아니라 주변의 성공한 다른 조선족 사업가들에게도 그렇게 하도록 유도하는 리더십을 발휘하였다. 예컨대 옌볜무용가협회가 칭다오에서 '당대조선족무용' 공연계획을 추진하기 위한 타당성을 검토할 때도 동북3성지역내에서 무형문화재로 선정된 작품들 위주로 행사후원을 의뢰받아 이를 추진하는데 앞장섰다. 이밖에도 제1차 칭다오조선족운동회, 새천년맞이 중·한친선의 밤, 칭다오조선족경로대잔치, 제9회 전국조선족축구운동회 등을 조직하는데 앞장섰고, '칭다오조선족의 어제와 오늘 그리고 미래'라는 학술세미나와 칭다오조선족 차세대무역스쿨 및 전국규모인 '제13회중국조선족 발전을 위한 학술심포지엄'등의 개최를 후원하였다. 이밖에도 중·한 하나로 가요제, 옌볜가무단의 '장백산 아리랑' 칭다오 초청공연 등 다양한 체육, 학술, 예술 관련 민족행사들을 주최하거나 후원하면서 칭다오지역 조선족사회 경제문화발전에 적극적인 기여를 하였다. 남 회장은 조선족문화의 우수성이 중국인들은 물론 한국인들에게도 인식되면 옌볜 조선족은 물론 나아가 중국 조선족 전체에 대한 인식에 변화를 가져오고 중국의 소수민족이자 한국인의 피를 나눈 동포로서 조선족의 독특한 민족위상이 올라가고 그 우수성을 인정받고 대접받는 길이라고 강조한다. 그것이 또한 남 회장은 '기업인이 돈을 벌면 민족문화 관련 활동과 사업에 투자해야 하는 이유'라고 주장한다. 남룡해 회장은 언젠가는 자신의 전문분야로 돌아가서 소중하게 여기는 카메라를 들고 민족의 얼을 담은 사진작품들을 만들고 싶다고 말한다. 민족의 우수한 얼을 만들고 그 우수성을 영원한 기록으로 후세에 남겨주는 일도 자기가 할 일이라고 생각하기 때문이다.

4. 칭다오 조선족기업가 협회 회장 이봉산

'중국은 그야말로 숨 가쁘게 빠른 속도로 변화하고 있다.' 칭다오조선족협회 회장 이봉산의 생각이다. 이 회장은 공장 3개와 무역회사 1개를 경영하고 있다. 2011년 기준으로 연간 매출액은 1,400만 달러를 실현했다. 이 사장은 자신이 작으나마 성공할 수 있었던 것은 나름대로 변화에 민감하고 또 스스로 변화에 적응하기 위해

게으르지 않았기 때문이 아닌가 생각한다. 중국의 기업가는 외부 변화에 신속하게 반응하는 카멜레온식의 체질을 갖추어야 한다는 것이 이 사장의 지론이다. 자신이 익숙한 분야라도 일단 시장형세에서 뒤떨어졌다고 판단하면 미련 없이 포기할 줄도 알아야 하고 마찬가지로 생소한 분야라도 비전이 보이면 뛰어들 수 있는 용기 또한 중요하다고 생각한다.

가. 아픈 만큼 성숙한다

헤이룽장성 오상시 출신인 이 사장은 1997년 하얼빈 제1중을 졸업하고, 어린 나이에 곧바로 스페인 해외노무 취업 길에 올랐다. 낯선 스페인의 운반선에서 2년 7개월 동안 고된 육체노동으로 돈을 악착같이 벌었다. 2000년 봄 새로운 기회를 포착하고 귀국하여 해변도시 다롄으로 진출했다. 해외노무로 번 돈을 투자하여 무역업을 시작했지만 종자돈을 모두 말아먹고 결국 3개월 만에 보따리를 쌌다.

"눈물에 백옥은 더 희어지고, 역경 속에서 의지는 더 굳어진다"는 말이 있듯이 실패의 쓴맛을 본 이 사장은 세상의 험난함을 알게 됐고, 세상에 더 이상 두려울 것이 없을 것만 같은 느낌을 받았다.

그해 가을 이 사장은 무작정 기회의 땅 칭다오로 왔다. 그의 운명은 바다를 떠날 수 없는 듯했다. 그는 칭다오에서 한국운송회사에 일반직원으로 취직했다.

외국에서의 선상생활이 좋은 경험이 됐다. 그는 일에 쉽게 적응했고, 3개월 만에 영업팀 경리로 승진했다. 그 후 3년 반 동안 꾸준히 실력을 키워 끝내 다시 홀로서기에 성공, 독자적으로 물류회사를 설립했다.

나. 변하는 길만이 사는 길

물류회사가 호황세를 탔으나 얼마 안가서 과다경쟁으로 마진이 거의 없는 지경에 이르렀다. 당시 출구를 모색하던 중에 아내가 "단 20명이 하는 공장이라도 직접 경영하고 싶다"는 소원을 내비쳤다. 일본전자회사에서 부공장장으로 8년 근무한 경험이 있는 아내는 전자회사를 소망했다.

물류회사를 경영하면서 타 회사를 많이 방문했었는데 그 중에는 전자회사도 많았다. 그래서 전자업종에 대한 관심이 높았고, 또 어깨너머로 배운 지식도 어느정도 있었다. 이러던 차에 우연히 한국 전자회사의 사장을 만나 일이 순리롭게 추진됐다. 기계 설비를 빌려주면서 임가공을 부탁한 것이다. 공장을 임대하고 생산 라인을 깔아 모터 조립생산에 들어갔다. 처음에는 두려움이 없지 않아 있었는데 7개월 후에 700명 노동자가 모였고, 그 후 최대로는 1,100명 노동자를 고용하기도 했다. 전자회사는 1999년부터 4-5년간 호황을 누렸다. 현재 전자회사에는 노동자 370명, 삼신우신흥소재회사에 76명, 무역에 5명이 근무하고 있다.

이촌에 있는 130평방미터의 작은 공장에서 시작해 2008년 6월에는 지머용천공업단지에 7000평방미터 규모의 제2공장을 설립했다. 전자제품은 반제품을 생산하여 한국 LG전자와 유양정보통신 등에 납품하며 의료기계에 사용되는 맥반석은 완제품을 생산하고 있다.

2008년 세계금융 위기를 맞으며 물량이 줄어들자 물류회사를 접었다. 또한 호황을 이루던 전자산업이 다소 불경기 기미를 보이자 2010년에는 지머푸둥지역에 중한합작 삼신우(KLC)신형소재기술유한회사를 설립했다. 3명이 우정과 신의를 기반으로 회사를 경영한다는 의미에서 회사 이름을 '삼신우'라고 지었다는 설명이다. 삼신우는 에너지를 30-40% 절감할 수 있는 LED 가로등을 연구 생산하는데 시장이 클 것으로 전망된다.

3개 공장을 운영하면서 이윤이 점처 줄어드는 것을 느끼자 이 사장은 또 한차례 변화를 모색했다. 그는 우선 칭다오의 시장의 변화를 전망했다. 그 결과 칭다오가 소비도시로 갈 것으로 예측하고 서비스 쪽으로 사업방향을 전환하는 준비를 하기 시작했다. 그렇게 해서 1차로 준비한 것이 한국 유명 브랜드 감자탕 체인 총판을 시작하였다. 그의 생각은 적중하여 현재 청양구에 한개 등 칭다오 시내에 4개의 감자탕 체인점을 오픈했다. 이어서 8-9호점까지 개점하였다. 그의 판단은 적중했다. 칭다오가 관광도시로 지정되면서 기존 물류 유통단지를 시 외곽으로 이전하는 등 하루가 다르게 도시가 변하고 있다.

한편 무역회사도 경영하고 있는데 한국에서 폐품 구리를 수입할 준비를 하고 있다.

비용을 줄이기 위해 생산부문은 아내가 맡고, 서비스와 무역부문은 이 사장이 맡는 업무 분담까지 하고 있다. "주문이 있더라도 이익이 나지 않는 일은 하지 않는다"는 기준을 가지고 마진이 없는 일을 줄이고, 갈수록 수익성이 줄어드는 제조업의 한계를 벗어날 새로운 길을 모색하고 있다. "사업에 성공하려면 자신을 세상의 틀에 깎아서 맞추는 아픔을 과감하게 시도할 줄 알아야 한다. 세상을 내 기준에 맞추려고 무리하는 순간부터 실패는 예약되는 것이다"라는 게 자신의 모토라고 말한다.

다. 민간 해결사로 나서

이 사장은 2010년부터 사회활동에 적극 참여하고 있다. 어느날 조선족들이 식당에서 식사를 하다가 서로 싸우는 것을 목격했는데 무척 마음이 아팠다고 한다. 어떻게 하면 조선족들의 단합을 도모할 수 있을까 고민하는데 탕원향우회가 설립됐다는 소식을 접하고 '아! 바로 저것이다'라는 생각이 들어 오상향우회를 설립하여 회장으로 나섰다. 칭다오 조선족들의 대통합의 더 큰 꿈을 이루기 위해 20개 향우회를 통합하여 향우연합회까지 설립했다. 향우연합회를 통해 화합과 소통을 이루겠다는 것이 취지이다. 향우연합회를 통해 고아원을 방문하고 봉사활동도 펼쳤다. 또한 한중친선협회에서 조직하는 심장병 어린이 돕기 운동에도 기부하고 있다. 한편 이 사장은 조선족들이 어려운 일이 있어 찾아오면 발 벗고 나서서 해결해 주고 있다. 그래서 칭다오 조선족사회에서 이사장은 민간 해결사로 통한다. 이사장은 "내 일을 내가 정확하게 챙겨서 한다"는 것이 자신의 신조라고 밝혔다.

제2절 상하이, 광저우 창업 사례

1. 광저우모드모아그룹의 이성일 이사장

광저우 모드모아 그룹 이성일회장은 1956년 지린성 왕청현 하마탕에서 태어났다. 1980년 지린성 교하탄광학교(현재의 창춘석탄관리간부학원)를 졸업하고 1980년 지린시조선족중학교 교사로 사회생활을 시작하였다. 그 후 지린시사법국, 창춘시공안국에서도 근무하다가, 1986년 광둥성 경제무역위원회로 전근하면서 오늘날 사업기반을 마련하게 되는 기회와 조우하게 되었다. 1989년에는 광저우교역회조직위에서 근무하였는데 이때부터 업계를 지원하면서 사업감각을 키울 수 있는 기회를 갖게 되었다. 1992년에 창업의 꿈꾸며 광저우모드모아침상용품회사(夢都美; MODEMORE) 설립하였으며, 오늘날 광저우모드모아그룹(MDM Group)을 이루게 되었다. 중국에서 개혁·개방이후 민영기업을 창업하여 20년 이상 지속할 확률은 100만분의 1이라고 한다. 중국사업 환경에서 민영기업의 생존과 발전이 얼마나 어려운가를 보여주는 통계이다. 20년간 민영기업을 이끌고 승승장구하여 현재 2,000여명의 종업원을 거느리고 8종의 카페트 제품과 1,000여종의 매트류, 1,000여 가지 디자인 보유하고 있으며 세계 40여개 국과 지역에 수출하고 국내외에 1,300여개 판매대리점의 판매망을 구축한 조선족기업가 되었다.

1992년에 광주모드모아 침상용품 유한회사라는 명칭으로 창업한 광주모드모아는 1996년 무역회사 설립을 시작으로 지속적인 성장을 거듭하여 모드모아창춘공업무역유한회사를 설립하고, 1998년에는 광저우시 판위신태양실업유한회사를 설립한데 이어, 1999년에는 광저우 판위모드모아카페트유한회사를 설립하면서 사업을 확장해 갔다. 2000년에는 광저우 판위모드모아기계제조유한회사를 설립하고, 2001년에는 ISO9001국제품질관리인증을 취득하였다. 2002년에는 판위모드모아공업원(11만평방메터 규모)을 준공하였으며, 이를 인정받아서 2003년에는 광저우시로부터 경제발전특별기여상을 수상했다. 성장을 거듭한 결과 2005년에는 광저우100강 민영기업이라는 칭호를 수여받았으며, 2006년 광둥성성실신용시범기업 칭호를 받았다. 2007년에는 광시 오주에 4억여 위안을 투자하여 부지 18만평방미터 규모의 모드모아생산기지를 설립하였고, 2008년에는 중미합작으로 등록자본금 1,000만 위안으로 오주시모드모아생물과학기술 유한회사 설립하였으며, 2009년에는 오주향강모드모아생태원을 건설하면서 광저우에서 광시로 사업을 확장시켜갔다. "납세대호" 칭호와 "판위구경제발전선진기업" 영예칭호를 받았다.

가. 실패를 딛고 일어선 창업신화

이성일은 고등학교를 졸업하고 농사일과 석유 채굴업에 종사하다가 농촌 초등학교 교사도 하는 등 다양한 직업을 거치면서 자신의 목표를 추구하는 노력을 멈추지 않았다. 1992년에는 마침내 공직을 사직하고 배수진을 치는 마음으로 2만 달러를 밑천으로 광주모드모아침상용품회사를 설립하여 창업의 길로 들어서기에 이른다.

그는 일찍이 광저우로 내려와 광저우국제교역회 상무대표로 근무하기도 하였다. 이때의 경험을 통하여 경제 감각을 익히면서 한때 창업을 시도해보았으나, 실패하였다. 하지만 이성일에게 실패는 또 동력으로 작용하였다. 그에게서 '실패 앞에서 포기하지 않는 정신과 실패의 원인을 자기에게서 찾는 책임감 그리고 거짓 없는 솔직함과 대단한 배짱'을 알아본 한국 마론핸즈 모드모아 (MODEMORE)의 회장 조웅기는 만난 지 세 번 만에 그에게서 창업자금 지원을 부탁받고 선뜻 2만 달러를 내놓았다. 그것도 '꼭 갚는다는 장담은 못 하겠습니다'라고 먼저 밝히는 그에게. 이성일은 이 2만 달러로 광저우시 교외에 광저우모드모아 침상용품공장을 세우고 "핑크하트"표 침상용품을 생산하기 시작했다. 그의 꼼꼼하고 알뜰한 경영으로 제품은 금방 전국방직제품박람회에서 1등을 차지하였고 연이어 전국침상용품시장에서도 자기 브랜드의 위치를 차지하게 되면서 창업에 성공하게 되었다. 모드모아는 이때부터 국내는 물론 국제 방직업계에서 인정하는 기업으로 성장했다. 기업의 주요 제품인 카페트는 국제시장에서 유명한 브랜드 제품으로 인정받고 있으며 모드모아는 명실상부한 중국의 카페트왕, 아시아의 카페트왕의 자리에 올랐다.

나. 예리한 안광과 판단으로 사업기회를 포착하다

이 회장은 앞을 내다보는 예리한 통찰력과 정확한 판단으로 호황기에 불황을 내다보고 기회를 포착할 줄 알며 대담하고 과감하게 새로운 선택을 하는 경영전략을 선택하였다. 침상용품시장이 포화상태에 달했다는 것을 발견한 후 기존 제품들의 호황에서 멈추지 않고 미끄럼방지 매트와 카페트 생산으로 제품으로 차별화하면서 국내시장에서 국제시장으로 목표시장을 바꾸었으며, 노동집약적 산업이 광둥성에서 퇴출될 것임을 예견하고 정부의 결정이 확정되기 2년 전에 선도적으로 광서장족자치구 오주시로 공장을 이전하기도

하였다. 현재 모드모아는 카페트 제조업을 위주로 하면서 호텔, 리조트, 호텔식 아파트, 체육공원 등 다양한 주거기능을 결합한 생태형 국제관광체육리조트인 모드모아생태원을 건설하였으며, 바이오 분야에 진출을 목적으로 모드모아생물과학기술유한회사를 설립하였다. 그리고 또 다른 커펫트 브랜드제품인 "치타"를 런칭하는 등 새로운 사업분야로 다각화 및 확대를 지속하고 있다. 이성일의 최종목표는 중국의 카페트 왕, 아시아의 카페트 왕에 만족하지 않고 세계 카페트 산업에서 제 1 인자가 되는 것이다. 모드모아도 처음에는 가족기업으로 시작하였지만 이 회장은 가족기업이 아니라 인재중심의 기업으로 만들기 위한 노력도 게을리 하지 않고 있다. 그는 가족이라 해도 회사에 필요한 인재가 아니면 철저히 배제했고 회사에 필요한 인재라면 시간과 대가를 불문하고 끈질기게 설득하여 초빙하고 유치해왔다. 모드모아는 지금 국내외에서 유치해온 유망한 인재들로 고위경영진을 구축하고 지속적인 발전을 추구하고 있다.

다. 사회 환원을 통한 조선족공동체에 대한 사회봉사

2009년 9월 이성일 이사장은 모교인 지린성 송원시 3중에 800만 위안의 현금과 150대의 노트북 컴퓨터를 기증했다. 그가 모교에 기부를 시작한지는 10여 년을 거슬러 올라간다. 1998년 출장길에 우연히 모교에 들렀던 그는 학교건물의 초라한 모습에 가슴이 아파서 즉시 10만 위안을 교원장려기금으로 기부하면서 그의 모교 기부가 시작되었다. 당시 모드모아도 갓 기틀이 잡히고 확대발전하던 중요한 시기라 10만 위안은 결코 적은 액수가 아니었다. 이듬해 스승의 날에는 자사 제품인 침상용품이며 카페트 등을 교직원들에게 선물로 제공하고 150여 명의 재직교사들과 옛날 자신의 은사까지 초청하여 스승의 날경축연회를 성대하게 개치하기도 하였다. 이후에도 교육환경 개선을 위하여 100만 위안, 교원장려기금으로 10만 위안을 추가로 기부하였다. 그리고 현정부와 매칭으로 5층짜리 시청각교육관을 다기능교육관으로 건설하는 사업을 지원하는 등[29] 이 회장은 모교의 도약적인 발전에 결정적인 역할을 하였다. 모교에 보낸 총 1,000만 위안에 달하는 경제적인 후원은 오늘의 그게 있게 해준 데 대한 사랑, 책임, 보답의 뜻이 담겨있다. 모교에 대한 보답과 은사에 대한 보은 이 곧 사회에 대한 한 기업인의 책임이 되고 교육에 대한 지지와 사랑으로 이어졌다.[30] 이성일의 교육사랑은 모교에 대한 후원에만 그친 것이 아니다. 2002년 여름, 기업 확장 이전을 목적으로 이 회장은 당시 광저우시 판위우현 금산촌이라는 곳에서 3만평의 땅을 매입하는 계약을 맺고 계약금 150만 위안을 쾌척했다. 나중에 보니 농업용 토지여서 건물허가를 받을 수 없었다. 금산촌에서는 책임을 인정하고 계약금을 돌려주려 하였으나, 그는 그 돈을 촌의 낡은 교사를 개조하는데 쓰도록 역 제안하였다. 이외에도 회사 한 고급 임원의 고향 학교에 40만 위안을 기부하고, 중국민족발전기금회에 800만 위안을 기부하는 등 사회적 책임을 다하고 있다. 10년간 가정환경이 어려운 우수한 소수민족 대학생을 대상으로 연간 200명, 인당 2,000 위안씩 장학금을 지급하는 지원을 지속해 왔다. 그리고 모교인 창춘 석탄관리간부학교의 형편이

---

29) 이 회장의 이러한 지원에 대한 감사의 뜻으로 동 건물을 '성일교학빌딩(教學樓)'라고 명명하였다.

30) 이 회장은 2009년 모교 기증식에서 치사를 통하여 어린 후배학생들에게 "효도, 존경, 책임"을 다 할 것을 간곡히 당부하였다. "자기를 낳아주고 키워준 부모에게 효도하고 자기를 가르쳐준 선생님을 존경하고 사회에 대한 자기의 책임감을 키워나갈" 것을 강조한 것이다.

어려운 학생 2명을 후원하여 대학공부를 마치게 도와주고 모드모아에 직장까지 마련해 주었다. 모드모아는 또 우한방직대학과 창춘경공업대학 학생들에게 실습기지로 제공하는 등 산학협력에도 힘쓰고 있다. 조선족으로 인민해방군에서 최고 고위직인 총후근부장까지 올랐던 조남기 장군도 "이성일은 고생 끝에 이룩한 재산을 기꺼이 사회에 환원해왔다. 기업인으로서 사회적 책임을 잊지 않는 이성일은 참으로 대단하다"고 평가했다. 이 회장도 "나에게는 개혁·개방으로 얻은 것을 사회에 돌려줘야 할 책임이 있다. 이를 위해서 더 많은 이윤을 창출해야 하며 나는 그 과정을 기꺼이 최선을 다하고 있다"고 응답했다.

라. 정협위원의 책임을 다하다

이 회장이 경제분야에서 이룩한 성과가 인정을 받으면서 1998년 중국인민정치협상회의 광둥성위원회 제8기 위원으로 선임되었다. 이어서 2003년에는 중국인민정치협상회의 제10기 위원으로, 2008년부터는 중국인민정치협상회의 제11기 전문위원으로 각각 선임되었다. 기업경영으로 바쁜 와중에도 정협위원의 사명감을 안고 기층사회 현장까지 조사하여 경제 분야에 존재하는 새로운 문제를 발견하고 분석하여 적극적으로 해결책을 모색하는 등 광둥성과 국가의 생산력 발전에 유익한 의안들 제출하여 해당 국가부문으로부터 높은 관심과 평가를 받아왔다. 그는 시장독점을 근절하는 방안에 대한 의안을 제안하기도 하였고, 민영기업의 사회적 기여와 역할 등에 대하여 독창적인 입장을 천명하기도 하였다. 2009년 3월 '양회' 기간에도 이 회장은 초등학교 교육과정에서부터 형사법, 치안법을 비롯한 법률과목을 설치해 어릴 때부터 관련 생활법률 지식을 이해할 수 있도록 하자고 정부에 시대를 앞서가는 건의를 하기도 하였다. 이런 노력과 헌신이 인정을 받아서 1999년과 2005년에는 창업성공과 민족단결사업에 기여한 공로로 국무원이 선정한 '전국민족단결진보모범'의 영예를 수여받고 인민대회당에서 중앙지도자들의 접견을 받았고 공화국창건 50주년 기념행사에 초청을 받아 천안문에도 올랐다.

2. 광둥성 조선족민족연합회 회장 이철호

광둥성조선민족연합회는 지난 2004년에 설립되어 12년이 흘렀다. 이철호 회장은 2009년부터 동 연합회 회장을 맡아서 광둥성 조선족기업가를 비롯한 조선족사회의 화합과 발전 및 번영을 위해 공헌하였다. 연합회는 산하에 노인협회, 중년협회, 청년협회, 축구협회, 골프협회 등을 중심으로 1,000여명의 회원들이 참여하고 있다. 그리고 이를 토대로 이회장이 재임하는 동안 조선족이라는 민족적 동질성을 바탕으로 단합과 친목을 도모하고 상호교류를 통한 정보의 교환을 촉진함으로써 전통문화를 계승해나가며 광둥성 조선족사회가 조선민족의 정체성을 보다 깊이 인식할 수 있도록 노력하였다. 예컨대 노인존중 문화전통에 따라서 광둥성 조선족노인문화활동센터를 설립하고 광둥지역에서 최대 규모의 조선족민속축제를 개최함으로써 민족적 단합을 격려하기도 하였다. 뿐만 아니라 많은 조선족기업인들이 동포사회의 공익사업에 적극 참여토록 유도하는 데도 노력을 게을리하지 않았다. 2015년 현재 광둥지역 조선족사회의 조선족 주민규모를 연합회는 10여만 명으로 추정되고 있다.

이 회장은 1958년 헤이룽장성 목릉현 팔면통에서 출생했다. 부친은 창춘해방전투 참전군인 출신으로 공부하기를 즐겨 현역 당시 군사학원시험에 참가하여 전 사단에서 수석을 차지하기도 했지만 소속부대가 한국전쟁에 참전하는 바람에 전쟁에서 부상을 당한 부친은 전역을 할 수 밖에 없었고 공부의 뜻을 접어야 했다. 부친은 자신이 이루지 못한 꿈을 아들이 실현시켜 줄 것으로 확신하고 어린 아들에게 일본어를 가르쳐주면서 자신감을 불러일으켜 주면서 독려하였다.

덕분에 어려서부터 일본어를 익힌 이철호 회장은 "문혁"시기 농촌에서 3년간 하방을 하던 중 대학입시제도가 부활되자 목단강사범대학에 입학하여, 졸업후 목릉초중에서 교편을 잡았다. 항상 정열적이고 노력파이던 이 회장은 오래지 않아 우수 물리학 교원으로 인정받아 승승장구하였다. 1979년에 선전경제특구가 설립되고 1980년대 중반부터 선전의 경제발전 소식이 전국으로 퍼져나가자 전국적으로 선전행 열풍이 불었다. 이 회장도 주변에서 하나둘씩 선전으로 떠나는 친구들을 보면서 고민하던 중 마침내 1988년 학교에 사표를 내고 선전으로의 남행길에 올랐다.

가. 선전에서의 새로운 도약

일본어가 능했던 이 회장은 선전에 도착한 후 어렵지 않게 가방제품을 생산하는 한 일본회사에 취직했다. 그의 듬직하고 강한 진취력과 추진력을 지켜 본 일본인 사장은 그가 입사한지 1년도 되지 않아 총경리로 발탁한다. 이철호 회장은 기대를 저버리지 않고 자신의 우수한 두뇌와 성실한 자세로 회사를 위해 열심히 일했고 실적도 눈덩이처럼 증가하였다. 9년간 일본회사에서 총경리로 근무하며 경영실무를 익힌 그는 1997년 마침내 북양제품유한회사를 창업하여 독립하였다.

이철호 회장은 일본회사에서 근무하며 많은 것을 배웠는데 가장 손꼽을 만한 것이 신용과 약속을 철두철미하게 지키는 것이었다. 아시아인들은 보편적으로 신용의식이 약한데 비해 일본인들의 신용의식은 철저하다. 따라서 일본사회에서는 한번 신용을 잃으면 철저히 낙오된다. 그의 일본인 사장은 누구와 약속하면 꼭 약속시간보다 반시간 앞당겨 약속장소에 도착했다. 그 이유를 묻자 일본인 사장은 약속장소로 가는 도중 많은 시간적 지체요소가 작용할 것이라며 이것들을 충분히 고려하고 상대방을 기다리지 않게 하자면 반드시 예측불가능한 시간적 지체 가능성과 오차를 계산해야 한다고 설명하였다. 그 후 이 회장도 약속시간 반시간전에 도착하는 습관을 만들었다.

이철호 회장은 사훈을 "무조건 임무를 완수하자"로 정했다. 그리고 이를 사업의 신념으로 지켜왔다. 그는 선전을 포함한 광둥지역이 내륙지역과 의식구조가 완전히 달라 오히려 일하기 편하다는 것을 알아차렸다. 내륙지방 특히 동북지역에서는 무슨 일을 진척시키려면 많은 사회적 '꽌시'를 동원해야 하고 감정적 소통을 해야 하는데 비해 선전에서는 자신과 능력만 있으면 얼마든지 성공할 수 있다는 확신을 가졌다. 지난 15여 년간 혈압측정기의 압박완대(脘帶)와 가방을 생산하여 일본에 전량 수출해온 그의 회사는 현재 보다 위생적인 일회용 완대와 혈압측정기 완제품을 위한 연구개발이 마무리된 상태다. 1,000여명이 근무하는 생산현장은 100% 조업 중이다. 향후에는 소득증가에 따른 건강중시 및 웰빙 풍조로 중국의 료시장에서도 성장잠재력이 매우 클 것으로 기대하고 있다.

나. 광둥성조선민족련합회 광둥지역 조선족사회 구심점으로

2004년 8월 고향사람이나 가까운 친지들 외에는 연고가 없는 남쪽지방 선전에 와서 고군분투하는 조선족기업인들의 단합된 뜻을 모아 광둥성조선민족련합회가 설립되었다. 최용균씨가 초대회장을 맡았고 이철호 회장이 부회장에서 2009년 제2대 회장으로 선임되었다. 이철호 회장은 취임 후 취임약속대로 가장 먼저 60여만 위안의 자금을 모금하여 선전시조선족로인문화센터를 설립하였고, 청년모임을 활성화시켜 회원을 60여명으로 확장시켰다. 그밖에 노래자랑, 골프경기 등을 조직하고 2010년에는 선전에서 제4회 광둥성조선민속축제를 성황리에 개최하였다. 이철호 회장이 연합회 회장을 맡고 있는 동안 적극적인 노력으로 연합회는 광둥지역 조선족사회의 구심점이 되었고 광저우, 후이저우, 둥관 등 조선족이 많이 진출한 도시에는 각각 분회가 설립되었다.

현재 광둥지역에는 초대회장 최용균씨를 비롯해 2대 회장인 이철호 회장과 남화섭, 김영택, 남용운, 남기학 등 28명의 회장단이 있는데 이들의 사업체들은 공히 연매출 규모 1억 위안을 넘어서는 견실한 기업으로 성장하였다.

3. 상하이 '부자아빠' 김치 사장 김춘호

김춘호 사장은 2009년에 CBMC에서 이태리를 다녀올 기회가 있었다. 그리고 거기서 격변기 중국, 그리고 조선족이라는 주제로 강연을 할 기회를 가졌다. 이러한 경험은 김사장으로 하여금 이민사회에 대한 관심을 가지는 계기를 마련해 주었고 조선족 사회의 이주에 관해서 특별한 관심을 갖게 해주었다. 김사장이 김치사업을 시작하게 된 것도 매우 우연한 기회였다. 1972년생 동갑인 김사장 부부는 개혁·개방이 막 시작되던 1978년에 소학교에 들어가서 1990년에 대학에 입학하였다. 대학생으로 만난 두 사람은 처음에는 졸업 후 함께 일본으로 유학을 떠날 생각을 가지고 있었다. 우여곡절 끝에 유학보다는 취업을 결정하고 1994년에 베이징에서 자리를 잡았다. 베이징에서 남편은 인테리어 사업을 하고 부인은 SBS에 취업하였다. 하지만 낮에 출근하고 밤에는 남편의 실내장식 가게를 운영을 하는 무리한 돈벌이가 그리 오래가지는 못했다. 결국 병을 얻어 모든 직장활동과 가게운영을 그만두는 지경에 까지 이르게 되었다. 남편의 실내 장식업은 합작사업 형태로 시작했으나, 경험이 없었던 터라 뼈아픈 실패를 맛보았다. 얼마 안 있어 다시 칭다오로 갔다가 여러 지역을 전전하게 되었다. 사업실패의 충격에서 벗어나지 못하고 재기할 여력도 없이 지내다가 큰 아이까지 태어나서 생활고를 겪기도 하였다. 그러던 차에 1999년도에 처형 부부가 살고 있는 상하이로 무작정 이사를 하게 되었다. 상하이에서 처음 시작한 사업은 김치 사업이 아니라 식품포장 기계 판매업이었다. 한국산 포장기계를 수입하여 중국시장에 파는 사업이었는데, 처음에는 직접 수입할 수 있는 역량과 자본이 없어서 베이징에 있는 수입회사에서 물건을 받아서 판매하는 형식이었다. 첫 구매자는 당시 룽바이(龙柏)에 있었는데 버스를 타고 浦东一处莲花에 가서 포장기계 두 대 팔고 겨우 몇 백위안 남겨 돌아오던 기억이 이 사업의 시작이었다. 처음 시작할 때는 너무 막연해서 카탈로그를 발송해야 하는데 그 비용조차도 부담이 되어서 龙柏에서 吳中路 우체국까지 걸어 다니기도 하였다. 너무 힘들어서 복받치는 설움을 삼키기도 여러 번, 우선 생계를 해결해야 되겠다는 생각에 부인은 삼성전자에 취직을 하게 된다. 김사장 자신은 다시 中山西路 앞에 작은 사무실을 얻어서 자기 사업을 시작했다. 직원 한 명을 채용하여 포장기계와 식품기계를 팔고 A/S 해주면서 근근이 사업 명맥을 유지해갔다. 그러다보니 주로 공급하는 업체들이 대형할인마트들이었고, 이들 대형 할인마트들은 식품매장의 매출이 많았는데, 이곳에 믹서기나 슬라이스 기계 같은 것들을 공급하다가 대형마트 구매 담당 MD들과 친해지자 조선족이라면 김치 같은 것을 들여와서 납품을 해줄 수 있지 않느냐면서 먼저 제안을 해왔다. 이때가 2001년으로 중국 소비자들에게 아직 한국음식에 대한 인지도가 그다지 확산되지 않았던 시기였다. 따라서 처음 시작할 때만 해도 김치라는 한국음식이 과연 당시 남부지역 중국인의 입맛에 어느 정도 들어맞을 수 있는지 매우 막연한 상황이었고, 제안한 대형할인마트 MD들도 막연하게 김치라면 조선족 음식이니까 조선족인 이들 부부가 쉽게 공급할 수 있을 것이라고 생각해서 시장반응에 대한 확신도 없이 그야말로 우연히 제안해 본 아이템이었다. 따라서 처음에는 큰 매출을 기대하기보다는 구색 갖추기 정도로 생각을 하고 시작하게 되었다.

그 무렵 2000년에 둘째가 태어났고 부인은 2001년까지 삼성전자에서 근무를 하고 2002년부터는 퇴사하여 김사장과 함께 김치조달 및 공급 사업을 시작하였다. 처음에는 이렇게 우연한 기회에 김치 공급 사업을 시작하게 되었고, 시작은 백제성이라는 한식당에서 김치를 납품받아서 대형할인마트에서 직접 매장을 운영하는 방식으로 출발하였다. 그리고 판매는 포장단위가 아니라 벌크로 판매하는 방식을 택하였다. 그런데 주지하다시피 날씨가 무더운 곳에 살고 있는 상해인들의 음식 습관은 당일 먹을 야채를 당일 바로 사는 것이 습관이었다. 따라서 우리의 식자재 구매 관습과 달리 야채시장에 가면 파 한두 가닥씩만 사가는 것이 일반적이다. 김치구매도 예외가 아니어서 한 번에 깍두기 두 세알씩 사가는 것이었다. 벌크로 팔려면 모든 고객에게 비닐용기에 담아서 스티커를 붙이고 포장을 해주어야 하는데 결국 단위구매량이 너무 소량이어서 수익을 맞추기 힘든 문제가 발생하였다. 그리고 처음에 김치를 시식하게 되면 상하이 사람들은 마늘 냄새에 민감하여 김치를 파는 부부의 몸에서 풍기는 마늘 냄새에도 민감하게 반응하고 심지어는 김치를 먹어보다가 뱉기도 하였다. 이러한 상하이 소비자들의 특성을 감안하여 김치만 취급하는데 그치지 않고 예컨대 즉석구이 김이라든가 쥐포구이 같은 한국식품으로 취급 품목을 공격적으로 다양화하였다. 이러다 보니 대형할인마트 체인점 십 수 군데에 입점을 하게 되었고, 일정한 규모의 매출이 발생하기 시작하였다. 그러자 더 이상 한식당에서 김치납품을 받아서 판매하는 방식에는 한계가 있었고, 직접 김치를 제조하여 공급하는 방식을 선택하게 되었다. 드디어 상하이 외곽 숭장(松江)에 공장을 짓고 직접 김치생산을 시작하였다. 그야말로 겁 없이 뭐가 뭔지도 모르고 시작한 사업이었다. 식품공장 운영이 처음이었고, 어떻게 운영해야하는 지도 잘 모르는 상태로 2003년 6월 16일에 공장을 오픈하였다. 개업식은 부부 모두 기독교인이라서 교회 목사님과 교인들인 CBMC 회원들까지 불러다가 거창하게 했지만 정작 공장가동을 시작하고 보니까 갖가지 문제에 봉착하기 시작하였다. 부인은 어려서부터 한식요리 하는 것을 즐겨서 김치나 다른 한식음식을 대충 어떻게 만드는지는 알고 있었고, 한국에서 김치 만드는 책도 여러 권 구입하여 한국식 김치 만드는 방법을 공부하기도 하였다. 하지만 제대로 된 감칠맛 나는 한국식 김치 맛이 좀처럼 나오지 않는 문제가 해결되지 않았다. 직원 몇 명을 데리고 시작했는데 처음에는 김치양념을 부인이 직접 만들어서 김치를 만들었다. 새벽시장에 가서 배추를 구입해서 마늘 등 각종 재료를 넣고 1~2천 근 씩 그럭저럭 생산을 시작하였다. 문제는 상하이의 식자재 시장이 기본적으로 고춧가루나 배추 같은 김치 만드는데 필요한 식자재가 희소하다는 것이었다. 따라서 원산지인 북쪽 지방에서 조달해야 하는데 규모의 경제에 아직 미치지 못하여 물량과 물류 면에서 구매조달이 쉽지 않다는 문제의 난관에 봉착하였다. 김치의 품질인 소위 깊은 '감칠 맛'은 배추나 고춧가루 같은 식자재의 질이 관건이다. 예컨대 배추는 고랭지 배추라야 김치 맛을 담보할 수 있는데 1~2천 근의 생산량으로는 이러한 배추를 조달할 수 있는 규모의 경제에 달하는 단위 구매량에 턱없이 부족한 상황이었다. 적어도 10톤~20톤씩은 구매를 해야 이러한 품질을 담보하는 조달선의 확보 및 통제가 가능했다. 영세한 규모 때문에 새벽시장에 가서 재료를 사다가 만드는데. 어떤 때는 김치 독을 구하지를 못해서 숙성을 통한 품질 유지에 관건인 김치 독을 구하러 이곳저곳을 헤매기도 하였다. 그러다보니 만드는 김치가 제품으로서 일정한 맛을 유지하도록 하는 것이 쉽지 않았다. 어떤 때는 맛있다가 또 어떤 때는 자신들이 검식을 해도 형편없는 맛이었다. 들쑥날

쑥한 김치 맛을 어떻게 일정하게 통제할 것인가가 관건이었다. 분명히 레시피는 똑같이 하는 데도 그때그때 들어오는 식자재의 품질과 맛에 따라서 김치 맛이 달라지는 것이었다. 결국 알아낸 것은 레시피만의 문제도 아니었고 식자재의 품질 차이의 문제만도 아니었다. 온도 차이나 미세한 염도차이에도 김치 맛은 확연히 달라진다는 것을 알기까지는 상당한 시간과 시행착오를 겪었다. 공부와 연구 끝에 김치 맛은 레시피의 균질성을 기본으로 식자재의 품질의 균질성 그리고 온도 등 공정관리의 노하우까지 삼위일체가 들어맞아야 김치 맛을 균질하게 유지할 수 있다는 사실을 깨닫게 되었다. 1994년에 대학을 졸업하고 베이징에서부터 사업을 시작한 이래로 10년에 걸친 고난과 우여곡절 끝에 오늘날의 '부자아빠' 김치의 제조공정 노하우가 완성된 것이다.

가. 김치 공장건설 자금조달

1994년에 대학을 졸업하고 첫 직장을 갖고 결혼해서 신혼살림을 장만을 할 때 양측 부모님들에게서 혼수 비용으로 받은 돈은 2~3만 위안에 불과하였다. 신혼살림을 시작하면서 이것저것 하다가 그 돈을 다 써버리고 다시 부모님께 5만 위안, 10만 위안 씩 추가로 빌려서 실내장식 사업에 투자해서 다 날리고, 할 수 없이 부인은 주야로 두 가지 일을 하고 남편인 김사장도 건설현장의 일용직도 마다 않는 등 닥치는 대로 돈벌이를 하기도 하였다. 그러다가 상하이로 들어왔을 때는 거의 빈털터리가 되어 먹고살기 힘든 상태였다. 그래도 첫 시작은 비교적 순탄했다. 부인이 삼성전자에 출근을 하면서 일정한 월급 소득이 생기기 시작했고 남편인 김사장도 식품기계 판매업을 비교적 순조롭게 경영하였다. 성실하게 운영을 하다 보니 먹고 사는 문제도 어느 정도 해결이 되었고, 주변 분들도 도움 받아서 집도 장만을 하면서 안정적인 삶의 기반이 갖추어지기 시작하였다. 하지만 그럭저럭 꾸려서 시작한 김치 제조공장은 시작과 함께 적자를 보기 시작하였으며, 감당하기 어려운 수준으로 발전하였다. 하루아침에 빚이 눈덩이처럼 불어나서 200평방미터 정도 넓이의 장만했던 집 두 채를 다 팔고도 공장 운영이 불가능한 상황에까지 급전직하의 상태에 이르게 되었다. 하지만 하늘의 도움처럼 마침 이 와중에 2003년 상반기에 사스(SARS)가 확산되었고 방송에서 김치가 사스예방에 좋다는 전문가들의 전언이 흘러나오면서 시장상황이 호전되기 시작하였다. 그렇다 해도 그때까지는 아직 급격히 호전되지는 못했다. 그러나 서서히 김치가 상하이 주민들에게 알려지는데 사스예방 효과가 있다는 소문이 크게 도움이 된 것은 분명하다. 그러던 중 '대장금'이라는 한국 드라마가 중국에서 공전의 히트를 치면서 상황은 급변하였다. 한국음식이 웰빙음식이라는 이미지가 부각되면서 김치에 대한 수요도 본격적으로 급증하기 시작하였다. 김사장은 이러한 변화를 감지하면서 원대한 목표를 세우기 시작하였다. 그것은 모든 상하이 인의 밥상에 김치가 올라가게 하는 것이었다. 그리고 이러한 성공은 2005년에 SBS 지구촌 홈스테이에 특집으로 소개되기도 하였다.

부자아빠 김치가 생산공장을 직접 운영한 것은 2003년도부터 2006년도까지 만 3년간이다. 처음에는 '대장금'이 히트를 치자 '김치는 무조건 성공한다'는 확신을 가지고 다소 막연하게 투자하였다. 이때 투자자금 조달에는 부모의 도움을 많이 받았다. 부모님이 지원한 자금에 자신들이 모은 자금을 포함하여 약 60만 위안을 투자하였다. 공장은 사람들이 일일이 손으로 김치를 담그는 전통적인 방식으로 노동력에 전적으로 의존하는 재래식이었다. 이렇게 어렵게 시작한 김치공장 사업이라서 처음부터 순조로운 출발로 매출을 올리는 것이 중요하였다. 김사장은 일단 교민 시장을 목표로 공략하지 않았다. 당시에 상하이에 거주하는 한국교민 규모가 상당하였는데 이미 한국의 유명 브랜드인 '종가집' 김치와 또 다른 김치 브랜드인 '경복궁 김치'가 독점하고 있었다. 김사장은 이 시장을 우회하여 상하이 일반주민을 대상으로 하는 로컬 시장을 공략하기로 결정하였다. 당시 종업원은 총 60명 정도로 아침부터 각 점포로 배송과 영업에 총동원되었다. 그 당시 이마트랑 TESCO 등 두 곳 대형할인마트에서 판매를 하였는데 잘 되는 매장은 잘되고, 안 되는 매장은 거의 매출이 발생하지 않다시피 하였다. 전체적으로는 현상을 유지하는 수준이었다. 직접 생산 공장을 운영하는 데는 상당한 관리 노하우가 필요한데 경험이나 관련 지식 및 노하우가 전혀 없다 보니 결국은 효율적인 운영관리에 구멍이 생기기 시작하더니 급기야 조금씩 적자를 보기 시작하였는데 순식간에 악순환이 일어났다. 마지막 2년 동안은 결국 살던 집과 보유한 집 등 2채를 처분하고도 얼마간의 빚이 남아 있는 상태가 되었다. 결국 김치 사업을 포기하고 다시 취업을 하든지 무역업을 새로이 시작 하든지 무언가 새로운 방향을 설정해야 하는 상황에 놓이게 되었다. 무역업을 생각하게 된 것은 주변에서 그 당시 무역을 하던 사람들을 대부분 다 성공을 했기 때문에 공장을 하다가 실패했으니 초기 자금투자 부담이 적은 무역업 쪽으로 방향을 돌려보자는 판단이 작용하였다. 그래도 개인사업 자금으로는 적지 않은 돈이 투자되었고 김치 사업에 대한 미련도 있고 하여 매몰차게 그만두기가 힘들어서 어떻게든지 강구책 마련을 위하여 다른 공장들은 어떻게 운영을 하는지 한 번 알아나 보고 김치를 아웃소싱 하는 방법은 없는지 확인해 보고자 하는 생각에 처음으로 다른 공장들을 돌아보기 시작하였다. 아는 지인 도움으로 공장 다섯 곳을 추천받고 소개받아서 우연히도 현재까지 거래하고 있는 공장을 처음으로 방문하게 되었다. 2006년 당시 이 공장은 풀가동 중이었고 연간 1만 톤 정도 수출을 하는 공장이었다. 당시 김사장의 입장에서는 연간 1만 톤의 김치를 생산하여 수출한다는 것은 상상도 할 수 없는 대규모였다. 김사장 부부가 나타나도 공장 사장은 별 관심을 보이지 않았다. 부자아빠 김치에서 구매하려는 물량이라고 해봤자 불과 연간 수 톤 정도에 지나지 않았기 때문이었다. 그래도 공장의 이곳저곳 기계와 설비 등 시설과 구조를 둘러보니 마음에 들어서 적극적으로 거래를 제안하여 성사시켰다. 우선 배추김치부터 시작을 해서 기존의 생산되고 있는 김치의 맛을 보고 상하이 사람들이 단 것을 좋아하니 그 맛에 약간의 단맛을 첨가하는 레시피 조정을 거쳐 납품을 받기 시작하였다. 그리고 아직은 주문량이 적은 관계로 소위 완전 OEM 방식은 아니고 배추김치를 제조하여 벌크로 보내면 부자아빠김치가 이를 포장하여 공급 판매하는 방식을 취했다. 그리고 직접 김치를 생산하던 공장 시설은 중단하고 창고만 유지하고 나머지 공간은 임대하였다. 이렇게 1년간 공장을 유지하였다. 공정이래야 대량 벌크로 들여온 배추김치를 소량 단위로 포장하는 단순작업이었다. 그리고 한편으로는 목표시장을 교민시장으로 전환하는 결정을 하였다. 이렇게 사업을 구조조정하고 나니 인원의 재배치가 필요하였다. 공장에는 포장작업을 위한 다섯 명만 남겨놓고, 작은 구멍가게를 설치하여 신속하게 배달을 할 수 있는 방식으로 사업방식을 전환하였다. 가게에는 대형 냉장고 두 대를 배치하여 매일 공장에서 가져와서 직접판매하는 방식을 취했다. 교민 시장은 그 당시 이미 경복궁하고 종갓집이 확실하게 잡고 있었기 때문에 비집고 들어갈 자리가 없었다. 그래도 억척같이 진입한 한 대형 할인마트에서부터 입소문이 나기 시작하면서 조금씩 사업이 호전되기 시작하였다. 이러한 실적이 알려지자 이어서 다른 마트들도 입점을 받아주기 시작하였고 드디어 교민 시장에 부자아빠 김치가 안정적인 시장위치를 확보하게 되었는데 여기까지 오는데 한 3년이 소요되었다. 그리고 이후 3년 만에 부자아빠 김치가 상하이 교민 시장에서 점유율 1위 브랜드로 부상하게 되었다. 이제는 부자아빠 김치라는 브랜드가 상하이 교민시장에서 확실한 위치를 가지게 되었다. 김치 브랜드를 '부자아빠'라고 정한 이유는 김사장 자신이 한 가정의 가장이기도 하고, 두 부부가 매우 흥미롭게 읽은 책이 '부자아빠 가난한 아빠'였는데, 이 책을 읽고 난 후에 책에 나오는 멋진 부자 아빠가 되어야겠다고 결심을 하고 자신의 미래상을 반영한다는 의미에서 김치 브랜드를 '부자아빠'로 정하게 되었다.

나. 전국적 브랜드의 상표로 등록 완료

중국은 한 지역에서 상표등록이 이루어지면 전국적으로 상표가 보호가 된다. 상하이에 등록한 브랜드이지만 전국적인 브랜드가 되는 것이다. 현재는 한국에 진출하는 것도 신중하게 검토 중이다. 김사장이 김치 사업을 하면서 결정적인 역할을 해준 사람은 바로 김사장의 어머니이다. 김사장 어머니는 고향에서 국밥집을 운영했는데, 손님들이 장사진을 이룰 정도로 성황을 이루었다. 새벽부터 고생하면서 고아낸 육수로 만든 국밥의 진한 맛이 손님들의 입맛을 자극했기 때문이다. 그렇지만 때로는 다 먹지 않고 남기고 가는 고객들도 있었다. 김사장 모친은 그걸 버리지 않고 주방으로 가져와서 다시 맛을 보고, 고생해서 만든 음식에 무슨 문제가 있어서 손님이 남기고 가는지 속도 상하지만 궁금하기도 해서 반드시 확인하는 것을 게을리 하지 않았다. 그렇게 계속하다가 어떤 때는 그 손님이 다시 오게 되면 지난번에 남기고 간 이유를 반드시 물어 보고 고객들과 소통을 시도하였다. 문제가 무엇인지 그 원인을 찾아보기 위한 시도였는데, 김사장도 김치사업을 하면서 모친의 이렇게 성실하게 고객과 소통하려고 노력하시던 생각이 불현 듯 떠올랐다. 그리고 '김치는 먹는 음식이지만 우리가 파는 것은 양심이고 정성이다'라는데 생각이 미치자 김사장은 자신의 김치사업을 하는데도 모친의 길라잡이에 따라서 초심을 잃지 않으려고 최선을 다하고 있다. 이러한 노력은 3년 동안 상하이 한인 교민시장을 대상으로 마케팅을 하면서 여러 가지 감동적인 피드백으로 돌아왔다. 고객들이 믿고 먹어도 좋은 회사라는 신뢰를 보내기 시작한 것이다.

다. 위기를 기회로

김사장은 김치 사업을 하면서 가장 큰 위기를 맞은 것은 부자아빠 김치의 브랜드에 맞게 김치의 맛을 일정하게 유지해야 하는 데 맛이 불안정하게 변하는 문제에 부딪쳤을 때로 기억하고 있다. 배추김치는 계절에 따른 출하되는 배추의 차이 때문에 조금씩 맛이 변하는 문제가 발생한다. 특히 초봄까지에는 겨우내 냉장 보관했던 배추를 출하해서 김치를 담그는데 이후부터 노지 배추를 사용하여 김치를 담그게 된다. 이 때 출하되는 배추는 당연히 물이 많아서 아무리 양념을 버무려 두어도 숙성하는 과정에서 양념이 다 씻겨 나가서 맛이 변하는 문제가 발생했다. 자연적인 현상이기 때문에 소비자들이 일정부분 수용하는 부분이기도 하지만 또 다른 문제는 생산기지를 변경하는 과정에서 새로운 생산지와 거래를 하다 보니 배추의 품질이 다소 떨어지는 데서도 나타났다. 만들 때는 문제점을 느끼지 못했는데 숙성을 끝낸 제품을 소비자에 판매하는 과정에서 냄새(소위 '군내')가 나는 경우가 발생하였다. 평소의 맛을 잘 아는 부자아빠 단골 구매 고객들한테서 처음으로 클레임이 들어왔다. 즉시 창고를 열어서 저장된 동일한 김치를 확인하니 실제로 맛에 이상이 생긴 상태였다. 부자아빠 김치는 당일 들어 온 김치를 당일 판매하는 전략을 원칙으로 하다 보니 그 날 들여온 김치가 대부분 이미 소비자들 손에 들어가 있는 상황이었다. 마침 이 당시에 고객관리 전산화가 이루어진 상태여서 문제의 김치를 구매한 고객들을 추적을 할 수가 있었다. 즉시 구매한 고객들에게 연락하여 상황을 알리고 사과 말씀을 전한 뒤 맛이 조금 이상할 수 있으니 구매한 전량을 회수(리콜)하겠다는 의사를 전달했다. 당시는 한창 도요타 리콜 사태로 중국 전역이 어수선하고 시끄럽던 시기였다. 그런데 부자아빠가 리콜할 의사를 전하자 한인 커뮤니티 사이트인 '두레마을'에 단골고객인 교민주부 한 분이 '기분을 좋게 만들어주는 리콜'이라는 칭찬하는 댓글을 올렸고 온라인상에서 부자아빠 김치에 대한 신뢰와 이미지가 상승하는 부수효과가 나타났다. 교민사회 시장으로 공급되는 채널은 3가지가 있다. 크게 보면 요식업소에 들어가는 것과 개인구매 고객으로 들어가는 것, 마지막으로 대형 할인마트로 들어가는 경로가 그것이다. 업소나 개인 고객한테 판매된 물량은 비교적 추적이 용이한데 할인마트로 들어 간 물량은 추적하기 쉽지 않았다. 일단은 추적할 수 있는 판매처는 직접 찾아가서 며칠부터 몇일 동안 판매된 제품에서 맛의 하자가 발생한 연유를 설명하고 납품한 물량만큼 전량을 교환해주고 하자가 발생한 제품재고는 전량 회수해가겠다는 회사의 방침을 전달하였다. 그리고 사과의 뜻으로 할인마트 측에 별도 물량을 무상으로 제공하였다.

당시는 글로벌 금융위기로 한국도 경제상황이 어려운 때였다. 8kg가 100 위안정도 하는데, 알뜰한 일부 교민 주부들한테는 부담이 될 수도 있는 비용이었다. 한 교민주부에게 리콜 절차를 알리기 위하여 연락을 하니 모르고 이미 거의 다 먹어 버린 상태였다. 김치 자체에 문제가 있는 것은 아니니 남은 물량은 김치찌개용으로 사용토록 제안하고 새로 도착한 제품을 추가로 전달했다. 그랬더니 이 교민 주부가 운 좋게 김치 한 박스 가 공짜로 생긴 기분이 들고 리콜 서비스 시스템도 만족스러워서 이러한 자신의 경험과 느낌을 상하이 지역 교민 온라인 커뮤니티에 '선플' 댓글로 올린 것이었다. 그렇게 되니까 네티즌 교민들이 브랜드를 공개해달라는 댓글을 올리고 결국 온라인 커뮤니티를 통해서 그 다음에는 다시 구전으로 상하이 교민사회에 부자아빠 김치 브랜드가 한 번 더 알려지게 되는 계기가 되었다.

아무래도 김치가 발효식품이다 보니까 항상 안전사고의 위험에 노출되어 있다. 자주 발생하는 안전사고로는 김치에서 배추벌레가 나오는 사례이다. 산둥 배추로 담은 김치는 배추의 통이 크고 배추가 달아서 김치가 맛이 있다. 하지만 배추통이 너무 커서 배추 잎에 서식하는 유충들이 잘 빠져 나오지 않는다는 문제가 종종 발생한다. 대개는 초벌 소금 절임을 하고 헹구는 과정에서 벌레가 다 제거되는 게 일반적이다. 그런데 부자아빠 김치는 짜지 않게 다소 담백하게 만들다 보니 특히 통이 큰 산둥 배추를 사용할 때는 속에 있던 벌레들이 완전히 제거되지 않는 경우가 종종 발생한다. 그 상태에서 양념을 버무리고 김치를 만들게 되면 이후 숙성하는 과정에서 배추 잎 안쪽에 깊숙이 숨어있던 벌레가 나오게 되는데 이런 경우는 김치에서 벌레가 나왔다고 큰 사고가 난 것처럼 난리가 나기도 한다.

이런 사건을 처리하는 과정에서 느끼는 것은 초심을 잘 지켜 품질을 관리에 소홀함이 없도록 해야 소비자들이 신뢰하고 인정을 해준다는 것이었다. 그리고 잘못이 있더라도 진심을 다해서 사과를 하고 최선을 다하여 문제를 해결하려는 노력을 보여야 소비자들이 용서를 해주지 조금이라도 무책임하게 대응하면 사업이 큰 낭패를 볼 수도 있다는 교훈을 얻게 되었다. 지금도 김치는 특히 건강식품인 만큼 초심을 잃지 말아야 한다는 생각을 하고 있다. 게다가 김치는 대중적 부식품이다 보니까 가격에 대해서도 매우 민감한 제품이다. 지난 3년 동안 물가는 계속 오르는데 부자아빠는 가격을 전혀 인상하지 못하였다. 소비물량이 크다보니까 가격이 조금만 인상되어도 불만이 크게 발생한다. 뿐만 아니라 부자아빠 김치가 교민사회 덕분에 성장을 해 온 만큼 보은하는 의미에서도 부득이한 원가인상 요인이 발생하는 경우를 제외하고는 가격을 인상을 자제하겠다는 것이 부자아빠 김치 김사장의 의지이다. 따라서 리콜 사태가 발생할 때도 소비자들과 함께 소통하면서 신뢰를 바탕으로 성의 있게 접근하다 보니 지속적으로 인정을 받게 되었고 신뢰를 보내주는 만큼 보람도 느낀다는 것이 김사장의 소회이다.

3년 동안 교민 시장에서 자리를 잡은 이후 이제 본격적인 로컬 시장 진입이 중요한 전략적 과제로 부상하였다. 과연 어떻게 진입할 것인지가 마케팅의 전략의 새로운 초점이 되었다. 부자아빠는 일단 한식당 위주의 영업에 집중하였다. 그 결과 업소에 대한 아빠김치 매출도 꾸준히 이어지고 있었다. 물론 영업을 업소 쪽으로 치중한다고 해서 가정용 김치하고 맛이 다르거나 차별화하는 것은 전혀 없다. 차별화 했다면 어떤 식당은 주로 한족들을 많이 상대하기 때문에 김치에 젓갈을 적게 넣어서 담백하게 만드는 정도의 차이이다. 상하이에 위치한 웬만한 한국계 식당 업소들은 대부분 김치아빠 제품을 구매하고 있어서 아빠김치의 중요한 성장 발판이 되는 세부 시장이다. 다음은 대형 할인마트를 공략하였다. 이 세부 시장도 비교적 큰 시장인데 직접 납품하는 전략보다는 기존의 대리점을 통해서 입점하는 방식을 택하였다. 기존 대리점들이 할인마트의 소비자 고객들을 잘 이해하고 있기 때문에 이들을 통해서 아빠김치 제품이 소비자와 소통하는 것이 주효하다고 판단했기 때문이다. 부자아빠 김치는 2009년까지 상해시장에 치중하여 기반을 구축한 뒤 2010년에는 광둥성 선전에 진출을 했다. 역시 첫 번째 목표 세부 시장은 교민 시장이었다. 처음 선전시장에 진입했을 때는 처음 상해에 진출할 때보다 더 경쟁이 치열하였다. 이미 김치시장이 거의 포화상태였다. 비집고 들어갈 틈이 없어 보였다. 처음 진입할 지역시장을 물색하는 데도 한 달이 소요되었다. 첫 번째 목표시장이 교민 시장인 만큼 소비자들에게 신속하게 배달할 수 있는 장소를 찾다보니까 이미 임대료도 비싸고 그런 자리를 찾는 것 자체가 쉽지가 않았다. 냉장창고 규모가 커서 주거단지에 너무 근접한 지역은 찾기가 쉽지 않았다. 지도를 펼쳐놓고 골목골목을 뒤져서 마침내 적당한 위치를 발굴하여 선전 김치시장 진입을 시작할 수 있었다. 처음에 공장을 세우고 교민들한테 홍보하기 위해서 제일 큰 마트 한 곳을 선정해서 대대적이고 집중적인 체험 홍보전략을 전개하였다. 소비자들이 오면 직접 맛을 보게 하는 전략이다. 아빠김치는 맛에 가장 자신이 있었기 때문에 소비자들이 직접 기존의 김치맛과 비교하여 스스로 맛의 차이를 경험하게 하는 전략이었다. 최종적으로 소비자들이 스스로 선택하게 만들고 가격을 낮추는 판촉 세일전략은 이용하지 않았다. 그렇다고 가격 차별화 전략을 구사하는 것도 아니고 어느 지역에 진입하거나 그 지역시장에 형성된 가격을 따라가는 전략을 선택한다. 저가 경쟁은 궁극에는 모두가 손해를 보게 되기 때문에 지양하고, 맛을 체험한 고객들 중에서 아빠김치 맛을 선호하는 소비자들이 자발적으로 자자 제품을 구매하도록 만든 전략을 구사하였다. 그리고 매장내 배치 전략은 마트를 직접 방문해서 책임자를 설득하여 일정한 위치에 일정한 매대 공간을 확보하는 방법을 택하였다. 그리고 3개월 동안만 특정 위치를 요청하고 그 3개월 동안 판매가 부진하면 제품을 철수하는 조건의 약속을 제안하였다. 제일 처음 요구하는 제안으로 이러한 조건이 받아들여지면 좋은 자리에 아빠김치를 진열하고 하루에 한 번씩 김치 품질 관리를 한다. 정리가 제대로 안

된 매대는 다시 정리하고, 일주일동안 팔리지 않은 제품은 전량 회수하고 새 제품으로 진열한다. 항상 소비자가 재 구매를 할 때 최상의 품질을 만날 수 있도록 하는 것이 아빠김치가 가장 중요하게 생각하는 변하지 않는 전략 포인트이다. 회수한 김치는 직원들끼리 처리하거나 또는 필요한 곳에도 나누어주기도 한다. 그 결과 사업의 틀이 잡혀 있어서 지역마다 직원 배치 규모와 냉장창고 설치 등을 비롯하여 최우선 타켓 고객층은 누구인지 어떤 전략으로 영업을 시작할 것인지 등등에 전반에 대한 매뉴얼이 만들어져서 새로운 지역 시장에 진입할 때 동 매뉴얼에 따라 진출할 수 있도록 시스템이 작동하고 있다. 교민들의 전통적인 김치 식음문화에서는 '김치가 잘 익었다'고 표현하는 상태의 제품의 맛이 한족 중국인들의 입맛에는 맛이 변질되고나 상한 것으로 느껴져서 절대 먹지 않는 일종의 음식 맛 문화의 차이가 존재한다. 그래서 처음 중국인 시장을 대상으로 하는 마트에 판매대를 오픈할 때는 김치를 몇 통씩 버리곤 했다. 그렇게 3개월 정도 시행착오를 거치고 나면 그 마트에서는 자리를 잡게 된다. 그때부터 선순환의 매출이 발생하기 시작하고 이어서 다른 마트들도 입점을 제안하러 찾아오게 된다. 이때부터 본격적으로 매출이 정상적으로 증가하기 시작한다.

이런 방식으로 선전에서는 1년 반 만에 부자아빠 김치가 김치 시장을 90%정도 장악하게 되었다. 부자아빠는 대리상을 두지 않는다. 왜냐하면 대리상들은 매출과 단기이익에만 신경 쓰지 브랜드에 대한 충성도나 제품의 품질 유지 관리 등에 대한 공급자와 협력이나 소통 등에 경각심이 그리 높지 않기 때문이다. 자기 제품이 아니다 보니 무리하게 판매에 집중하다가 안 되면 재고를 본사로 넘기는 방식에 익숙하기 때문이다. 무조건 직영점만 운영하는 것을 원칙으로 한다. 이러한 영업방식의 효과가 검증되어 선전시장 개척 1년 만에 베이징에도 지점을 개설하였다. 그리고 현재 2년이 경과하고 있는데 쉽지는 않았지만 성과는 성공적이다.

베이징에서도 잊을 수 없는 사례가 기록되었다. 베이징에서 시장 진입 전술은 선전에서와 동일하였다. 제일 큰 할인마트에 찾아가서 첫 점포를 개설하는 것으로부터 시작하는 것이다. 부자아빠가 진출할 당시 베이징은 한국의 대기업 브랜드인 종갓집 김치가 거의 100% 장악하고 있다고 해도 과언이 아니었다. 종갓집 김치는 베이징 외곽에 김치공장까지 운영하고 있어서 중소자본이나 개인자본의 영세한 다른 김치 브랜드가 진입하기 어려운 상황이었다. 그리하여 이곳에서는 정말 쉽지 않은 경쟁을 해야 하겠구나 하는 판단으로 온갖 방법을 다 동원하여 베이징에서 제일 큰 할인마트에 입점하기 위한 노력을 기울였다, 그리고 결국 베이징 대고향 마트에 처음으로 입점하는 데 성공하였다.

부자아빠 영업의 철칙의 하나는 절대로 로비를 하지도 받지도 말라는 것이다. 영업을 하면서 판매업자나 업소 대표와 만나더라도 식사는 대접하되 술을 절대로 접대하지 못하게 한다. 영업을 포기하더라도 '접대'는 절대 안하는 것을 원칙으로 한다. 그런데 유일하게 베이징에서 첫 대형할인마트에 입점할 때는 민망하게도 김사장이 직접 나서서 술접대를 하고 나서야 입점을 성사시킬 수 있었다. 그만큼 진입이 쉽지 않은 시장이라는 의미도 있고 특히 첫 입점에 성공한 마트가 베이징 교민 사회에서 입지가 워낙 탄탄하기 때문에 이곳을 공략하는데 성공해야 베이징 김치시장이 비로소 열린다는 확고한 판단이 이었기 때문에 '현지에 오면 현지문화를 따르라(入鄉隨俗)'는 속담에 따른 어쩔 수 없는 선택이었다. 동 할인마트 입점에 성공하면 다른 할인마트에 입점하는 것도 수월해지고 자연스럽게 도미노처럼 여러 할인마트로 입점이 이어질 수 있다. 베이징에서도 다른 지역에서와 마찬가지로 시식행사, 사은행사 등 판촉행사를 실사하여 첫 매출은 월 3천 위안 정도로 시작했는데 지금은 월 점포당 3만 위안 정도 매출이 발생하고 있다. 이제는 베이징의 여러 대형 할인 마트들이 부자아빠 김치에 일정 정도 매대를 제공하기 시작하고 있다. 김사장의 분석으로는 비록 베이징 김치시장에서 종갓집 김치가 아직도 막강한 시장지위를 차자하고 있지만 교민시장에서는 이미 부자아빠 김치가 종갓집 김치를 추월했다고 판단하고 있다. 이렇게 베이징 시장 진입에 성공하자 이어서 광저우 시장에도 진출하였다. 광저우에서도 직영점을 오픈하는 방식을 채용하고 있다. 점포 하나를 개설하려면 기본적으로 30만 위안 정도의 투자자금이 필요하다요. 사무실 인대료와 대형 냉장창고 설치 및 필요 직원 채용 및 운영경비 등에 투입되는 비용이다. 대개의 경우는 영세한 김치사업자들의 형편으로는 아무리 김치를 많이 팔아도 손익분기점을 맞추기 어렵다고 판단되기 때문에 사업확장에 엄두를 못내는 것이 현실이다. 하지만 부자아빠의 경우는 선전에서 이미 성공적으로 런칭을 했고, 베이징에서도 성공의 목전에 와있기 때문에 지금가지의 노하우를 바탕으로 성공한다는 확신이 있기 때문에 투자를 하는 것이다. 대기업 자본이 아니면 할 수 없는 사업확장 전략을 추진하고 있는 것이다. 가장 최근에 진입한 광저우에서도 직원들이 잘 따라주고 소통이 잘되고 있어서 제품의 품질이 보장되지 않으면 납품 자체를 하지 않는 등 제품의 품질과 신뢰를 중시하는 본사의 확고한 가치가 지켜지고 있다. 그 결과 광저우에서도 시장진입 1년 정도 만에 시장 점유율이 60%에 도달하고 있다.

라. 베이징 시장 점유율 분석

베이징 한인 교민 마트를 기준으로 부자아빠 김치의 시장점유율은 약 50%정도로 추정된다. 한국산 김치 브랜드인 '종갓집'이 강력한 경쟁자이지만 음식업소 시장에서는 부자아빠가 월등히 우세하다는 것이 김사장의 분석이다. 베이징 시장에서는 연간 300톤 정도 매출이 일어나고 있고, 상하이에서는 천 몇 백 톤정도 매출이 발생하고 있다. 2015년 9월에는 톈진의 영업점을 오픈하였고, 전국적으로 지사가 4개에 판매본부는 상하이에 두고 있다. 공장은 상하이, 칭다오, 웨이하이에 각각 1곳씩 있다.

2017년에는 시안 지사를 설립할 준비를 하고 있다. 삼성전자 반도체산업단지가 입주한 것을 계기로 시안지사를 오픈할 계획이다. 그리고 북쪽에 다롄과 선양, 나아가 중부지역인 우한, 창사에도 2017년에 지사를 설립하여, 2017년 현재 전국적인 판매망의 배치가 대체로 완료되었다. 그리고 현재 인터넷 사업부를 두고 있는데 앞서 언급한 전국적인 오프라인 지사가 배치가 완료되면 이를 기반으로 중국 전 지역의 어디에 있는 소비자든지 이틀이내로 냉장 상태의 부자아빠 제품을 받아볼 수 있도록 하여 중국시장에서 자신만의 김치에 대한 새로운 기준을 만들려는 야심적인 전략을 추진하고 있다. 시장에서 신뢰받는 제품 이미지를 구축하고 O2O 통합을 통하여 전국적인 시장 네트워크 구축을 목표로 제2차 도전을 시도하고 있다. 부자아빠는 중국 토종 브랜드로 '종갓집' 같은 브랜드 인지도를 구축하는 것을 목표로 하고 있다.

마. 공장운영 방식

직접 공장은 운영하기 보다는 제조공장에 대한 투자지분을 유지하는 방식을 택하고 있다. 이러한 방식은 직접 제조업에 뛰어들었다가 크게 실패를 한 경험이 도움이 되었다. 부자아빠 김치에는 두 가지 원칙이 있는데, 그 첫째는 대형 할인마트에 입점하지 않는다는 것과 둘째는 제조업을 하지 않는다는 것이다. 이러한 원칙에 따라서 2015년부터 공장에 대하여 100% 소유지분을 갖고 경영하기 보다는 일정한 지분을 갖고 품질유지와 관련된 R&D 제휴 방식으로 공장운영을 통제하는 방식으로 경영에 참여하고 있다.

생산공장에 지분투자를 하는 이유는 부자아빠 김치의 확실한 생산기지 역할을 안정적으로 해주어야 하기 때문이다. 이 부분에서 변수가 생기면 김치의 조달일정에 차질이 생갈 수 있기 때문이다. 하지만 반대로 한 공장이 물량 전부를 부자아빠가 소화하기가 힘들기 때문에는 이러한 위험 요소를 분산시킬 필요도 있다. 때문에 부자아빠 김치는 100% 지분을 갖고 있지 않으면서도 안정적으로 제품을 생산하여 공급할 수 있는 파트너가 될 수 있는 공장들에게 확실히 투자를 해서 공장운영에도 참여를 하고 소비자들의 욕구도 적시에 반영할 수 있도록 유연하게 운영을 하고 있다. 현재 이러한 파트너십으로 제휴하고 있는 공장은 여섯 곳이 있다. 부자아빠는 김치만 생산 공급하는 것이 아니라 냉동 수산품, 냉동 훈제오리, 마른반찬, 젓갈, 쌀, 콩나물, 두부 이렇게 몇 가지 냉동, 냉장 품목들을 전문적으로 취급하고 있다. 다른 한국 식품이나 과자 같은 제품들은 취급하지 않고 있다. 다만, 콩나물이나 두부 같은 경우에는 현재 중국에서 안심하고 사먹을 수 있는 제품들이 적기 때문에 공장에서 생산을 시작하고 있다.

바. 경영상 가장 큰 애로는 인재 확보

사업을 키우면서 김사장이 당면한 가장 큰 문제는 인재확보였다. 김치사업을 하는 기업이라고 하면 웬만한 인재들은 월급이 더 적더라도 대기업으로 가지 부자아빠로 오려고 하지 않는다. 이유는 단순한 개인사업 내지 장사라고 생각하지 버젓한 사업이라고 받아들이지 않기 때문이다. 따라서 생각을 공유하고 함께 나아갈 수 있는 젊은 인재를 찾는 것이 쉬운 일이 아니다. 진정으로 동 사업을 잘 소화하려면 무작정 일을 추진하는 사람보다는 기본적 소양도 갖추고 영업도 잘 아는 그런 인재가 필요한데 식품회사 그것도 김치회사라는 선입견 때문에 기피하는 경향이 있다. '김치나 만드는 회사가 월급이나 제대로 줄 수 있을까' 라고 생각하는 경향이 있다. 부자아빠는 지사가 대부분 주요 도시에 있고 생산직 직원을 제외하고도 약 60명 정도의 직원이 있는데 이들 인건비가 한 달에 총 50만위안 수준이다. 이러한 선입견이나 편견을 감안하여 월급을 넉넉하게 주는 편이며, 따라서 최선을 다하도록 격려하고 있다. 김치라는 제품에 대한 선입견이나 편견 없이 중국에서 최고의 일류 김치 브랜드를 구축하는 것을 목표로 필요한 인재를 중용하는 전략을 추진하고 있다. 최근에는 그래도 예전보다는 많이 나아져서 회사 상황을 설명해주면 관심을 가지고 호응하는 젊은이들이 나타나고 있어 그나마 분위기 전환이 이루어지고 있는 것에 안도하고 있다.

사. 조선족 직원과 한족직원 비중

부자아빠로서는 당연한 이야기겠지만 조선족 직원이 많다. 왜냐하면 특성상 한족들에게 김치 문화를 설명을 하는데 한계가 있다. 현재 인터넷 사업부 같은 경우에는 업무 특성 상 한족들이 많은데 아무리 설명을 하고 알려주고 하여도 김치를 비롯한 한국식품이나 음식과 관련된 근본적인 문화를 잘 모르기 때문에 그걸 받아들이는 데 많은 시간이 소요된다. 고객들은 중국인, 한국인, 일본인 등으로 다양하기 때문에 여러 가지 언어로 대응을 해야 할 필요가 있는데 용이하지가 않다. 현재는 각 언어를 유창하게 구사할 수 있는 직원을 몇 명 채용하였다. 하지만 김치라는 제품 특성상 마진이 크지도 않다 보니 인재채용에 따른 인건비 부담이 커지고 있다. 이 문제는 기업의 성장과정에서 반드시 해결해야 하는 가장 큰 과제가운데 하나라는 것이 김사장의 생각이다. 더구나 지난 3년 간 아빠김치는 가격을 인상하지 않았으나, 이 기간 동안 중국경제는 심각한 인플레이션을 경험하였다. 그러다보니 물류비용은 20~30%, 인건비는 40%정도 상승하였는데 이 원가상승 요인을 고스란히 감수해야 하는 상황에 처해있다. 그러다보니 박리다매 전략을 선택할 수밖에 없었다. 결국 규모의 경제로 승부하는 전략인데 모르는 사람들은 규모를 키우면 매출이 크게 늘 것으로 단순하게 생각하지만 실상은 버는 대로 다시 사업에 투입되는 상황이 진행되고 있다. 중소기업 규모로 대기업 흉내를 내고 있는 상황이라고 김사장은 진단한다. 기업의 미래를 생각하면서 경영분석을 하고 업무를 추진하다보니까 김사장은 기업의 방향을 결정하고 신제품을 개발하고 영업하는 부분을 담당하고, 부인이 자금이나 재무를 관리하고 있다. 김사장의 입장에서는 자금관리를 담당한 부인에게 여간 미안한 게 아니다. 김사장은 인재를 초빙하고 싶어 하는데 자금투입의 밸런스를 고민하는 힘든 일은 고스란히 부인의 몫이기 때문이다.

약 6년 전만하여도 김사장 부부가 김치공장을 방문하면 공장 사장이 손님들에게 자랑스럽게 소개하는 얘기가 김사장 부부가 모두 대학졸업자인데 김치를 팔고 있다는 것이었다. 대학 졸업자가 김치 판매 사업을 한다는 것을 자랑할 수 있는 정도였다는 것은, 모르는 사람들이 보기에는 '김치 팔아서 얼마나 남는다고'하던 시절이어서 감회가 남달랐다고 한다. 지금이야 어느 정도 자리를 잡았으니까 여유 있게 이야기 할 수 있지만 김치생산 및 판매 사업이 어려움에 처해서 집도 다 처분할 때는 아이들도 한창 자랄 때였다. 아이들 눈에도 점점 더 작은 집으로 이사하고 학비도 제대로 못 내고 힘들어지는 것이 보이니까 김사장한테 왜 점점 더 작고 허름한 집으로 이사를 가냐고 물을 때는 정말 힘들었다고 회고한다. 이제 이러한 위기를 다 극복하고 사업이 안정단계에 접어들었으나 그때의 어려움 속에서 터득한 규모 있는 생활자세 덕분에 이들 부부는 지금도 돈을 규모에 맞추어 나누어 쓰는데 익숙하다. 현재 인터넷 사업부를 향후 사업개발 및 발전전략을 수립하는 T/F로 운영하고 있는데 그 사무실 환경은 5성급 호텔 같은 오피스빌딩에 자리 잡고 있다. 이에 비하여 본사 사무실은 '시골여관'같은 건물과 시설이라서 본사 직원들에게 여간 미안한 것이 아니다. 항상 어려운 시절을 생각하면서 절약하고 소박하게 돈이 안 드는 방향으로 생각하다보니 사무실 집기류도 폐업하는 곳에서 쓰던 것을 싼 값으로 조달하여 쓰는 그런 방식이었다. 이러한 상황에서 사업 확장의 불확실성에도 불구하고 인터넷 사업부를 운영하면서 매월 10만 위안 이상씩 투자를 한다는 것이 가끔은 올바른 의사결정인가 스스로 자문하고 올바른 길로 가고 있는가 하는 불안함도 생긴다. 그러면서도 항상 목표와 뜻을 가지고 인재들과 함께 사업을 하겠다는 신념이 있으니까 괜찮은 인재들을 보면 욕심이 생기고, 요구하는 연봉수준이 높더라도 영입을 하는 것이 자연스럽게 이루어지고 있다. 그만큼 인재들이 기대에 걸맞게 일을 잘 하고 있고 전반적으로 직원들의 직무 만족도가 높아서 소비자들에게도 친절한 소통과 서비스로 이어지고 있다는 것이 김사장의 판단이다. 우선 직원들이 만족해야 전화 한 통이라도 친절하게 잘 받고 만일 직원들이 회사에 불만 있으면 그게 바로 소비자들에게 전달된다는 것을 잘 인지하고 직원들한테 나름대로 최선을 다하는 노력을 게을리 하지 않고 있다.

이제는 부자아빠 김치가 상하이에서 어느 정도 자리도 잡았고 이에 대한 감사의 표시로 2015년 말복에 상하이 지역사회 교민들을 대상으로 삼계탕 사은행사를 거행하였다. 특히 상하이 대한노인회와 조선족 노인협회 등 두 협회에서 50분 정도를 초대를 해서 삼계탕을 대접하는 행사를 실시하였다. 굉장히 보람도 있었고 특히 직원들이 매우 보람을 느꼈다. 그리고 행사장 입구에는 10근짜리 포장김치 선물 60박스를 준비해 두었다가 귀가 길에 전달하였다. 처음 실시하는 사은행사였지만 즐겁고 만족스러운 매우 성공적인 행사로 기억하고 있다.

그렇게 대접해 드린 할머니 할아버지들이 또 자식들에게 연락해서 부자아빠 김치를 사먹도록 권유해 주는 것도 고맙고, 더 감사한 것은 이런 효도차원의 사회공헌행사를 적극적으로 알리자는 취지에서 상하이 몇몇 매체에다가 연결해 주는 적극적인 홍보 도우미도 나타났다. 의도한 것이 아니고 아직은 초기 행사라서 몇 차례 이상 더 안정적으로 이런 행사가 진행되고 난 뒤에 협조를 부탁하겠다고 사양의 뜻을 전했으나 잠재적인 홍보효과가 크다는 데서 자신감을 얻었다. 취지가 좋고 회사 내외의 반응도 좋아서 연례행사로 추진할 계획을 세우고 계속 추진 중이다.

부자아빠 김치 판매량 중에 절반은 중국인 시장이 차지하고 있다. 이미 중국 한족시장이 빠르게 확대되고 있는 추세다. 하지만 교민 시장이 사업의 근간이고 근본이라는 생각을 잊지 않고 있다. 이 시장이 탄탄하게 받쳐줘야 더욱 성장할 수 있는 기반이 된다. 그러한 의미에서 교민시장은 그 자체로서 항상 너무 감사한 시장이고 이러한 감사를 자연스레 표현할 기회가 온 것이라고 김사장은 생각하고 있다. 다만 이런 행사를 거창하게 많이 하면 좋겠지만 아직은 재력이 닿는 범위 안에서 소박하지만 삼계탕 한 그릇으로 교민 사회 노인들에게 감사와 효도의 마음을 전하는 행사를 꾸준히 추진하는 계획을 가지고 있다. 이 행사를 한 10년 정도 하다보면 직원들도 보다 더 큰 보람을 느끼고 회사에 대한 자부심과 긍지 그리고 만족감도 높아질 것으로 김사장은 확신하고 있다.

아. 향후 기업의 미래와 성장전략

김사장 부부는 김치 위주로 성장하는 데는 한계가 있다는 것을 항상 잊지 않고 있다. 김치 시장 자체가 포화상태에 다다르고 있다는 판단이다. 문제는 김치라는 부식품을 소비자가 어떤 시점에 만나느냐는 게 중요하다. 부자아빠 김치의 주요 고객은 젊은 상하이 로컬 한족들이다. 이들의 식습관을 보면 이들이 김치를 사먹는 시간대는 결코 아침식사 때는 아니다. 점심때도 회사에서 도시락을 먹거나 구내식당을 이용하기 때문에 결국 저녁식사 시간대에 김치가 소비자들과 접하게 되는 것이다. 결국 저녁 시간에 과연 식사를 집에 와서 하는 젊은 소비층이 얼마나 두터운가 하는 것이다. 중국인들의 식생활 문화 특성 상 외식을 많이 하는데 밖에서 간단히 먹고 들어오거나 회식을 하고 귀가하면 도대체 김치가 어느 접점에서 어떠한 형태로 소비자들을 만나느냐 하는데 관심을 기울이고 있다. 김사장의 부자아빠 김치는 대부분의 소비가 식당에서 발생한다. 가장 편하게 김치를 먹을 수 있는 곳, 소비자를 쉽게 만날 수 있는 접점이 식당이라는 것이다. 김치를 개봉하면 특유의 산화된 강한 냄새가 발생한다. 그 냄새를 한국처럼 전 국민이 김치를 먹는 곳에서는 개의치 않겠지만 그렇지 않은 중국의 식당환경과 문화에서는 그 특유의 냄새 때문에 부식품으로서 김치를 중국 소비자가 수용하는 데는 일정한 한계가 있다. 현재 중국의 '자차이'는 냄새가 거의 나지 않아서 기내식으로도 나가고 있다. 물론 김치가 건강적인 측면에서는 발효식품으로서 뛰어난 장점을 가지고 있지만 부식품으로 사용하는 데에 있어서 사용법에 있어서 문제가 있는 것이 사실이다. 하지만 조금만 시야를 돌려서 김치볶음밥 같은 음식은 굉장히 맛도 있고 냄새도 적기 때문에 중국 소비시장에서 가능성이 큰 음식이라고 김사장은 판단한다. 결국 김치 판매는 꾸준히 증가는 하겠지만 한국에서처럼 전 국민이 김치를 먹는 그런 상황을 기대하지는 않는다고 김사장은 단언한다. 이성적으로 판단할 때 중국인을 대상으로 하는 김치시장이 갖는 한계는 분명히 존재한다. 그렇게 되면 김치 판매를 주업으로 하는 부자아빠 김치의 비즈니스 모델은 전환점의 계기를 찾아야 한다고 김사장은 생각한다. 어디까지 김치를 판매해야 하는 것인가를 판단하는 것이 관건이자 과제가 되고 있다. 지금 상황에서 어떤 획기적인 아이템을 만드는 것은 쉽지 않다. 다만 R&D 부서를 만들어서 집중적으로 개발하려는 제품은 한족들도 쉽게 먹을 수 있고 장소나 환경에 구애받지 않고 마음 놓고 먹을 수 있는 제품이 첫 번 째 조건이고, 두 번 째 조건은 반드시 조선 민족의 특색이 반영이 된 제품이어야 한다는 것이다. 이 두 가지 조건을 동시에 충족시키는 아이템을 찾는 것이 김사장의 목표이다.

김치라는 식품이 상당히 독특한 음식물이라는 것이 김사장 생각이다. 발효 제품이라서 제일 처음에 김치를 만들면 대장균이 나온다. 식품에서 허용하는 대장균 수치가 있는데 그 기준치만 맞추면 제품으로서 위생허가가 나오고 출하할 수 있다. 문제는 이 대장균들이 한 주만 지나면 다 죽어버린다는 것이다. 이 대장균이 좋은 건 분명한데 냄새 너무 독하기 때문에 낮에 먹기엔 부담이 매우 크다. 업소위주의 영업을 하는 이유도 업소에서는 계속 오픈을 해놓고 쓰니까 이러한 문제가 어느 정도 희석될 수 있기 때문이다. 따라서 업소와 식당을 전략적인 주요 타켓 시장으로 공략하고 있다.

업소와 식당을 주요 타겟으로 하는 또 다른 이유는 주요 고객인 젊은 층들이 어떤 상황에서 김치를 먹을 개연성이 큰가를 조사하고 분석하여 생각한 결과로서 소비자들과의 자연스런 접점 공간과 시간을 고려하여 업소와 식당에 배치하고 진열하는 것이다. 소비자들이 부자아빠 김치를 고르기 쉽도록 해주는 것이 부자아빠 김치가 할 수 있는 최선의 방법이자 전략이라는 것이 김사장의 생각이다. 어차피 최종 선택은 소비자가 하는 것이다. 이러한 접근이 중국에서는 어느 정도 효과를 보았고 그 결과 판매량 면에서 상하이 지역에서 최대 공급사가 되었다. 5성급 호텔에도 납품이 이루어지고 있다. 1kg짜리 제품을 기준으로 8년 가까이 거래한 한 대리점에서는 처음에 50박스 정도를 팔았는데 현재는 약 6000톤의 매출이 일어나고 있다. 주요 매출은 중국 식당이나 호텔의 주방장들의 구매에서 발생한다. 해당 대리점은 부자아빠와 협력하여 성장한 대표적인 사례이다. 이러한 사실이 알려지고 소문이 나자 다른 회사에서 독립해서 나온 작은 대리점들도 능동적으로 부자아빠와 거래관계를 구축하고 오늘날 부자아빠의 성공을 공유하고 있다.

　김사장은 성격이 꼼꼼하고 까칠한 편이다. 그래서 음식에 정성이 담기지 않으면 불같이 화를 잘 낸다. 예를 들면 중국 음식점에 부자아빠가 납품한 김치가 있으면 꼭 주문을 해서 먹어 본다. 중국인 주방장들이 김치 보관방법을 잘 몰라서 김치를 냉장하지 않고 냉동하여 보관하다가 손님들에게 내놓는 경우가 많다. 대개는 대리점에서 판매되는 김치가 잘못 보관된 상태로 나오면 대리점 점주한테 얘기해서 주방장에게 전달해서 해결하는 것이 일반적이다. 하지만 김사장이 직접 방문하는 경우에는 꼭 주방장을 직접 찾아가서 자기가 김치 공급업자임을 밝히고 김치를 보관하는 방법에서 심지어 김치를 쓰는 법까지 세세하게 지도를 하고 나와야 직성이 풀린다고 한다.

　김사장 부부는 모두 지린성 옌지 출신이다. 두 사람은 각각 대학에서 건축학과 경영학을 전공했다. 김치사업과는 아무런 관련성이 없는 전공을 이수하였다. 이들이 김치사업에서 성공할 수 있었던 비결은 어디 있을 것인가? 특히 김사장 부인은 김치사업과 인연을 갖게 된 것이 자신이 자라난 가정의 환경적 영향도 많이 받았다고 생각한다. 부친이 직접 요리하는 것을 즐겼고 부모가 함께 식당을 운영하기도 하였기 때문이다. 이러한 가정적 환경과 배경이 김치사업에 뛰어 들어 핵심역량을 구축해 가는데 무형의 자산이 되었다고 그는 생각한다.

부자아빠 김치가 미래에도 지속적으로 성장해 가기 위해서는 김사장 부부의 앞에 가로놓인 가장 큰 고민은 역시 인재 문제를 여하히 해결할 것인가 하는 것이다. 김사장 부부의 사업비전에 동참할 수 있는 인재를 어떻게 찾아서 참여시킬 것인가 하는 것이다. 그리고 사업전략적인 면에서는 중서부 지역시장 진입을 계획하고 있는 상황에서 여하히 중국의 물류망을 구축할 것인가 하는 것이 핵심과제이다. 지금까지는 부자아빠 김치는 경쟁사인 다른 어떤 김치 회사에 비하여 물류 회사와의 협력 면에서 강점을 가지고 있었다. 이제 서부나 중부 지역시장에 새로이 진입을 추진하면서 이들 지역 물류망에 강점을 가진 물류 회사와를 소배하여 이들과의 협력체제를 구축하는 것이 가장 큰 도전이다. 그리고 무엇보다도 현재 진행 중인 제품개발에 있어서도 진정으로 중국인들에게 모두 마음 놓고 먹을 수 있도록 권할 수 있는 신제품을 개발하는 것이 김사장의 가장 큰 숙제이다. 김치의 성공을 뒤이어 김치의 뒤를 이을 주력 상품을 무엇으로 할 것인지가 현재 김사장 부부가 당면한 가장 큰 고민이다.

자. 미래 본사의 위치 전략

김사장은 부자아빠 본사를 앞으로도 계속 상하이에 위치시킬 예정이다. 선조로부터 물려받은 전통 한식문화와 세계를 대표하는 동양음식인 중국음식 문화를 모두 물려받은 우위를 십분 발휘하여 이를 잘 소화 융합해서 제품에 반영시킨다면 김치보다 더 매력 있는 음식제품을 만들 수 있을 것으로 생각하고 있다. 김사장은 현재 개발을 추진 중인 음식이 있는데 이를 구체화하고 제품화하는데 힘을 쏟아 중국 현지 시장에서 제2의 김치 붐을 일으킬 구상을 하고 있다.

인터넷 사업부는 이러한 김사장의 야망을 구현하는 일종의 T/F 역할도 겸하고 있다. 현재 홈페이지 구축을 추진하고 있는데 브랜드 스토리텔링에서부터 시작해서 향후 우리가 소비자들에게 어떤 브랜드 이미지를 전달할 것인가에 대한 회의를 진행하면서 자연스럽게 한국적인 요소가 너무 많이 포함되는 경향이 나타나서 지나치게 한국적인 것을 강조하지 않도록 방향전환을 유도하고 있다.

김사장은 중국 조선족이 한국인도 아니고 그렇다고 중국인도 아니라고 생각을 하면서도 또 다른 한편으로는 '둘 다 내 집'이라는 생각이 들기도 한다고 고백한다. 그래서 생각 끝에 T/F 팀에게 주문한 것이 한국문화의 전도사 역할보다는 조선민족을 앞세워 나가자는 것이었다. 남한과 북한으로 갈라지기 이전의 하나였던 조선민족의 김치문화 음식문화로 스토리텔링과 브랜드 이미지를 가져갈 것을 확정한 것이다. 한국에서나 중국에서나 조선족으로 살아간다는 것은 참 아픔이 많다고 김사장은 회고한다. 운명적으로 중국 조선족은 양국 문화를 다 받아들인 입장에서 한국의 문화를 가지고 중국에 녹아들어 새로운 문화를 표방하는 것이 그들 조선족이 자신들의 생존을 위하여 선택할 수밖에 없는 운명적 길이라고 생각한다. 이러한 생각의 이면에는 어느 한 쪽을 굳이 선택하고 싶지 않은 정서가 존재한다. 부자아빠 김치도 어찌 보면 한국김치라는 이미지를 벗어나서 중국인의 입맛에도 잘 맞는 조선족의 문화적 색깔을 가진 퓨전 김치를 만들어낸 것이라고 강조하고 있다.

4. 상하이 희단국제무역

희단무역은 1978년 출생한 옌볜 출신 이향화 대표가 2005년 6월에 창업하여 불과 10여년 남짓 경과한 신생기업이다. 이 대표는 2000년도에 옌볜과기대를 졸업하고 한국에 체류하다가 영문학과 졸업생으로서 영어 수월성을 높이고자 호주로 영어 연수를 떠났다. 그 후 다시 상하이로 들어와서 2002년부터 2005년까지 3년 동안 미국계 회사에서 직장생활을 하였다.

2005년도에 회사를 그만두게 되었는데 당시에는 특별히 독립해서 회사를 차리거나 하는 생각보다는 조금 휴식 시간을 가지면서 앞으로 인생에서 나아갈 방향을 고민하기 위해서였다. 회사에서 그만 두었다는 소문이 나자 회사에 다닐 때 업무관계로 만나던 공장의 사장이 직접 찾아와서 창업을 제안하였다. 공장 사장으로서는 김대표가 미국회사에 다닐 당시 어느 정도 신뢰관계가 형성되었던 사이였고 마침 자신이 생산하는 제품의 해외시장 개척에 목말라하던 중 김사장이 영어가 가능하고 업무역량도 이미 눈여겨 본 터라 이러한 제안을 한 것이다. 자금이나 제품공급 등을 지원해주겠다는 제안에 약관 28살의 나이에 공장 사장의 지원을 믿고 충분한 준비도 없이 회사를 창업한 것이다.

일종의 무역 오퍼상이 주 업무인데 수출오퍼가 있으면 공장에서 물건을 사다가 미국 바이어 쪽에 납품하는 방식이다. 원래는 수출용 제품을 일단 자기 자금으로 구입하여 수입업자에게 넘기는 방식인데 이러한 사업을 추진할 자금준비가 전혀 되어있지 않던 김대표가 창업을 단행한 것은 공장 측에서 김대표의 오더에 대해서는 대금 선 지불 없이 먼저 물건을 내주겠다고 사장이 약속한 것을 믿고 사업을 시작한 것이다. 창업 후 3년간 밤낮없이 일하고, 공장에서도 김대표 측 오더는 늦은 새벽까지 생산공정을 돌려가면서 납기를 맞추어 주려고 하는 등 책임성 있게 도와주자 기회가 찾아 왔다. 그저 운이라고 할 수 밖에 없는데 아직 젊은 여자사장인 김대표에게 상당한 물량의 오더를 미국 바이어가 제안한 것이다. 그 당시 500만 미 달러 정도 규모였는데, 한국과 오랫동안 거래하던 물량을 중국으로 돌리려고 공급업자를 물색하던 중이었다. 한국 것은 품질은 안정적이고 믿을 만하지만 가격이 가파르게 높아지고 있었고 중국은 가격이 낮기는 하지만 납기나 품질 면에서 불안정하다는 위험이 도사리고 있는 상황이었다. 김대표는 적극적으로 품질과 납기에 문제없이 생산할 수 있다는 점을 확인시켜주려고 노력하였고 가격 경쟁력도 충분하다는 것을 보여주려고 노력하였지만 미국 바이어는 여전히 불안해하는 눈치였다. 무역업에서는 가격과 납기가 가장 중요하다. 그 당시 오더는 갑자기 한국에서 중국으로 돌리는 상황이라서 계약 후 30일내에 출고하여 선적해야 하는 납기가 촉박한 계약이었다. 미리 생지를 준비하지 않고서는 도저히 납기가 불가능한 상황이었다. 하지만 아무리 미국 바이어라 하더라도 처음 거래하는 사이인데 오더도 받지 않은 상태에서 먼저 자금을 투입하여 생산준비에 들어가는 것은 리스크가 큰 것이다. 하지만 김대표는 그 때 자신의 판단을 믿고 이번 기회를 반드시 잡지 않으면 안 된다는 확신을 갖고 먼저 그 공장에 작업을 지시하였다. 그게 가능했던 것은 김대표가 독립을 하게 된 동기가 바로 해당 공장 사장이 도움을 주기로 한 것이 발단이었고 이를 믿었기 때문이다. 이 물량의 납기를 안 맞춰주면 차후 같이 일하기 힘들어 질지 모르고, 이후에 이런 큰 오더를 받기도 힘들 것 같다고 설득력 있는 압박을 하니 공장에서 믿고 작업을 시작해주었다. 이후에는 납기나 가격 같은 여러 가지 면에서 바이어들에게 조금씩 좋은 이미지가 쌓이면서 오더가 점점 늘어나기 시작하는 계기가 되었다. 그해 6월에 회사를 오픈하고 8월에 해당 오더를 받았는데 운도 작용했다고 김대표는 겸손해한다. 10만 야드에서 80만 야드까지 문제없이 납기에 맞추어 출고를 하게 되니까 미국 바이어가 직접 방문하여, 한국에서 중국으로 오더를 이전하는 프로그램이 아무리 제품가격이 낮더라도 처음이라서 불안하고 만에 하나라도 착오가 생기면 큰 회사의 독립부서 사장인 본인의 자리가 위험해지기 때문에 자기도 계약부터 납기까지 3개월 동안 착오없이 납기가 이루어지도록 속으로 기도를 했다고 술회하였다.

가. 미국인 바이어와의 인연, 신뢰자산 구축으로 일군 사업

미국 바이어는 한국계 미국인이 아니라 흑인이었다. 미국 바이어로서는 자기 자리를 걸고 단가가 올라가는 한국에서 중국으로 수입선을 전환하는 프로젝트를 추진한 것이 결과적으로 무사히 성공적으로 끝나자 상하이에 와서 김대표에게 식사대접을 하였다. 미국 바이어로서는 야드당 3불 하던 단가를 2불로 낮추었으니 80만 야드라면 무려 80만 달러를 절약하도록 미국 본사에 큰 공을 세운 것이었다. 납기와 품질에도 문제없이 공급이 되자 첫 오더 80만 야드가 두 번째는 140만 야드 그 다음은 230만 야드로 늘어나다 보니 자연스럽게 이 사업이 중심을 차지하게 되었다. 이 품목이 스펙을 맞추기 까다로운 아이템이라 공급자를 찾기가 쉽지 않다. 그러나 이 아이템을 구매해가는 미국 버이어를 통해서 다른 바이어의 소개도 들어오면서 김대표는 10년 동안 이 사업에 집중하게 된 것이다.

김대표가 처음 근무했던 미국계 회사도 섬유 원단을 취급하는 회사였다. 따라서 앞에 언급한 공장 사장과도 인연이 닿아 창업하는 계기가 만들어 진 것이다. 김대표가 어차피 섬유 원단을 공부한 전문가가 아니라 영어 전공자였기 때문에 직장입사 초기부터 독학으로 책을 보면서 섬유관련 공부를 틈틈이 하였다. 회사에 누가될까봐 책을 보고 공부하는 모습을 보고 미국계 회사 사장은 이제까지 독학으로 공부하는 직원은 처음 봤다고 할 정도였다. 왜냐하면 당시 납품을 하던 공장 사람들은 상대방이 자는문가가 아니라 잘 모른다고 생각하면 속이거나 숨기는 것이 일상이어서 업무상 착오나 차질 혹은 경우에 따라서 큰 문제가 생길 수 있다는 것을 알게 되었다. 따라서 김대표는 책을 보고 공부하고 기술자에게 전화해서 물어보기도 하고 하면서 회사에 누를 끼치지 않도록 최선의 노력을 다 했다. 공장에 출장 가서도 본인이 담당한 업무는 책임감 있게 늦게까지도 공장을 지키고, 그러면서도 공장 사람들한테도 예의를 갖추려고 노력하다 보니 서로 신뢰와 정감이 쌓여서 김대표가 가져가는 오더에 대해서는 공장사람들도 어떻게든지 납기를 잘 지켜주려고 최선을 다하는 신뢰관계가 형성되었다. 회사를 위해서 그렇게 열심히 일하다 보니 신뢰가 형성되고 그 덕분에 회사에 근무하던 3년 동안이 회사를 위해서 일한 것은 분명하지만 실제로는 나중에 결과적으로는 자신에 대한 신뢰를 쌓는 계기가 된 것 같다고 김대표는 술회한다. 그 결과 지금은 김대표가 보내는 오더에 대해서는 거래선 공장들이 물건이 선불을 요구하지 않는다. 그만큼 김대표는 납기 당일 결제완료를 잘 지키고 있다. 이러한 거래관행이 신뢰의 기반을 만들고 있다.

납품 공장에 대해서는 payment를 스케줄대로 지켜주는 것이 가장 중요하다. 그 약속을 지키기 위해서는 본인도 바이어로부터 제시간에 수금이나 결제를 받아야 하는데, 김대표는 이러한 약속을 잘 지키고 있다. L/C 위주로 거래를 하는데, L/C를 받고 한두번 정도는 아직 바이어에게서 송금이 오지 않은 상태에서도 납품공장에 결제를 해 줄 수는 있지만, 오더가 크면 클수록 회사에 위험부담역시 커지기 때문에 그 부분에 대한 리스크를 제대로 확인하고, 문제가 없다고 할 때 오더를 진행하고 제시간에 공장에 결제도 해주는 원칙을 지키다 보니 공장 측에서 김대표 회사에 대한 신뢰가 쌓여 가게 되었다.

희단무역은 취급의 아이템을 다양화해 가고 있다. 첫 7년간은 단일 품목만 취급하였다. 처음 취급한 품목은 cns라고 원단에 광택이 나는 제품으로 바지나 재킷이나 주로 여성용 원단으로 쓰인다. 이 원단을 바이어가 7년 동안 지속적으로 주문했는데 매년마다 오더 수량이 늘어났고, 그 결과 7년 만에 총 1,800만 야드 정도를 한 가지 아이템으로만 판매를 지속하였다. 이밖에도 1만에서 2만 야드

정도 나가는 다른 원단 아이템들을 계속 공급 유지하고 있다. 현재는 최초 취급품목을 비롯하여 여러 가지 아이템을 취급하고 있다. 원단이라는 것이 옷을 만드는 자료이니까 다양할 수밖에 없고 여성, 남성, 아동용 모두 취급하고 있다. 아직까지는 아무런 문제가 없으나, 사람들이 언젠가는 한 종류 원단제품에 대하여 싫증을 느낄 수 있기 때문에 조금씩 변화를 줘서 다양한 원단을 주도적으로 제안하고 이를 조달 및 판매하도록 시도하고 있다.

매년 4월과 10월에 미국 출장을 가는데, 바이어가 의류업체이기 때문에 사계절에 맞춰서 다양한 직물원단 샘플을 준비해서 간다. 4월에 갈 때는 가을, 겨울 상품용 원단 시제용 샘플을 챙겨가서 디자이너들에게 전달하고, 그 쪽에서 옷 샘플을 만들어 보고 괜찮다고 싶으면 오더를 열어주고, 10월에는 같은 방식으로 이듬해 봄 여름 아이템을 가져가서 보여주고 최종적으로 오더로 연결된다. 매년마다 그렇게 새로운 원단을 제안하여 보여주고 또 상대방에게서 새로운 요구가 오면 새로운 샘플을 계속 개발하는 방식이다.

나. 글로벌 가치사슬 변화에 대한 대응 고민

희단은 미국 바이어가 구축한 글로벌가치사슬의 원단 생산 공급 부분을 맡고 있다. 김대표가 있는 상하이 쪽에서 원단을 생산, 공급하면 대부분 필리핀이나 인도네시아 등 인건비가 조금 더 저렴한 곳에서 완제품인 의류·복장을 가공하여 미국시장으로 공급하는 것이다. 미국 바이어의 본사에서 필리핀 봉제회사에게 김대표 측 원단을 사라고 지시를 내린다. 원래는 본사에서 봉제공장에 오더를 내리면 봉제공장 측이 직접 원단을 고르는 방식이 일반적인데, 김대표의 미국 바이어는 원단의 디자인이나 색감 등에 매우 민감하다. 따라서 직접 최종 바이어에게 먼저 원단을 보여주고 그들이 김대표 측 원단을 오케이하면 봉제 공장한테 지시하여 김대표 원단을 구매하도록 지시를 내린다.

문제는 현재 상하이 지역에서 원단을 생산하여 수출하는 사업은 점차 생산 원가를 맞추기 힘들어지고 있다는 점이다. 왜냐하면 미국시장에서는 예컨대 리바이스 제품이 약 20달러정도 하는데 중국에서는 소매가가 7,800 위안정도로 미국보다 무려 6배가 넘는다. 미국 같은 경우에는 최저가에 고객한테 양질의 상품을 공급하기 때문에 원단이나 봉제공정의 단가가 매우 낮은 수준에서 결정된다. 소매가 20달러짜리 완제품을 판매하려고 하면 구매가격은 최대 8달러 아니면 5,6달러정도 되어야 한다. 이정도 수준의 가격으로 원단이나 부자재 등을 다 조달하는데 이는 대량으로 구매하기 때문에 원단 가격을 낮게 요구할 수 있는 협상력이 있어서 가능하다. 김대표 측에서도 이러한 비즈니스 구조로 공급하는 형태이다. 가격이 저렴한데 비해서 품질은 높고 그밖에도 까다로운 요구를 맞춰줘야 하며, 샘플도 많이 보내준다. 이런데 비하면 중국 소비자들은 너무 비싸게 옷을 구매하고 있는 형편이다. 같은 글로벌 브랜드 제품인데 미국 소비자들은 저렴한 가격에 구매하는 반면, 한국이나 중국 소비자들은 동일한 제품을 비싼 가격으로 구매하고 있는 실정이다.

당연한 사실이겠지만 글로벌 의류 가치사슬에서 원단 제조업체의 부가가치는 가장 작다. 원단업체와 연결된 김대표의 무역부문도 제1 단계 하청공정에 포함된다. 그다음 제2 단계가 봉제공정이고 마지막으로 바이어 측 유통단계이다. 브랜드를 가지고 있는 유통업자 측에서 가격 협상력을 가지고 있기 때문에 어떤 때는 불합리한 요구를 해오는 경우도 있다. 이럴 경우 할 수 없이 양보할 수밖에 없는데, 장기적인 거래관계를 유지하기 위해서는 제1 단계 공정 쪽에서 가능한 범위 내에서 납품가를 낮춰 줄 수밖에 없는 형편이다. 마진도 제일 작은 측이 원단 쪽이고 그다음이 봉제공정도 비슷한 수준이며 브랜드를 가진 유통회사에서 대부분 부가가치를 장악한다. 하지만 앞에서도 언급했듯이 미국 소비시장에서 판매단가가 너무 낮기 때문에 터무니없는 부가가치를 유통업자가 가지고 가는 구조도 아니다.

미국의 바이어가 속한 본사는 유통업체로 전략이 정확히 짜여있다. 예컨대 어떤 해에 실적이 일정 수준에 미치지 못하면 점진적으로 생산원가가 낮은 인도로 공장을 이전하는 타당성을 검토하여 최종결정까지 이어지는 의사결정 프로세스가 작동하는 식이다. 미국 유통업자는 이러한 전략을 잘 짜고 있는데 글로벌가치사슬에 편입된 중국의 관련 업계로서는 수동적으로 끌려가는 입장이다. 그러다 보니 무조건 오더를 받기 위해서 기준단가 수준이 야드 당 2달러인데도 불구하고 이보다 더 낮은 가격으로 오퍼를 하는 출혈경쟁 현상이 나타나곤 한다. 일본 같은 경우에는 동일한 여건의 시장환경 하에서도 서로 가격수준을 잘 지키면서 출혈경쟁을 하지 않는다. 반대로 중국의 동종 업계에서는 수단을 가리지 않고 오더를 뺏기 위한 경쟁을 불사한다. 이렇게 되면 미국 바이어들이 중국 측 공급자들이 제시하는 가격을 못 맞춰서 주는 것이 아니라 중국 내부 경쟁자들끼리 출혈경쟁을 하다 보니 스스로 협상력을 약화시켜서 상황은 점점 더 어려운 상태에 빠지게 된다. 10년 전에 처음 창업할 때는 마진이 15~20%정도 였는데 지금은 평균 5%이고, 어떤 때는 심지어 2-3% 밖에 안 되는 상황이 발생하고 있다. 글로벌가치사슬의 스마일 곡선 최하저부에 속해있는 것이 희단에 처한 비즈니스 모델의 한계라는 것을 김대표는 잘 인식하고 있다.

다. 미국 수출이지만 쿼터에 자유로운 가치사슬 구조

미국으로 직접 수출하는 것이 아니라 쿼터 제한은 없다. 미국에서는 최종 봉제품을 동남아 쪽에서 가져가고 김대표는 중국에서 생산된 원단을 베트남이나 필리핀으로 공급하기 때문이다. 처음 시작할 때는 미국으로 직접 공급했는데 미국의 인건비가 비싸다보니 미국 현지에서 봉제공정을 실행하면 단가가 급격히 올라간다. 수출원가는 미국 입장에서는 3달러면 한국에서 구매할 수가 있기 때문에 중국으로서는 그보다 저렴한 가격으로 공급할 수밖에 없다. 중국입장에서는 처음에는 야드당 2달러에 공급했지만 시간이 경과함에 따라 원가상승 압력도 있고 하여 조금씩 수출원가를 인상하고 있다. 이론적으로는 야드당 2.5달러까지 가능하나 현재는 오더를 확보하는 차원에서 야드당 2.2달러, 2.1달러로 유지하고 있다.

그렇다고 생산공장에 원가인상 부담을 전가할 수도 없다. 왜냐하면 제조업체의 원가구조는 융통성이 없기 때문이다. 원부자재도 구매해야 하고, 생산규모에 따라서 인력을 추가로 고용해야 하고, 전기, 용수, 감가상각 등 원단을 생산하는데 투입되는 비용항목이 정해져 있어서 기본적인 원가가 있다. 따라서 아무리 원가를 줄이려하더라도 한계가 있기 마련이다. 최근 중국에서는 인건비가 많이오르고 있고, 전기세도 부분적으로 인상되는 등 원가인상 요인이 발생하고 있다. 반면 미국 같은 경우에는 경기가 안 좋다보니까 제품 가격을 낮추려는 압력이 나타나고 있다. 그러다보니 중간에서 오퍼상인 김대표 측의 이윤 폭만 점점 줄어들고 있는 실정이다. 왜냐하면 미국 바이어 측에서는 중국의 생산공장 측 하고는 직접거래를 하지 않으려 한다. 중국 공장의 서비스가 별로 좋지 않기 때문에 직접 거래하기를 꺼려하고 김대표 회사와 같은 오퍼상을 하는 무역회사를 중간에 개입시키는 비즈니스 모델을 선호한다. 바로 희단같은 업체가 경쟁력을 갖는 부분인데 공장과 바이어 양측의 요구와 필요한 서비스를 맞춰주는 역할을 함으로써 지금까지 살아남을 수 있는 경쟁력을 가지고 있는 것이다. 즉 정해진 원가 내에서 품질을 보증하고 필요한 서비스를 제공하는 것이 이 회사의 강점이다. 이러한 비즈니스 모델을 최근까지 유지하고 있는데 가장 어려운 점은 인력 관리이다.

희단무역의 직원은 조선족 1명과 한족 6명으로 구성되어 있다. 조선족은 오래 있지를 못하고, 임금을 조금 더 주더라도 오래 근무하지 못하는 경향이 있다. 반면 한족은 오래된 직원은 7년, 또 다른 직원은 3-4년 정도 근무했다. 김대표도 조선족 직원을 키우고 싶었지만, 조선족 직원을 더 채용하려 해도 쉽지 않다. 생산공장 사장이 조선족이어서 김대표가 해외 출장을 가거나 하더라도 대신 업무를 하려면 영어와 한국어를 모두 구사하는 직원이 더 경쟁력이 있기 때문이다. 특히 처음에 업무를 배우다 보면 원단 자르는 일부터 세세하게 노동을 투입해서 작업을 해야 하는 경우가 많은데 화이트 컬러 작업만 하려고 하고 몸을 쓰는 일은 하찮은 일이라고 기피하니까 원단을 포함하여 섬유와 의류에 대해서 깊이 있게 이해하는데 한계가 있다. 입사 1년 만에 일이 너무 비전이 없고 전문성이 없다고 사직하는 직원이 많았다. 하지만 이러한 소소한 업무를 배우고 몸으로 경험을 하는 과정을 거쳐야 비로소 전문성을 가지게 되는데 이 단계까지 참고 견디는 젊은이가 조선족에는 특히 찾기 힘들다는 문제가 있다. 미국 출장을 가고 사람들이랑 관계를 맺고 영업을 하려면 기본적으로 취급하는 품목에 대한 전문적 지식을 갖추어야 한다. 김대표가 바이어를 만나더라도 공장에서 3년간 눈코 뜰 새 없이 일을 했기 때문에 뭔가 얘기를 할 수 있는 전문지식을 갖출 수 있었다. 아무런 공부도 하지 않고 바이어를 만나게 되면 효과적인 상담을 하기 어렵고 결국은 바이어가 요구하는 서비스를 제공하는 능력을 갖추기 쉽지 않아서 결국은 양질의 거래관계를 만들어내기 어렵게 된다. 양질의 상담을 진행하고 거래조건을 협상하기 위해서는 취급 품목에 대한 기본적인 전문지식을 갖추는 것은 필수적이다. 그리고 이러한 지식은 직접 공장을 찾아가고 공장 사람들과 어울리면서 소통도 해야 하는데, 요즘 젊은이들은 그런 업무를 기피한다. 조금 힘들면 포기하고 무조건 시간 맞추어 정시에 퇴근하는 근무환경을 선호하다보니 장기적으로 근무하기가 쉽지 않다.

라. 한국과의 깊은 인연

대학을 졸업하자마자 김대표는 서울에서 한 1년간 체류한 경험이 있다. 그 당시 고아원에 자원봉사 활동하러 다녔는데 3개월 지나고 나니까 지켜보던 원장이 김대표에게 사회복지학을 공부해 보라고 충고하였다. 10년 전인데 당시 원장은 10년 후에는 중국에서도 사회복지 분야 전문가가 많이 필요할 것이라고 전망하면서, 자기가 등록금을 전액 지원해 줄 테니 사회복지학을 공부해보라고 제안을 하였다. 하지만 김대표는 당시 영문학을 전공하고 있는데 갑자기 전공을 바꿔야 하는 진로문제라서 다소 주저하였다. 김대표는 집에서 장녀였다. 한국으로 고아원 봉사를 가게 된 것은 부친이 김대표가 대학 졸업을 일주일 앞두고 갑자기 돌아가시게 되면서 우연한 기회가 찾아온 것이다. 집안에는 남동생과 여동생이 있었는데, 원래 공부에 대한 욕심이 많아서 취직보다 대학원 진학 후 공부를 더 할 생각을 가지고 있었다. 그런데 부친이 갑자기 돌아가시고 나니까 앞으로 어떤 길을 선택해야 할지 막막하고, 우울해지기 시작하였다. 왜 이런 불행이 닥치는지 억울해 하면서 한편으로는 장녀로서 앞으로 생계를 어떻게 책임져야 할지 현실적인 고민을 해야 하는 등 생각이 어수선하고 정신적으로 매우 힘든 시기를 맞게 되었다. 부친이 사망하자 모친이 혼자서 삼남매를 키우는 생계를 도맡아야 하는 상황에서 장녀인 김대표로서는 생계를 도와드려야 하는 현실적 제약과 자신의 미래를 위하여 계속 공부하고 싶은 욕망 사이에서 고민을 하던 차였다. 그러던 차에 교수님으로부터 한국의 고아원에 가서 봉사를 하면서 진로를 결정하는 것이 어떻겠냐는 권유를 받고 마침 고국에서 당면한 어려운 상황에서 좀 멀리 떨어져서 생각을 정리할 필요를 느껴서 참여하게 되었다. 그런데 고아원 아이들을 보면서 오히려 자신이 치유가 되는 경험을 하게 되었다. 그러면서 하늘을 원망하고 우울증에 빠져있던 것이 많이 회복되었다. 오히려 많이 감사하는 마음이 생겼다고 술회한다. 고아원 아이들이 이렇게 예쁘고 사랑스러운데 모두 어렸을 때 부모님의 버림을 받아서 사랑을 못 받았는데 김대표 자신은 그래도 대학교 졸업할 때까지 부모님 사랑도 받고 형제자매도 있는데 이 아이들에 비하면 뭐가 그렇게 불만이 많았지 하는 생각이 문득 들었다는 것이다. 특히 장애인 아이들도 많았는데, 정상인인 김대표는 눈으로 보고 귀로 듣고 걸을 수 있는 것을 당연하게 생각했는데 이 아이들을 돌보면서 자신이 정상적인 교육을 받고 정상인으로 태어난 것이 얼마나 감사한 것인지를 새삼 느끼게 되었다고 한다. 이를 계기로 이전에는 무조건 불평하고 자신보다 더 많은 것을 가진 사람들과 비교를 했는데, 고아원에서 봉사를 하면서 자신이 가진 것들에 대하여 행복을 느끼고 감사할 줄 아는 태도로 자신이 변모하는 것을 느꼈다고 술회한다. 그러면서 불행이란 스스로 만드는 것이라는 확신을 갖게 되고 세상과 상황을 보는 눈과 생각이 많이 바뀌었다.

김대표가 한국 체류기간동안 봉사활동을 했던 고아원에서는 주말마다 예배 시간이 있었다. 우연히 예배에 참석했는데 기도하는 아이들이 자기가 버림받고, 장애인임에도 불구하고 간절한 감사 기도를 하는 모습을 보면서 자신도 모르게 큰 감동이 몰려왔다. 그리고 이러한 경험이 김대표의 마음을 많이 바꾸는데 큰 도움이 되었다. 그러면서 아이들에게 뭘 해줄 수 있을지를 고민하면서 좀 더 정성을 가지고 봉사에 임하는 계기가 되었다. 그러다보니 유심히 살피던 고아원 원장이 김대표에게 장학금 전액지원을 제안하면서 사회복지학 공부를 권유하였다. 제안을 받은 김대표는 중국 모친에게 전화해서 상의를 드리고 마땅히 돈을 벌어야 하는 상황이기는 하지만 기회가 왔으니 꼭 공부를 더 하고 싶다는 자신의 의지를 피력하였다. 그리고 어떤 독지가가 장학금을 제공해 준기로 약속했다는 상황도 설명하였다. 모친은 승낙을 했고 김대표는 염치불구하고 서울 기독대학교에 입학하여 한 학기동안 사회복지학을 공부하였다. 반년동안 공부를 하다보니 서울 기독대학이란 교명이 중국에서 사회복지 전문가로 활동하는데 다소 지장이 있지 않을까 하는 우려가 들기 시작하였다. 그리고 당시 한 학기 등록금이 300만 원 정도였는데, 서울 대학교 같은 경우에는 국립이라서 학비가 150만 원 정도라는 것도 알게 되었다. 마침 그때 여자 선배가 서울대학교에서 공부하고 있었는데 관련 정보를 제공해주었다. 그래서 장학금을 지원해주는 고아원 원장에게 상의를 해서 비싼 등록금을 주고 다니는데 이 학교에서 공부 마치고 다시 중국으로 돌아가면 기독대학교라는 교명 때문에 활동하는데 제약이 있을 우려가 있다고 말씀드렸다. 마침 원장이 사회복지학계에서 명성이 있던 인사였는데 어느 학교로 전학가고 싶은지 의견을 묻기에 가능하면 전공분야에서 가장 좋은 학교로 가면 좋지 않겠냐고 대답했더니 서울대학교를 추천해 주셔서 서울대학으로 진학이 순조로이 이루어졌다. 학비와 약간의 용돈은 고아원 원장이 지원해 주었고, 김대표는 공부하는 시간외에는 고아원에서 봉사를 하면서 희망하던 서울대학에서 사회복지를 전공하게 되었다. 그런데 때마침 그 때 호주로 어학연수를 가는 교환학생 프로그램에 참여할 기회가 생겼다. 중국에서 영어학과 출신인 김대표는 영어권으로 연수를 가고 싶었는데, 그냥 무심결에 한 번 메일을 보내서 신청을 한 것이 선발이 되어 호주로 연수를 간 수 있는 기회를 갖게 되었다. 그 당시에는 호주 비자를 발급받기가 굉장히 어려웠다. 무일푼인 김대표는 비자발급이 불가능한 조건이었다. 그런데 그 때 중국의 대학 모교인 옌볜과기대 교수님이 1000만원 보증금을 김대표 계좌에 입금시켜 주어서 경우 비자를 발급받을 수 있었다. 나중에 이 돈은 갚기는 했는데 진짜 잘 알지도 못하는 일개 졸업생인데 과기대 출신 이라는 것만 듣고 흔쾌히 지원을 해준 것이다. 한국에서 호주 비자를 받고, 고아원 원장에게도 말씀드리고 영어권 나라에 가고 싶은 간절함을 전하자 그렇다면 호주 연수를 갔다가 돌아와서 학업을 마치라고 허락해 주었다. 하지만 호주에서 한 1년간 연수를 하다 보니 아무래도 중국에 있는 모친과 동생 등 가족이 눈에 밟혔다. 한국과 호주에 있던 2년 동안 가족에게는 한 푼도 송금한 적이 없었다. 결국은 학업을 마치기 위하여 한국으로 돌아가는 선택과 중국의 가족을 위한 취업 사이에서 고민하다가 호주에서 상하이로 돌아와 취업하는 길을 택했다. 자기만을 위한 사회복지학을 전공하는 것도 필요하지만 중국의 가족을 위해 취업을 하여 돈을 버는 것도 더 미룰 수 없는 상황이었기 때문이다. 그 이후는 상하이이 소재한 미국회사에 취업해서 3년동안 일을 하다가 지금의 창업에 이르게 되었다. 김대표는 회고해보면 자신이 인복이 있다는 것에 감사한다. 생면부지인데도 도와준 사람들이 많아서 지금의 그가 있게 되었다고 생각하며 감사하고 있다.

마. 회사의 미래에 대한 구상, 신사업 구상

김대표는 얼마 전 오래된 직원 3명과 제주도 여행을 다녀왔다. 한동안 직원들이 수시로 입사와 퇴사를 반복해서 마음이 불편했는데 오래 동안 같이한 직원들과 함께 여행도 다니면서 같이 회사의 비전을 나눌 수 있었을 때가 가장 뜻 깊었다고 김대표는 회고한다. 시간이 경과하면서 오래된 직원들과는 비전도 공유하게 되고 마음이 서로 전달되고 소통이 이루어지기 시작하고 있다. 자신이 직원들을 이렇게 유도할 수 있었다는 것에 김대표는 자부심을 느낀다고 술회한다. 옛날 같으면 처음에 문제가 발생하면 두렵고 긴장도 많이 했는데 이제는 어떻게 해결할 것인가부터 생각을 한다. 그렇게 해서 해결하고 나면 문제해결 능력이 늘었구나 하는 생각에 뿌듯하고 행복을 느낀다고 한다.

　김대표는 회사를 얼마나 크게 키우는가 보다는 회사 직원들을 월급쟁이로 생각하지 않고 파트너로 간주하고 싶어서 역설적으로 직원들한테 요구가 많았다고 설명한다. 왜냐하면 전문성 있는 사람들이 모여서 함께 일을 하는 형식을 취하면 기존의 원단 수출사업 하나의 아이템에 국한되지 않고 다른 아이템을 사업에 추가하더라도 별 지장이 없을 것이라는 판단 때문이다. 회사는 규모로 따지는 것이 아니라 전문성 있는 사람들이 모여서 하나의 프로젝트를 완성해 가는 것이라는 것이 김대표의 생각이다. 이러한 생각이 확고하여 젊은 직원들을 모아서 팀을 이뤄서 향후 미국에 진출하더라도 체계적인 전략을 세워서 진출하는 꿈을 가지고 있다. 젊은 여성 CEO답게 미국에 진출하여 성공하는 영화 같은 꿈을 가지고 있다. 김대표는 한 사람 한 사람 프로가 모인 팀을 만들고 싶다는 꿈을 버리지 않고 있다. 김대표는 회사가 얼마나 클 수 있는지는 진인사대천명이고 생각한다. 독실한 기독교 신자인 김대표는 오직 '하느님께 달려 있다'고 생각하지만, 젊은 직원들을 모아서 중국 브랜드를 글로벌브랜드로 성공적으로 런칭하는 꿈을 꾸고 있다. 한국 같이 작은 나라에서도 삼성 같은 글로벌브랜드가 여러 개 있는데, 중국 같은 경우 특히 의류 브랜드 분야에서는 글로벌 독자 브랜드가 많지 않다고 생각한다. 따라서 김대표는 기회가 된다면 ZARA 같은 큰 유통 기업을 만들고 중국 브랜드도 저가 이미지가 아닌 글로벌 브랜드를 만들고 싶다는 것이 궁극적인 꿈이다. 그런데 젊은 직원들은 한 사람 한 사람 모여서 팀으로 일을 하고 싶지 사장과 직원 사이로 일을 하기는 것은 선호하지 않는 경향이 있다. 일 할 때는 열정적으로 열심히 일하고, 놀 때는 열심히 노는 문화를 만들고 싶어한다. 과기대 졸업생들 중에서도 재능 있는 사람들이 많은데 이들과 함께 모여서 뭔가를 꾸며보고 싶다는 열망이 있다. 그리고 한가지 브랜드를 런칭할 때는 김대표 자신이 그 팀을 위해서 과연 무엇을 할 수 있을까를 고민하면서 무언가 작품을 하나를 지금부터한 번 만들어보고 싶다는 열망이 생긴다. 지난 10년 동안은 돈을버는데 집중했다면 앞으로 5년 내지 10년간은 뭔가 드림 팀을 만들어서 중국풍의 멋진 브랜드를 런칭하고 싶다는 강력한 소망을 가지고 있다. 김대표 혼자 하는 것 보다는 미국이나 상하이에 있는자원을 통합하여 이러한 프로젝트를 성공시켜보고 싶다는 것이 김대표의 구상이다. 김대표는 평소에 마케팅, 특히 브랜드 분야에 대해서 관심이 많기 때문에 중국을 알릴 수 있는 브랜드를 만들면 좋겠다는 생각을 항상 품고 있던 것이 표출되고 있는 것으로 보인다.

지금 김대표가 준비하고 있는 또 다른 사업영역은 북카페 사업이다. 중국의 현실은 문화적 공간이 너무 적은 편이다. 그래서 북카페를 만들면서 이 장소를 어떻게 문화적인 공간으로 만들 것인가를고민하고 있다. 아울러 조선족들이 모이는 공간이 필요하다는 생각에서 요즘 젊은 친구들이 편하게 책을 많이 읽을 수 있는 공간, 그리고 서로 많이 교류할 수 있는 공간을 만들게 되면 자발적으로 모여서 각자의 능력을 합쳐서 팀을 모아서 일을 할 수 있지 않을까 생각해서 디자인 건축 전공인 친구와 함께 진행하고 있다. 북카페이면서 협업 창업공간을 구상하고 있는 것이다. 현재는 일단 북카페를 하나의 브랜드로 시작해서 1호점을 오픈해서 그 안에 복합적인 문화 공간을 배치한다는 구상이다. 이렇게 하나 하나 팀을 만들어 가다보면 김대표가 조직한 드림 팀이 보다 더 전문화 되어 다른 브랜드를 런칭할 때에도 좀 더 수월하게 효과적으로 추진할 수 있는 메커니즘을 구축할 수 있을 것으로 생각하고 있다.

김대표는 사업을 확장하고 새로운 사업 분야를 개발하면서 자신이 경영이론 분야에 대한 지식이 많이 부족하다는 것을 느꼈다. 실무적으로 회사만 운영하다 보니까 이론적인 부분을 학습할 기회가 없었기 때문이다. 어느정도 실무경험을 갖추었기 때문에 보다 심도 있게 경영이론을 공부하고 싶어서 MBA 과정에 입학할 생각을 가지고 있다. 중국에서 MBA 과정을 이수하는 것은 공부한다는 것도 있지만 그보다는 인맥을 쌓기의 의미가 더 크다는 것을 잘 알고 있는 김대표로서는 젊어서 사업에 뛰어들다 보니 사람과 사귀는 사회적 경험이 부족하다 보니 인맥 쌓기를 위해서 거금을 투자하여 MBA과정을 이수해야 하는데 대하여 깊은 고민을 하고 있다. 공부나 연구를 하는 것은 좋은데 과연 그 많은 돈을 투자해서 얼마나 도움이 될까 하는 생각에 고민을 계속하고 있다.

북카페를 오픈 하면서도 어떻게 마케팅을 하고 홍보를 할지에 대해서 여러 가지 사업계획서를 참고하면서 준비하고 있다. 이를 위해서 2개월간 한국에 출장가서 한국의 카페를 거의 다 돌아다니면서 사례를 조사하고 벤치마킹을 하였다. 목표는 중국에 있는 기존의 체인점 카페보다 뭔가 조금 특색 있는 카페, 개성 있는 카페, 그런 것을 만들고 싶은 생각 때문이었다. 한국 같은 경우에는 카페베네가 아주 성공한 브랜드라고 할 수 있다는 게 김대표의 생각이다. 2008년에 시작해서 미국 진출에 성공했고, 최근에는 중국에까지 진출에 성공하였다. 김대표도 카페베네에 관심을 두고 관련 책을 구입하여도 공부도하고 하였다. 대부분 사람들이 스타벅스가 이미 그 시장에서 성공했고 이미 유사 브랜드로 커피전문점 업계는 포화 상태라고 생각을 해서 시작을 안 할 수도 있는데, 후발주자로서 단시간에 스타벅스를 넘는 성공을 이룬 것은 대단한 성공사례라는 것이 김대표의 생각이다. 이후에는 중국에서도 이러한 토종 브랜드가 성공하기를 기대하면서 김대표 이 분야에 대한 관심을 게을리 하지 않고 있다.

현재 준비중인 북카페를 '1977'로 명명했다. '1977'로 네이밍한 이유는 영어로 하면 카페의 분위기와 걸맞게 특히 젊은이들에게는 잘 어필할 수 있지만 중국의 현 문화적 환경으로는 나이든 고객들에게는 이해하기 힘들고 기억하기도 쉽지 않다는 점을 고려하였다. 그러나 숫자로 하면 나이와 관계없이 외국인이든 중국인이든 소통하기가 편하다는 점을 고려하였다. 한국 브랜드 같은 경우에는 한글로 네이밍을 하거나 영어 심지어는 프랑스어내지 이태리어로도 하지만, 중국에서는 중국어로 어떻게 이름을 지을까 궁리하다가 그냥 숫자로 네이밍을 하자는 아이디어가 떠올라서 여러 가지 숫자를 생각하다가 최종적으로 김대표의 출생연도인 '1977'로 정했다. 현재는 이에 맞는 로고를 만드는 과정에 있다. 카페위치는 푸동남로 푸지엔로에 있는데 반지하 공간으로 현재는 상권이 발달한 유동 인구가 많은 지역은 아니다. 그래서 특색을 갖춰서 사람들이 찾아오도록 독특한 분위기와 예술적 문화를 만들어야하기 때문에 이에 대하여 한창 연구중에 있다. 요즘 상하이 사람들은 특색이 있으면 운전을 해서라도 찾아가는 경향이 있다. 난징루와 고정로처럼 사람들 많이 모이는 곳이 아니라서 어떻게 하면 사람들을 모이게 하고 80명을 수용하는 카페 객석을 다 채울 수 있을까에 대하여 계속 고민을 하고 있다.

현재 인테리어를 준비하고 있는 중이다. 김대표의 생각은 디자이너들을 상대로 아이디어를 수집도 하고 김대표 팀내에 건축 디자인하는 사람들을 통해서 관련된 해외 도서들을 들여와서 자체적으로 연구도 하고 한국의 홍대거리에 있는 디자이너 카페 같은 곳을 베치마킹도 하여 중국식으로 접목시킨 문화카페를 개업하는 것을 생각하고 있다. 이 카페에는 대학생 북카페를 구성하여 대학생들이 책을 볼 수 있는 공간을 제공하고, 대학생들이 와서 소규모로 콘서트도 할 수 있는 공간을 동시에 만들어 문화와 예술이 융합된 종합적 문화카페를 구상하고 있다.

구태여 예를 든다면 한국의 '민들레 영토'의 중국식 모델이라고 할 수 있다. 김대표는 이러한 문화공간을 통해서 학술문화 행사나 세미나 같은 걸 많이 개최하는 생각을 하고 있다. 전문직을 가진 잠재적 고객을 목표고객으로 다양한 이벤트를 개최하여 자연스레 모일 수 있게끔 동기를 부여하는 활동을 홍보전략으로 적극저이고 지속적으로 추진할 계획이다.

희단이 성공한 원단수출 무역업은 현재 주로 미국시장에 의존하는 사업구조인데 앞서 언급한 빠른 구조변화 요인으로 지속가능성을 보장할 수 없다는 것이 김대표의 판단이다. 그래서 브랜드 비즈니스가 가능한 의류패션 분야로 사업영역을 이전을 고려하고 있는 것이다. 김대표의 생각으로는 결국 의류패션 브랜드도 브랜드 사업 이지만, 현재 준비 중인 북 카페 같은 경우에도 디자인 업계가 참여하고 서비스업종이라는 점에서 넓게 보면 그렇게 동떨어진 사업이 아니라고 생각한다. 발전하는 방향과 전략에 따라서는 의류를 판매할 수 있는 브랜드를 만들어서 온라인 판매를 할 수 있는 통합 비즈니스 채널 즉 오늘날의 플래트폼 사업이 될 수도 있다는 것이 김대표 생각이다. 따라서 다양한 채널을 열어놓고 사업모델을 구상하고 있다. 매년 4월과 10월에 상사이에서는 최대규모의 패션전시회가 열리고, 세계 각국에 있는 디자이너들이 몰려온다. 이들을 전시회장에서 카페 쪽으로 안내해서 상담도 하면서, 북 카페를 세계적인 패션 디자이너들이 모일 수 있는 장소로 이미지 메이킹하는 전략도 구상중이다. 따라서 세계적 글로벌 디자이너들이 원하는 공간은 어떤 공간일까. 또 대학생들도 워낙 그러한 패션적인 감각이 있는 공간을 좋아하기 때문에, 그 공간을 복합공간으로 만들어야 하기 때문에 전문가들이 모여서 이런 고객층이 선호하는 분위기에 맞춰서 공간을 조성하려고 고심하고 있다. 북카페로 쓸 때에는 조용하게 독서를 할 수 있는 공간으로, 또 디자이너 파티를 할 때에는 그에 맞는 공간으로 만드는 그런 공간 설계의 혁신을 추진하고 있다. 그리고 이러한 사업은 중국적 상황에서는 비교적 혁신적이고 전문성이 필요한 사업이라서 젊은 전문가들이 참여하고 있다. 이들은 주식참여에도 적극적인 관심을 가지고 있어서 새로운 창업이라는 관점에서 주식 분배도 어떻게 할지에 대해서도 고민하고 있다. 이사업은 김대표 혼자 힘으로 성공할 수 있는 사업이 아니라 한 사람 한 사람이 자기사업을 성공시킨다는 책임감과 자발적 참여가 성공의 관건이라는 것이 김대표의 판단이다. '주식 분배를 어떻게 해야 참여한 젊은 전문가들이 만족하고 최선을 다할 수 있고 궁극적으로 회사의 성공적 운영과 발전에 도움이 될 것인가' 이 부분에 대해서 김대표는 스스로 가장 약한 부분이라고 스스로 인정하고 고민에 들어갔다.

바. 조선족 기업의 미래, 그 장점과 단점

돈 좀 벌었다고 자만에 빠지거나 오만하면 곤란하다는 것이 김대표의 생각이다. 어느 정도 부를 축적하더라도 겸손할 필요가 있다는 것이다. 주변에서 종종 잘못된 길로 빠지는 조선족 기업인들을 많이 보고 있기 때문이기도 하다. 도박에 빠진다거나 가정파탄 문제를 일으키는 경우가 종종 발생한다. 김대표 같은 경우에는 신앙이 생활의 중심을 잡아주고 있다고 생각한다. 유태인 같은 경우 금요일 금식일을 중심으로 신앙적 생활이 바탕이 되어 가족관계를 중시하고 물질적인 부분에 대해서도 그 영향을 절제하도록 의지를 훈련하는 유태인 철학에 기반한 교육규범을 수천 년에 걸쳐서 지켜오고 있다. 조선족 같은 경우에는 이러한 정신적 가치와 규율을 교육시키는 문화가 미흡한 부분을 김대표는 항상 안타깝게 생각한다. 오늘날 대학생들 같은 경우에도 금전과 물질을 추구하는 가치에 매몰되어 있다 보니 기본적으로 가치관과 사상이 올바르게 자리 잡지 못하게 되고 결국 정신적인 혼돈 가치관의 혼란을 겪는 젊은이들이 늘어나고 있다는 것이 김대표의 우려이다. 사람 됨됨이가 더 중요한데 돈이나 물질적인 부분을 지나치게 갈구하다보니, 조선족 기업들도 윤리적으로 건강하고 사회적 책임도 다하는 기업으로 성장하기를 기대하는데 아직은 역부족이라는 것이다. 조선족 기업들끼리 뭉쳐서 서로 협력하고 서로 격려하면서 서로의 장점을 학습하고 서로의 단점을 도와주면서 상생하도록 협력하는 분위기를 조성해야 이러한 기대를 앞당길 수 있는데 아직은 협력하는 것이 낯설고 각자 도생을 추구하는데 익숙하다는 문제를 극복하지 못하고 있어 안타깝다고 김대표는 술회한다. 중국에서 조선족기업들이 성공하려면 협력과 합작을 어떻게 잘 할 수 있는지에 대해서 진지하게 고민해야 한다는 것이 김대표의 생각이다. 중국에서 사업을 하는데 무엇을 조심을 하고 사람을 어떻게 관리를 해야 하는지 이런 것들에 대하여 정보를 교류하고 경험을 공유하는데 조금 더 신경을 쓴다면 조선족 기업 중에서도 대기업으로 성장하는 기업들이 많이 나타날 것으로 김대표는 기대한다.

이러한 점에서 김대표는 유태인들이 서로 협력하고 합작을 잘하는 것을 제일 부러워한다. 그들은 어릴 때부터 여러 사람들과 함께 일하는 방법을 배운다고 한다. 하지만 조선족 문화는 서로 협동하고 협력하는 교육을 시키기 보다는 다른 사람을 이겨야 한다는 경쟁심을 키워주는 경향이 있다. 한 사람의 힘으로는 한계가 있지만 여러 사람이 모이면 능력과 힘을 합칠 수 있어 그 힘이 더 배가되는데 그런 문화가 조성되지 않는 것을 안타까워하고 있다. 한 술에 배부를 수는 없지만 하나씩 하나씩 변화를 시도하고 있기는 하다. 예컨대 김대표는 현재 상하이에 있는 조선족 대학생들을 중심으로 독서모임을 조직하고 있다. 이런 모임을 통해서 젊은이들과 좀 더 의식 있는 주제와 문제에 대하여 이야기하고 그들과 토론을 하다보면 창의성을 지닌 젊은이들이기 때문에 이들이 조금 더 좋은 것 좀 더 나은 것을 만들어 낼 수 있을 것으로 기대하고 있다. 이런 의미에서 CBMC가 본보기가 되는 활동을 하고 있고 김대표도 동 멤버로서 향후에도 많은 역할을 할 것으로 기대하고 있다.

김대표는 대학교 다닐 때부터 기독교 신자가 되었다. 옌볜과기대가 기독교 대학이다 보니, 그곳에 강의하러 한국에서 파견오신 교수님들이 대부분 독실한 기독교 신자들이었고 그분들의 학식과 덕망을 선망하다보니 자연스럽게 기독교 신자가 되었다고 한다. 이러한 종교적 믿음의 배경이 CBMC와 인연을 갖는 계기가 되었다. CBMC는 Christian Business Member Community의 약어이다. 이 조직은 미국에서 1929년 경제 대공황 시절 생겨난 세계적인 기독교신자인 기업인들이 만든 조직이다. 전 세계적인 네트워크를 구축하고 있어서 미국, 한국, 유럽, 중동 전역에 CBMC 회원이 있기 때문에 이 네트워크를 통해서 누가 특정 지역에서 사업을 시작 하고 싶다 하면 파트너를 연계해주고 주선해주는 조직이다. 매년마다 유럽대회, 미주대회, 한국대회를 개최하면서 그 때마다 모여서 서로 비즈니스에 대해서 정보도 교환하고 직접 비즈니스 교류도 하는 단체이다. 이 단체에는 조선족 CBMC 회원도 적지 않다. 그래서 조선족 CBMC에서는 술 마시는 문화도 없애고 조선족 젊은 대학생들을 도와 그들을 양성하는 방법을 함께 고민하고 있다. 회원들이 돈을 모금하여 상하이에 있는 조선족 대학생들의 친목회도 조직 및 활동을 지원하면서 함께 교류하고 그러는 가운데 민족의 역사 이야기도 자연스럽게 나누면서 조선족 가운데 엘리트인 이 젊은이들이 중국사회에서 성공하고 인정받을 수 있도록 도와주는 활동을 전개하고 있다. 학교에서 받는 교육 이외에도 유태인의 교육방식처럼 이들 조선족 후예들에게 좋은 민족문화에 관하여 특강 프로그램도 운영하고, 대학생들이 필요하다고 하면 자금을 모아서 지원도 해주면서 대학생들과 많은 교류를 하고 있다. 예컨대 복단대학 조선족 학생들 독서모임은 김대표의 사무실을 빌려서 개최한다. 회의실을 사용할 수 있도록 장소를 제공해주고, 조선족 사업가들하고 함께 독서모임이나 세미나를 할 수 있도록 주선도 해주고 있으며, 학생들이 취업하는 것도 도와주고 있다. 뿐만 아니라 상하이에 와서 학교생활에 잘 적응 못하는 젊은이들이 적응할 수 있도록 도와주는 활동 등도 전개하고 있다. 젊은이들이 대학교에 합격하면 입시지옥을 벗어났다고 놀기 바쁘다. 그 시간을 보다 의미 있게 보낼 수 있게 계도하는 차원에서 상하이에 있는 조선족 CBMC 멤버들은 대학생들을 위해서 많은 도움을 주고 있다. 매번 행사 때마다 돈을 모아서 지원해주고 심지어 직접 운전해서 학생들 태워다 주기도 한다. 어떤 때는 미국에 계신 저명 교수를 초청하여 특강도 개최하는 등 학생들에게 꿈을 심어주기 위한 사회활동을 전개하고 있다. 비록 학교에서 정규 교육을 받지만, 실제 우수한 분들이 어떻게 성공을 했는지에 관하여 지속적으로 특강기회를 제공해 주면 학생들 자신이 대학생활을 어떻게 지내야 할지에 대해서 생각을 해볼 기회를 제공할 것으로 믿기 때문이다. 이 부분이 CBMC 멤버들이 가장 공들여 지원하는 부분이다. 그리고 멤버들 간에는 이러한 활동을 하면서 서로를 더욱 깊이 잘 알게 되고, 비즈니스 하는데 서로 도움도 주게 되며, 나아가 상하이라는 타지의 지역사회 속에서 조선족으로 살아가는데 서로 도움이 되려고 함께 노력하는 계기를 제공해

주고 있다.

김대표는 가족이 다 상하이에서 함께 거주하고 있어서 고향으로 돌아 갈 갈 것인지에 대한 부분은 아직 깊게 생각해 보지 못했다. 다만 현재까지는 상하이에 사는 것에 만족하고 있다. 이전에 한국에 체류할 때는 한국에 사는 것이 좋았는데, 최근에는 상하이가 더 좋다고 생각하고 있다. 미국에 가보기도 했지만 상하이가 더 편하고 좋은 것은 활기를 느끼고 아직까지 발전 가능성이 큰 곳이기 때문이다. 글로벌 대도시로서 아직 여러 가지 부족한 면도 많지만 그만큼 할 수 있는 것이 많다는 뜻이기도 하다. 김대표는 발전이 이미 거의 끝난 지역에서는 자신들이 더 이상할 일을 찾기가 쉽지 않다고 생각한다. 상하이는 아직 그만큼 할 수 있는 일이 많다는 것이 김대표의 자신감의 표현이다. 그래서 일을 할 수 있다는 것에 감사하고, 기회가 많은 상하이에 사는 것을 즐거워하고 있다. 이미 늦었다고 생각할지도 모르지만 아직까지 중국에는 개발할 부분이 많기 때문에 그만큼 할 수 있는 일이 많다는 확신을 가지고 있다.

제3절 동북지방 창업 사례

1. 창춘대화그룹 이규광(李奎光) 회장

창춘대화그룹 이규광 회장은 1952년 5월 22일 지린(吉林)성 수란(舒蘭)시 출신이다. 문혁기간이던 1969년에 농업기계공장 노동자로 사회생활을 시작한 이 회장은 개혁・개방이 시작되자 지린성농업학교에서 일본어를 전공(1981-1984)하고, 이어서 일본으로 농업기계 응용 및 관리에 관한 자비연수(1985-1986)를 다녀오면서 세상의 변화에 눈을 뜨게 되었으며 귀국하자 마자 1987에 대화실업을 설립하고 현재의 그룹으로 발전시켰다. 사업을 확장하면서 공산당 중앙당교 전국향진기업가학습반(일종의 지방중소기업AMP과정)을 졸업하였으며, 고급경제사 자격을 취득하였다. 중국공산당원으로 지린성조선족기업가협회 회장을 역임하였으며, 지린성조선족경제과학기술진흥총회 부이사장, 창춘시정협 9기 위원 및 10-11기 상무위원, 법제위원회 부주임 등을 역임하였다. 1994년에는 농업부로부터 '전국향진기업가' 칭호를 수여받았으며, 1996년 국무원 발전연구중심으로부터 '전국창업스타'로 선정되기도 하였다. 2001년에는 동북3성 민영과학기술실업가협회로부터 '동북3성우수민영과학기술실업가'로 선정되기도 하였다.

가. 1억 위안 투자 4~5성급 호텔 건설

수란(舒兰)시의 농민출신인 이규광 씨는 개혁·개방초기인 1982년에 양계장을 운영하여 1년만에 '만원호'가 되어 지린성의 노동모범으로 선정되었다. 1985년에 자비로 일본에 유학을 가서 선진 농업기계 및 그 조작관리 기술을 배우고 돌아왔다. 1986년에 귀국하여 우연한 기회에 한 과학잡지에 실린 '고층건물들에 필요한 신형 수조와 수조 탑 및 상수 공급설비 공급이 달려 시장 전망이 밝다'는 정보를 입수하고, 창업 기회가 왔다고 생각한 그는 촌의 몇몇 젊은이들과 함께 9만 위안을 조달하여 창업의 길에 나섰다. 1987년 창춘에 진출하여 장백산물공급설비공장을 설립하여 첫해에 매출 27만 위안, 이듬해에 동 198만 위안의 실적을 올렸다. 1993년에는 장백산실업유한회사를 설립하고, 수익 전부를 설비갱신과 제품개조에 투입하는 등 생산규모를 확대하면서 전국 5개 성, 29개 시의 40 여개 지구로 시장을 확대하였으며, 이로써 업계에서 확고한 지위를 구축하게 되었다.

1996년에는 한국기업인 (주)한성과 합작으로 창춘대화(그룹)보일러유한회사를 설립하고 이어서 같은 해에 대화주방가구회사도 설립했다. 1998년에는 면적 1만여 평방미터 규모의 3성급호텔인 창춘대화호텔을 설립한데 이어서 부동산업에 진출하면서 대화과학기술청사를 건설하였다. 이어서 2003년에는 8,500 평방미터의 직원주택을 건설하였고, 2008년에는 5000여 평방미터 규모의 성급호텔인 지린대화호텔을 설립하였다. 이로써 이규광은 창춘 대화호텔, 대화보일러, 대화주방가구, 대화인테리어, 지린 대화호텔 등 자회사에 360여명 직원을 거느린 창춘대화실업그룹유한회사의 회장 자리에 오르게 되었으며, 1만 5,000여 평방미터의 부동산과 고정자산 1억 위안을 보유한 사업가로 부상했다. 치열한 경쟁에서 살아남으려면 끊임없이 발전해야 한다는 것을 확신한 이규광 회장은 기존 창춘대화호텔 북쪽 공터에 총투자 1억 위안을 투자하여 연면적 3만여 평방미터에 300여개 객실을 보유한 18층 규모의 호텔건물을 신축하여 호텔을 확장하였다. 그 결과 대화호텔은 총면적 5만여 평방미터에 달하여 준 5성급호텔로 승격하였고, 2014년에 창춘대화호텔은 창춘시의 랜드마크가 되었고, 창춘시호텔업계의 선두자로 발돋움할 수 있는 계기가 마련되었다.

나. 중국인의 대륙기질 따라 배우는 것이 성공의 요체

2011년 초 당시 59세이던 이규광 씨는 9년째 맡고 있던 지린성조선족기업가협회 회장직을 사퇴하고 유능한 젊은 후배 기업가를 회장으로 추천했다. 지린성조선족기업계의 원로인 그는 '창업을 준비하는 조선족 젊은이들이 중국이라는 대 환경 속에서 성공하려면 한족들의 대륙기질을 따라 배워야한다'고 강조한다. 이규광 회장이 보기에 조선족들이 머리가 총명하고 새로운 변화와 문물에 대한 흡수가 빠른 반면에 세세한 과정에 집착하는 경향이 강하여 사물을 보는 시각이 너무 편협하고 속이 너무 좁다고 평가한다. 이에 비하여 중국 한족들은 그 과정이 어떻든지 개의치 않고 자신이 세운 목표에 도달하기 위해 모든 정력을 쏟아 붇는다는 것이 그의 판단이다.

　이규광 회장은 조선족의 민족 부흥에 대한 확고한 생각을 가지고 있다. 어떤 민족이 부흥하려면 우선 경제기초가 튼튼해지는 것이 유일한 방법이다. 한·중수교 사반세기동안 한국에 진출한 많은 조선족들이 임금노동이나 자영업에만 집착하는 현상을 안타까워한다. 5년 이내로 중국의 임금수준이 한국과 비슷해질 것인데, 한국에서 돈을 벌어서 중국에 아파트나 승용차 구매하는데 돈을 투자하고 다시 출국하여 임금노동을 하는 많은 조선족들에게 눈앞의 작은 이익에 집착하지 말고 사업적인 두뇌를 키워야 할 때라고 강조한다. 혼자 힘이 부족하면 친척이나 친구들과 공동 투자하여 합작으로 자기의 사업을 시도해보라고 제안한다. 다만 처음부터 무턱대고 크게 욕심부리지 말고 차근차근 착실히 기초를 다져나가고 일정한 규모에 이르면 기업을 상장하여 성장시키는 것이야 말로 젊고 패기 있는 조선족 젊은이들이 도전해볼만한 하다고 조언한다. 수많은 조선족기업가들이 전국적으로 창업으로 자기 사업을 일으키고 있지만 상장회사로까지 성장 발전시키는 경우는 아직 매우 드물다는 것이 이 회장이 가장 안타깝게 생각하는 부분이다. 이제 단순한 개인 제조업이나 식당 같은 자영업을 운영하는데 머물지 말고 한 차원 뛰어 넘어 규모 있는 기업, 특히 상장기업을 설립하는 것이 시대의 흐름이 요구하는 조선족기업의 발전반향이라는 것이 이 회장의 판단이다.

다. 바른말 잘하는 시정협 상무위원

이규광 회장은 창춘시 정협위원과 시정협 상무위원을 연임하면서 10여 년간 시정협 회의 때마다 시당 서기나 시장 면전에서도 자신의 소신을 간단없이 피력하기로 소문났다. 50여명 상무위원 중 조선족위원은 2명뿐이라는 점에서 이규광 회장은 해마다 정협회의에 참석하는 기회를 소중히 여기고 조선족 사회를 위한 많은 정책적 제안을 제시하였다. 특히 창춘시조선족예술관 건물과 조선족 소학교 교사 건물확장 문제를 꾸준히 제기한 결과, 창춘시정부는 마침내 창춘시조선족예술관 신축을 결정하였고, 창춘시교육국에서도 창춘시 녹원구조선족소학교 신축 및 창춘시 관성구조선족소학교 증축결정을 내리는 성과를 거두었다. 특히 창춘시정부는 남관구 아태거리 3909호에 현대적 설비를 갖춘 연면적 6000 평방미터 규모의 창춘시조선족예술관을 건설하기에 이르렀다.

2. 조선족전통음식문화의 선봉 "코스모" 김송월(金松月) 대표

김송월 대표는 1956년 지린성 안도현 만보진 홍기촌에서 출생하였다. 농업대학을 졸업한 김대표는 요식업을 위주로 자영업 경력을 쌓다가 1994년 연길우의유한회사를 창립하였으며 이어서 1998년에는 연길 '코스모호텔'을 개업하였고 2005년에는 모아산'코스모산장-

민속음식체험관 '을 세웠다. 사업가로서 발전을 거듭하면서 옌볜조
선족자치주 정협위원을 역임하였고, 옌볜조선족기업가협회 부회장
과 옌볜조선족전통요리협회 부회장으로 업계를 이익을 대표하는 정
치·사회활동에도 참여하였다. 2010년에는 중국 전지역한상대회
한식국제화축전 '사랑하는 김치' 행사에서 대상을 수상하였으며
2011년에는 옌볜기업가협회로부터 지역을 빛낸 경제인이라는 칭호
를 부여받았다. 김대표의 이러한 노력으로 옌볜조선족자치주 주도
인 옌지에서 '코스모(考世茂)'는 조선족전통음식업계의 대표적 브
랜드의 하나로 이미 널리 알려져 있다. 코스모는 대우주라는 뜻의
영어음가를 중국식으로 따온 것인데, 코스모스라는 가을 꽃의 약칭
으로 생각하는 이들이 적지 않다. 그러나 조선족민속음식업의 외길
을 헤쳐온 코스모의 총경리 김송월 대표의 창업 일화와 꿈을 향한
도전의 여정을 알게 되면 코스모라는 이름의 진의를 다소나마 이해
할 수 있다.

가. 창업으로 고난을 딛고 일어서다

옌볜주정부 소유 우의상점의 책임자로 있었던 김송월은 상점경
영이 적자를 면치 못하자 1986년 담당 행정관청에 제안하여 11명
의 휴직 직원들과 함께 우의상점을 도급받아 식당으로 업종을 전환
시켜 영업을 시작했다. 당시 창업 밑천은 단돈 2000(당시 환율로
미화 600달러, 한화 600,000원)위안에 불과하였다. 하지만 사업에
성공하면서 1998년경에는 연면적 2,800평방 미터의 소규모 아담한
코스모 호텔을 인수하였다. 이곳에 식당을 개업하려니 실내장식에
만 당시로는 거금인 30만 위안이 필요하였다. 그는 고민 끝에 2만

위안을 차용하여 회계 담당자와 함께 조선족이 경영하던 창춘삼성 원자재상점을 찾아갔다. 파마머리에 수수한 옷차림의 조선족 여자 기업인을 어떻게 보았는지는 알 수 없으나 그녀의 사업의지를 대견하게 본 조선족 상인은 계약금 2만 위안만 받고 모든 자재들을 외상으로 제공하였다. 그녀는 사업수완을 발휘하면서 큰 돈을 벌었고 이 돈으로 빚부터 갚으면서 신뢰를 쌓았다. 2002년에는 호텔을 2층 더 올려 총 연면적 5,000평방미터 규모로 확장하여 리모델링하고 업종도 한식, 중식과 일식 식당과 호텔업을 겸한 호텔 서비스업으로 확장하면서 호경기를 맞이하였다. 한·중수교 직후인 1994년부터는 조선족 전통음식인 영양탕과 닭곰탕 등을 개발하고 김치와 된장 류를 직접 담아서 정통 한식음식을 제공하면서 고객들의 호평을 받았다. 그 결과 김송월은 옌볜에서 조선족 전통음식의 맥을 살리면서 옌볜과 조선족을 대표하여 전통음식문화를 상징하는 사업가로 자리 잡을 수 있었다. 옌볜을 찾는 국내외 관광객들에게 조선족문화를 선양하고 또한 후손들이 전통음식문화와 옛 생활문화를 잊지 않게 하려고 그는 민속체험관을 구상하여 2005년에는 드디어 2,000평방미터 규모의 코스모 조선족 민속체험관을 설립하였다.

20여 년간 오로지 전통음식에만 몰두해 온 김 대표는 그중에도 처음 12년 동안은 주방에서 종업원들과 함께 일하면서 사시사철 장화를 벗어 본 적이 없다. 식당 매장과 부엌의 청결에도 솔선수범하였고, 외부 행사나 사업상 회합 등이 있는 날을 제외하고는 새벽부터 싱싱한 식자재를 구입하러 새벽도매시장에 가는 것으로 하루를 여는 부지런함을 놓아본 적이 없다.

나. 음식문화의 규모화 표준화와 친환경화 추진

김송월 대표는 25년간 종업원들과 함께 조선족전통음식에 대한 연구개발을 포기하지 않았다. 특히 음식의 표준화와 친환경화, 유기농화에 집중하면서 성과가 나타나기 시작하면서 갈수록 고객들의 신뢰와 칭찬을 받았다. '백년김치'의 산뜻한 맛과 전통 떡의 진미는 시어머니의 가르침으로 대를 이어가면서 개발해 온 것으로 현재는 옌벤자치주급 무형문화재 명단에 올랐다. 친정어머니의 휘하에 종업원들이 팔을 걷고 담그는 고추장은 양과 질의 표준화를 추구하면서도 독특한 원래의 맛을 변함없이 고스란히 지켜가고 있다. 코스모 산장에 줄줄이 늘어선 1000여개에 달하는 장독대에는 농촌지역에 설치한 된장기지에서 만들어온 메주 된장들이 여러 해를 넘기며 숙성되어가고 있다. '코스모'만의 김치와 장, 떡의 맛과 품질은 시장의 공인을 받아 백화점과 슈퍼체인점에도 납품되고 있다.

김치 담그는 비법 자체는 별거 아니라는 것이 김 대표의 생각이다. 고추가루와 소금이 관건인데 빨갛게 잘 익은 딸기 빛 고추는 꼭 화룡 용화촌(기지)에서 재배한 고추로 만든 고추가루만 쓰고 소금은 꼭 3년 이상 간물을 뺀 소금만을 쓴다. 이것은 코스모가 10여년을 변함없이 지켜오는 비법중의 비법이다. 공해가 없는 두만강변의 산밭에서 재배되고 생산된 고추로 만든 고추가루는 시간이 지날수록 빛갈이 돌아나고 맛이 구수해지며 간수를 뺀 소금은 단맛이 점점 살아나면서 김치가 식감을 유지하면서도 잘 숙성할 수 있게 도와준다.

손님들에게 제공되는 밑반찬 또한 장백산 산나물로 만든 사시절 녹색반찬들이다. 예를 들면 한초, 참취, 오갈피, 기장나물 등은 피를 맑게 하고 위장을 돕는 약재들이다. 당지에서 채취하여 주변에 있는 약수물로 데쳐서 즉시 포장하여 냉동해두면 날이 갈수록 천연 녹색이 되살아 신선도가 회복되어 고객들의 건강을 지켜주는 녹색 식물이 된다. 민속음식의 깊은 맛과 품위를 살려내는 것 못지않게 중요한 것이 또 있다. 그 맛에 어울리는 문화적 분위기였다. 김송월 대표는 모아산 기슭에 코스모 산장을 짓고 민속음식체험관을 개설하여 음식과 환경이 어우러지는 보다 완벽한 조선족음식문화공간을 마련하였다.

베이징, 상하이 등 전국 각지로부터 장백산을 찾는 관광객들은 조선족음식문화의 대표적인 명소인 코스모 산장에 오게 되면 저절로 탄성을 지른다. 옌볜지역 주변의 다른 민족 주민들은 가족 함께 체험관을 찾아와 조선족들의 옛 생활환경, 도구, 복장 등을 참관하고 체험하면서 조선족들보다 민속음식을 더 즐겨먹는 것이 신기할 정도이다. 손님들을 모시고 코스모 산장을 찾는 조선족들도 자부심을 느끼면서, 코스모 산장이 옌볜의 대표적 조선족 전통음식문화를 전국에 세상에 알리는데 큰 몫을 담당하고 있다는데 공감하고 있다. 김 대표도 자신의 노력이 헛되지 않았음을 확인하면서 동시에 그만큼 어깨가 무거워지는 것도 느끼고 있다.

다. 상해세계박람회 진출 성공

'밑져도 영광이다. 100년에 한번 있는 세계박람회(EXPO)에 코스모라는 이름 석 자만 남긴다 해도 그것만으로도 충분한 성공이다' 이것은 상해세계박람회 진출에 앞서 김송월 대표가 내린 결단이었다. 70만 위안이라는 계약금을 내고 또 각종 위생 및 식품 검증을 거쳐 지린성의 유일한 대표로 상해 엑스포 진출권을 쥐게 된 '코스모'는 박람회가 아직 정식개장 이전이던 2012년 4월에 시험영업을 시작했다. 신청한 메뉴들로는 비빔밥, 옥수수 국수, 불고기덮밥, 김밥, 김치볶음밥, 냉면, 김치였는데 가장 대표적인 음식인 냉면과 김치는 박람회 출품이 금지되는 위기를 맞았다. 왜냐하면 '생' 음식, '찬' 음식은 쉽게 상할 가능성이 있어 출품을 금지하는 주최 측의 원칙과 규정 때문이었다. 김치와 냉면이 바로 생 음식과 찬 음식으로 분류되었기 때문이다. 조선족의 대표적인 음식을 선보일 수 없게 될 수도 있다는 위기감과 안타까움에 김 대표는 박람회 관리국까지 3시간이 걸리는 거리를 11번이나 걸어서 찾아갔다. 담당 책임자인 조숙매 경리도 물집이 잡히고 발의 살갗이 까지면서 관리국을 20여 차례 방문하였다. 이를 통하여 김치와 냉면이 조선족 대표 음식임을 설명하고 또 설득한 결과 드디어 출품허락을 받아냈다.

마침내 2012년 6월 13일, 조선족 냉면과 김치 메뉴를 소개하는 방송이 낭낭하게 박람회장에 울려 퍼졌고, 현지에서 만들어 낸 냉면은 하루 평균 500그릇씩, 잘 나가는 날에는 1,000그릇도 넘게 팔려나갔다.

관리국은 하루에 열두 번도 넘게 위생검사, 품질검사를 실시하였다. 하지만 모든 현지 위생검사를 무사히 통과하였을 뿐만 아니라 매일 측정하는 검사통계에서도 33개 성의 대표음식 출품업자들 가운데 줄곧 5위 안에 들었다. 종업원들은 담이 결리도록 뛰어 다녔고 말그대로 발에 땀이 나도록 뛰고 또 뛰었다.

엑스포 매장 직원들의 유니폼은 물론 주방 종업원들까지 모두 한복차림을 착용하였다. 지나는 관객들은 '조선(북한)에서 왔나봐. 아님 한국에서 온 건가?' 하면서 갸웃거리는 손님들에게는 '중국 지린성대표팀' '옌볜코스모'임을 알렸다. 종업원들은 하루에도 수십 번씩 입이 닳도록 '지린성대표'와 '옌볜코스모'를 외치며 입을 통한 구전홍보에를 힘을 쏟았다.

"우리는 드디어 해냈습니다. 지린성대표 '옌볜코스모'의 이미지를 세계박람회에서 확실하게 각인시켰을 뿐만 아니라 경제적인 성과도 크게 올렸습니다." 김송월 대표가 상하이엑스포를 끝내고 성공적인 대회참가를 평가하면서 처음으로 참가한 종업원들 앞에서 외친 말이다.

라. 꿈은 이루어진다

김 총경리는 20여년간 하루도 쉬지 않고 마치 전쟁을 치르듯이 최선을 다해왔다. 이것이 가능했던 것은 든든한 뒷받침이 되어준 가족과 오랜 동안 자신이 가는 길에 동참해주고 자신을 지지해 준 종업원들이 있었기 때문이고 이들이 가장 큰 힘이 되었다고 술회한다. 오늘의 성공에 만족스러워하며 꿈과 욕망을 버리지 않고 지속가능한 사업을 만들기 위하여 꾸준히 노력하고 새로운 사업구상을 계획하고 있다.

예를 들면, 5년 계획으로 황토집 솥가마에 참나무불로 콩메주를 띄워 간장을 담고, 김치를 산굴에서 여러 해를 묵혀서 순 맛을 살려 김치를 백년유산으로 국가급 무형문화재에 등재시키는 계획을 추진하고 있다. 이와 함께 장독대도 2,000개로 지금보다 2배 늘리는 계획도 추진하고 있다. 김 대표는 조선족전통음식의 고유의 맛을 고집하고 고수하는데 승산을 걸고 있다. "조선족문화를 자랑하고 조선족의 기를 살리는데 음식문화가 가장 중요합니다. 오늘이 있기까지 전통음식문화의 계승과 발전 및 개발에 25년을 투자해왔습니다. 이제 남은 여생동안 어떤 작품을 내놓을 것인가? 저는 조선족전통건축문화를 자랑할 수 있는 한옥을 짓기로 결심하였습니다." 김 총경리의 또 다른 사업구상이다. 그는 조선과 한국의 전통건축문화의 진수를 통합하여 조선족 특색의 한옥문화공간을 건설하는 사업계획을 추진하고 있으며 이계획은 이미 정부비준을 받았고 곧 시공에 들어간다. 한옥 안에서 비단이나 베, 창호지 같은 부드러움을 만끽하면서 여유를 즐기고 향수를 느낄 수 있는 은은한 전통문화공간을 개발하는 것은 그의 미래 10년 계획의 일환이다. 그가 추구하는 지속가능한 사업은 궁극적으로 '사람도 기업도 상품도 모두가 브랜드로 거듭나는 날'이 노는 것이다. 코스모를 단순히 김치와 전통 한식을 넘어서서 한국식 전통문화를 대표한 브랜드로 만들어 가려는 그의 야심적인 포부이다. 한 평범한 조선족 여성으로서 '가슴에 우주를 품어 안는 꿈'을 가지고 종업원들과 함께 코스모라는 조선족 대표음식 문화 브랜드를 조선족 전통문화를 대표하는 글로벌 브랜드로 육성하려는 김송월 대표의 미래가 옌볜조선족들의 큰 관심과 기대를 받고 있다.

3. 연길시성월민족복장공장 사장 최월옥

최월옥 사장은 1947년 8월 용정 동불사진에서 출생하였다. 젊은 시절에는 조선족 농촌사회인 용정현 동불사진 동불남촌에서 부녀대장, 부녀주임 등 부녀조직에서 활동하였다(1967-1984). 이후 자영업을 시작하였으며 1991년부터 지금까지 옌지시성월민족복장공장을 운영하고 있다. 공산당원인 최 사장은 연길시 제9차, 제10차 당대표(1990-1995)를 역임하였으며, 옌볜민간예술가협회 복장위원회 주임도 맡고 있다(2003-현재). 이러한 노력에 결과로 2008년 6월에는 국가급 민족전통복식 대표계승자(무형문화재에 해당)로 지정을 받기도 하였다.

"옷은 인류가 만들어낸 가장 기초적이고 기본적이자 가장 진귀한 문화유산이다. 그 가운데서 한 민족의 복식은 그 민족을 대표하는 얼굴이기도 하다."최 사장의 신념으로, 국가급 조선족전통복식의 대표적 계승자로 지정되어 우리 민족의 전통복식문화유산을 보호, 계승, 발전시키는데 혼신을 다하는 조선족여성기업인으로서 한 말이다. 작은 체구, 수수한 얼굴과는 달리 20년간 과감하고 창의성 있는 도전정신으로 우리 민족특색을 살리고 민족정신을 고양하며 나아가 옌볜자치주의 전통복식 문화산업을 발굴하고 발전시키는데 크나큰 기여를 한 그녀가 바로 연길시 성월민족옷공장 최월옥 사장(창장)이다. 연길시성월민족옷공장은 창립 20주년을 맞아 옌볜민간문예가협회와 연길시성월민족옷공장이 공동으로 주최한 국가급 무형문화재 민족복장 패션쇼에서 조선민족의 전통미가 짙게 풍기는 백여벌의 민족복장을 화려하게 선을 보이면서 전체 관중들의 찬탄과 함께 오랫동안 기립박수를 받았다.

가. 옌볜시 한복의 '어머니' 칭호

최월옥은 옌볜지역에서 한복의 '어머니'로 불린다. 20여 년간 우리 민족의 전통복장, 예술복장, 현대식 개량복을 연구·개발하는데 심혈을 기울여온 공로를 인정받아 국가를 비롯하여 지린성과 주정부로부터 수많은 포상과 공로상을 받았다.

1991년에 설립된 연길시성월민족옷공장은 수제 민족복장 제작을 중심으로 전통복식, 예술복식, 개량복식 등을 다양하게 발전시켜오면서 중국의 조선족복식문화를 이끌어 왔다.

최월옥은 어릴 때부터 할머니, 어머니의 영향을 받아 조선족 전통용품들을 만들기 시작하였다. 예컨대 필수적인 혼례용품인 베개, 너울, 담배쌈지, 방석 등을 만들기 시작했다. 최월옥의 모친은 여덟 살 때부터 조선족 저고리 옷고름 속에 쪽지를 넣어서 독립운동을 하는 혁명동지들에게 실수 없이 전달하는 역할을 했다고 한다. 어머니의 한복 짓는 솜씨와 저고리 고름에 깃든 이야기를 들으면서 성장한 그는 한복을 만들겠다는 강한 충동을 느꼈고 우선 우리 민족 특색이 다분한 소상품을 만들어 전국에 판매하기 시작했다. 개혁·개방이후 최월옥은 옌지시 서시장에 동남백화상점을 차렸는데 이는 서시장에서 최초로 조선족상품과 조선족 치마저고리를 팔기 시작한 상점이었다.

시장판로에 대한 예리하게 판단력을 가진 그녀는 '최월옥' 브랜드의 한복을 만들어 브랜드화를 처음으로 시도하였고, 브랜드 판촉을 처음으로 시작하여 성가를 올리기 시작하였다. 이러한 브랜드 인지도를 바탕으로 도매형식의 한복 매대 설치를 한개 상가에서 30개 상가로 확장시켰다. 이렇게 시장을 점차 확대시키면서 조선민족 전통복식의 설계, 생산의 중심으로 부상하였고 드디어 중국조선족 복식문화를 견인해 나가는 위치에 이르게 되었다. 현재는 전국적으로 여러 곳에 조선족 한복판매망을 구축하고 있으며 중국 전역뿐만 아니라 세계시장에 우리의 민족복식을 널리 알리고 있다.

나. 조선민족 전통복식 홍보를 위한 통 큰 투자

2005년 중앙 CCTV가 20회로 이루어진 연속극 '진달래'를 촬영할 때 최월옥은 20만 위안에 상당하는 출연복장과 생활복장 등 총 200여벌을 무상으로 제공했다. 그리고 2008년 8월 8일 베이징올림픽개막식에서 선보인 무용 '옌볜의 봄'을 위해서는 무용 소품을 제공하고 부채춤 복장, 장고춤 복장 등 100여벌을 설계, 제작하여 세인의 주목과 함께 높은 평가를 받았다. 이밖에도 22만 위안에 상당한 무용연습복과 무용 소품도구를 무상으로 제공해 베이징올림픽조직위원회로부터 '올림픽을 빛낸 사람'이라는 기장을 수여받았다. 2010년 상하이엑스포 때도 참여하여 수백 벌의 공연복장을 선보여 조선족복식의 아름다움과 우수성을 널리 홍보하기도 하였다. 뿐만 아니라, 옌볜민간예술가협회의 발전을 위해서도 최월옥은 적지 않은 자금을 후원했다. 옌볜봄빛애심협회에 5,000여 위안을 후원했을 뿐만 아니라, 주변의 동료들을 동원해 직접 애심협회의 활동에도 직접 참가하는 등, 어려움 겪고 있는 학교, 유치원, 예술단 등 조직에 성금을 보내는 등 물심양면의 후원을 아끼지 않았다.

다. 땀으로 이룬 견고한 성과

지난 20여 년간 최월옥은 시장이자 디자이너로, 판매책임자이자 기술관리자로서 전국 각지를 뛰어다니며 눈코 뜰 새 없이 바쁜 하루하루를 보냈다. 최선을 다한 노력 의 보답으로 많은 수상의 영광을 안았다. 2002년 8월 열린 옌볜자치주 노인무용경연대회에서 '복장설계상'을, 2003년 10월 개최된 중국국제민간가무경연대회에서 '농악무' 복장 금상을, 2004년 9월의 전국모델경연대회에서는 '진달래' 의복디자인 은상을 각각 수상하였다. 이어서 2009년 11월에는 지린성을 대표하여 중국문련(文聯), 중국민간문예가협회가 공동주최한 '중국민족민간복장장식문화 및 중국민간문화유산살리기프로젝트 성과전시회'에 참가해 공헌상과 출연상을 받았으며, 2011년 1월에는 CCTV 춘절대축제에서 복장공헌상 등을 수상하였다.

20여 년 동안 최월옥 사장은 옌볜자치주의 사회발전과 문화발전에도 여러가지 많은 기여를 하여 수많은 감사패와 영예증서를 받았다. 그리고 2003년 4월에는 옌볜민간문예가협회 전통복식위원회 주임에 선임되었으며, 2011년 3월에는 옌볜민간문예가협회 제8기 주석단 고문으로 추대되었다. 연길시성월민족옷공장의 조선족 복식은 2007년 4월 옌볜자치주 문화재로, 2007년 6월에는 지린성급 문화재로, 2008년 6월에는 국가급 문화재로 등록되었으며, 최월옥 자신은 중국조선족전통복식계승자로 지정되어 '중국복식문화집성-조선족편'에 그의 연혁과 사진이 수록되기도 하였다.

라. 조선족 전통한복 계승자 양성사업에 기여

최월옥의 헌신적인 노력으로 조선족 전통복식은 중국 56개 민족 복식가운데서 가장 아름다운 복식으로 널리 알려지게 되었다. 그는 조선족 전통복식을 옌볜을 상징하는 특색이고 얼굴이며, 조선민족 생명력의 상징이고 나아가 옌볜 조선족자치주의 생명력이기도 하다고 생각한다. 이러한 조선족 사회의 얼굴이자 생명력을 유지, 지켜나가는 것이 곧 자신의 미룰 수 없는 없는 사명이라고 다짐한다.

조선족 전통한복 사업에 종사한지 30여 년이 흘렀고, 성월민족옷 공장을 설립한지도 20여 년이 경과하였다. 치열한 시장경쟁 속에서 흔들림도 없이 20년을 성실하게 성공적으로 자신의 사업을 발전시키면서 외길을 걸어온다는 것은 결코 쉬운 일이 아니다. 옌볜조선족자치주 설립 60주년 경축공연에서는 최월옥의 한복이 다시 한 번 그 독특한 디자인으로 참가한 사람들에게 깊은 인상을 남겨주었다. 이를 계기로 중앙정부와 지린성 및 자치주에서 민족전통문화에 큰 관심을 갖기 시작했고 이로부터 조선족 전통풍속문화를 계승 발전시킬 수 있는 전기를 맞이하게 되었다. 최월옥은 할머니 때부터 가족 3대에서 후손인 4대까지 대를 이어서 민족 전통복식 제작에 투신하고 있다. 최월옥은 자신의 후손을 포함하여 조선족 전통복식 전문기술인을 대량으로 양성하는 교육사업도 게을리 하지 않고 민족복식문화를 계승하는데 힘을 아끼지 않고 있다.

4. 전국조선기업가 협회 회장 기업인 표성룡

표성룡 회장은 1954년 선양 출생이다. 문혁 후반기인 1972년에 심양조선1중을 졸업하고 판진(盤金)시 중앙툰으로 하향하여 문혁기간동안 농촌사회활동에 참여하였다. 문혁 말기인 1975년에 추천으로 선양범용기계학교에 입학하여 졸업한 후 선양시기중운수기계공장에서 품질검사원으로 근무를 시작하였다. 1982년에는 사직하고 당시 개혁·개방에 따른 사장자유화 열기를 따라서 간장공장, 식당, 사우나를 경영하면서 자영업종의 개인사업을 시작하였다. 1985년부터 본격적인 기업경영에 투신하여 랴오닝신성실업유한회사를 창립하여 오늘에 이르고 있다. 수수한 옷차림에 짙은 평안도억양, 세련된 기업가보다는 순박한 시골사람의 이미지를 풍기는 표 회장은 이미 수억대의 자산을 가진 그룹회장으로 성장했다. 그는 랴오인성

조선족기업가협회 회장을 역임하였으며, 2008년부터 전국조선족기업가협회 회장직을 맡고 있다.

가. 기회포착은 빠르게

최근 중국에서는 잘 나가는 저명강사들의 강연가운데 단연코 인문학 강사인 적홍삼(翟弘森)의 AMP 강연이 인상 깊다. 그는 국내 유명한 CEO들을 대상으로 강연할 때 항상 항전드라마 '검을 겨누다(亮劍)'의 주인공 리운룡 단장(團長)의 고사를 실례로 들면서 강연을 시작한다. 요지는 이렇다. 문맹이나 다름없는 리단장은 싸움에 능한 매우 훌륭한 지휘관이었다. 일본군을 소탕하는 과정에서 용맹하기로 유명한 일본군 이다에다(板田) 연대와 싸울 때다. 그는 호랑이 사령관으로 소문난 펑더화이 부사령관의 명령을 어기면서까지 순간적인 기회를 놓치지 않고 정면공격을 감행하여 이다에다 연대의 지휘부를 괴멸시킨다. 전쟁터에서 유능한 지휘관은 이처럼 순간적인 기회포착에 능하고 결단하면 즉각 행동에 들어간다. 기회포착 능력과 과감한 결단과 행동은 유능한 기업인에게도 필요한 역량이다. 표성룡씨는 지난 1977년 중등기술학교를 졸업하고 국영기업에 배치를 받았다. 당시 체제에 안주하면서 안일한 생활을 택하고 철밥통에 연연했다면 오늘날의 표회장은 없었을 것이다. 1982년 개혁·개방의 빗장이 열린지 3년차에 그는 기회라고 판단하고 대담하게 직장에 사표를 내고 '장사길'에 나섰다.

해바라기씨에서부터 시작하여 해물, 복장, 간장, 신발에 이르기까지 취급 안 해본 장사가 거의 없었다. 그리고 남쪽의 광저우에서부터 북쪽의 헤이룽장성 아무르까지 전국을 누비지 않은 곳이 없을 정도이다. 한 두끼 굶는 일은 다반사였고 장거리 기차여행에 좌석이 없어 바닥에 신문지를 깔고 앉아 밤을 새우기도 일상사였다. 당시만 해도 보따리장사는 '투기꾼'으로 몰아서 단속도 피해야 했다. 그러나 그 당시의 고된 떠돌이 장사 경험은 그의 시야를 넓혀 주었고 이후에 기업을 창업하는데 소중한 밑거름이 되었다. 전국을 누비며 장사를 한 덕에 수중에 자금이 좀 모이자 표회장은 명렴가에다 자그마한 식당을 차렸다. 당시 이 지역에는 음식점이 불과 몇 개뿐이어서 장사는 호황이었다. 3년 후 400여 평에 달하는 대형 식당으로 확장하였고 1991년에는 2,000여 평에 달하는 건물을 지어 노래방과 사우나 사업도 병행하여 경영했다. '먼저 치부하라(先富論)는 중앙의 개혁·개방 정책을 접하면서 가만히 앉아있을 수만은 없었다. 내가 사직한다고 하니 주변 사람들이 좋은 직장을 버린다고 만류하였다'. 하지만 표회장은 창업으로 자신의 인생가치를 실현해보고 싶은 욕망이 매우 강했다. 돌이켜보면서 표회장은 그때의 그 선택에 스스로 자부심을 느끼고 다행스럽게 생각한다.

기회포착 능력과 결단력은 모든 성공한 이들의 공동한 특징이다. 표성룡 회장도 수중에 자금이 별로 없었고 기업경영 경험도 전무하였지만 자금회수가 가장 빠른 장사와 식당, 유흥업소의 경영으로 훗날 기업인으로 성장할 수 있는 자금을 축적할 수 있었다.

나. 멘토인 한국형님의 소중한 충고

1989년 표회장은 친척방문으로 처음 그리던 고국 한국 땅을 밟았다. 당시 '아시아의 4마리 용'으로 우뚝 선 한국의 눈부신 발전상은 그에게 깊은 인상을 남겨주었다. 한국에 체류하던 어느 날, 한국의 친척 형님의 말 한마디가 그의 인생을 바꾸어 놓았다. '우리 한국의 발전과정을 보니 경제가 가파르게 성장하면서 땅값이 천정부지로 뛰어 올랐지. 아우도 돌아가거들랑 힘자라는 데까지 땅을 사서 확보해두게나.' 이 말은 그의 뇌리에 강하게 박혔으며, 중국으로 돌아 온 후에도 항상 이 충고가 머리를 떠나지 않았다. 당시만 해도 중국인들은 땅의 부가가치에 대해 잘 몰랐고 땅이 상품이고 재산이라는 것은 더욱 이해하지 못했다. 당시 중국의 토지제도는 본격적인 개혁이 추진되던 시기였다. 중국의 토지제도 개혁은 물권을 시장화하는 것을 전제로 토지소유권을 개인에게 양도하거나 이전하지는 못하나 토지사용권을 개인이나 기관 조직에 이정기간동안(통상 30년~70년, 재계약 가능) 양도(出讓)하고 이어서 사용권을 상속을 포함하여 제3자에게 양도나 이전할 수 있도록(轉讓)함으로써 소유권이 아닌 토지사용권을 물권화하여 시장화, 상품화가 가능하게 하였다. 수십년간의 사용권을 쉽게 얻어낼 수 있는 세월이었다.

다. 땅을 많이 확보하려면 기업을 많이 세워야 한다.

표회장은 화평촌(현 화신그룹), 명렴가 길거리, 영수태, 우홍신촌 등지에 철근, 레미콘, 섀시, PVC 창문제조 공장과 강재시장, 애완동물시장, 명렴종합시장 등 10여개의 크고 작은 기업들을 세웠는데 이들 사업장이 차지한 부지면적이 총 500여무(약 10만평)에 달했다. 당시는 누가 기업을 세우겠다고 하면 토지는 헐값으로 제공받을 수 있었기 때문에 그는 큰 돈을 들이지 않고 많은 토지를 점유할 수 있었다. 공장부지 이외에 또 개발가치가 있는 토지 500여무를 추가로 확보하였다.

토지를 확보한 그는 공장을 짓기 위해 사채도 서슴없이 가져다 썼다. 그 빚을 갚기 위한 현금확보 과정에서 죽을 고생도 하였지만 토지가 그에게 가져다준 부가가치에 비하면 비교가 되지 않았다. 표 회장은 땅 투자를 통해서 혜택을 톡톡히 보았다. 후에도 둥링지역에서 500무, 티에링에 500무, 법고현에서 400무, 퉁화지역에서 3,000무를 확보하였는데 이로써 그는 명실공히 '대지주'의 지위에 올랐다. 표 회장은 토지를 확보하면서 부를 축적할 수 있는 기회를 가졌고 탄탄한 경제기반을 갖춘 기업인으로 성장할 수 있었다.

90년대 말부터 선양도시 확장계획에 따른 개발이 시작되면서 그의 공장, 시장부지들이 하나하나 개발지역에 포함되었고 그에 따른 보상액도 엄청났다. 90년대 말, 레미콘회사 부지가 처음으로 개발지역에 수용되었고 이후에는 16만 평방미터에 달하는 강재시장도 개발지역에 포함되었다. 표회장은 보상금을 은행에 쌓아 두기보다는 이 자금으로 종합강재시장을 키우는 사업에 투자하였다. 보상금을 받자마자 표 회장은 이 자금으로 훙치부대 군용비행장에 속하는 토지 1,200무를 임대해 3,000여개의 매장을 가진 전국 최대 규모의 강재도매시장을 건설하였다. 현재 입주가 거의 만료된 상태이다. 평소에는 그에게 황금알을 낳아주는 거위구실을 하고 추후 개발지역에 들어가면 거액의 보상금을 기대할 수 있는 프로젝트이다.

지난 1997년에 건립한 2만 평방미터의 명렴종합시장도 2,000여개의 매장에 6,000여명에 달하는 업주들이 입주해 있는데 머지않아 개발지역으로 수용된다. 현재 표 회장이 이끄는 신성그룹 산하에는 대형 강재시장과 종합시장외 둥링, 티에링에 2개의 석재가공회사가 있고 우훙신촌에 부지 4만 평방미터, 건축면적 2만 평방미터에 달하는 과학연구원이 있다. 과학연구원에서는 다년간 물에서 수소를 추출하는 연구와 폐광석에서 휘발유, 디젤유를 추출하는 연구개발 실험이 진행되고 있다. 많은 사람들이 헛된 일이라고 머리를 흔들 지만 표 회장은 엄청난 자금을 투입하며 연구원들의 신형 에너지개 발을 독려하고 있다.

지난 2005년에 북한의 평양 중심구역에다 5,400평방미터에 달하 는 건물을 짓고 식당과 상점을 경영하고 있다. 아직은 적자 신세를 면치 못하고 있지만 장래를 보고 꾸준히 경영해오고 있다. 지난해 에는 추가로 자금 수백만 위안을 투입하여 카페트공장(쇠절단기계 제작)까지 세웠다.

라. 뭉쳐야 산다

'우리 민족은 똘똘 뭉쳐야 삽니다'중국 조선족기업가협회 회장을 맡고 있는 표회장의 열변이다. 랴오닝성조선족기업가협회 회장직도 역임하면서 전국조선족기업가협회 집행회장직도 맡고 있는 표회장 은 기업인으로서 민족사랑에도 지극한 인사이고 이것을 행동으로 보여주었다. 표회장이 선양지역 조선족사회발전에 큰 획을 그은 가 장 큰 일은 지난 2000년 선양조선족1중학을 위해 새로운 학교청사 를 지어준 것이라고 할 수 있다. 신 중국 수립 당시에 세워진 선양 조선1중학 건물은 낡고 시설이 낙후된 데다가 비좁기까지 하여 날 로 발전하는 현대적 교육수요와 요구를 도저히 충족시킬 수 없는 상황이었다. 선양조선1중학 역대 지도부도 학교청사를 신축하여 교 육여건을 개선하기 위해 백방으로 노력했지만 쉽게 풀리지 않았다. 이 사실을 전해들은 표회장은 자신의 확보한 토지에 선양조선1중학의 신청사와 부속건물 그리고 교원사택까지 지어주고 선양조선1 중학의 원 부지와 맞바꾸는 조건으로 이 일을 추진하였다. 당시 확보한 자금이 그리 넉넉하지는 못하였지만 모교를 위해 기여하겠다는 마음으로 그는 여기저기서 건축자금 조달하고 모금하여 해결하였다.

그러나 막상 사업을 추진하다 보니 막히는 일이 많았다. 시공을 시작하면서부터는 거의 매일 새벽마다 공사현장에 나가 독려하며 기한 내에 공사를 마치기 위해 최선을 다했다. 그가 뚝심으로 밀어붙인 보람으로 지난 2000년에 선양조선1중학은 새로운 청사에 입주하게 되었다. 새 청사는 부지면적만 총 9만 평방미터에 달하는데, 종합교육청사를 비롯해 표준적인 400미터 트랙을 갖춘 운동장, 실험실, 체육관, 학생기숙사, 식당, 교원사택, 보일러실, 주차장 및 창고 등 구비한 시설을 갖추었다. 총 건축면적만 거의 4만 평방미터에 달했는데, 이는 원래 교사 건물면적의 3배에 달하는 규모였고, 총 부지면적 역시 원래 면적의 3배로 늘어나서 랴오닝성 중점중고등학교다운 면모를 갖추게 되었다. 정부지원이 전혀 없이 한 개인의 노력과 힘으로 이루어낸 쾌거였다.

지난 2004년 랴오닝성조선족기업가협회 회장으로 선출되면서 표 회장은 조선족사회에 더 큰 관심을 보였다. 랴오닝성조선족경제문화교류협회의 사무실이 없는 것을 알고 그는 200 평방미터에 달하는 건물을 구입하여 사무실로 제공하였고 이듬해 랴오닝성조선족경제문화교류협회가 전 랴오닝성 규모의 '조선족민속절행사' 개최를 계획하자 기업인들을 동원해 모금운동을 벌이는 한편 부족한 자금 20여만 위안을 기꺼이 자신이 부담하였다. 동 조선족민속절행사가 총 4회 개최되는동안 표 회장은 매회 20~30만 위안의 자금을 후원하였고 뿐만 아니라 단둥, 우순 등 도시에서 열리는 조선족행사에 초청되면 즉석에서 1만 위안 씩의 후원금으로 지원하는 등 조선족사회문화 활동 및 행사에 기여하고 있다.

지난 2008년, 그는 하얼빈에서 열린 전국조선족기업가협회 설립대회에서 초대집행회장으로 당선되었다. 그후 표회장은 매년 전국조선족기업가협회 활동자금으로 적게는 20여만 위안, 많게는 40만 위안 씩을 부담하였으며, 많을 때는 50만 위안을 쾌척하기도 하였다. 칭다오, 하얼빈, 옌지, 창춘에서 대형 조선족행사가 개최될 때도 표 회장은 초대되면 거절하지 않을 뿐만 아니라 항상 일정한 성금을 지원하면서 조선족협회장으로서 자신의 소임을 물심양면으로 다하고 있다.

'행사는 단순한 모임이 아니라 우리 민족의 전통과 특색을 살려나가는 중요한 활동이다. 산재한 지역 조선족사회에서 행사를 조직하려면 경제적인 뒤받침이 없이는 불가능하다'며 정부지원이 재정지원이 없는 상황에서 조선족기업인들이 발 벗고 나서서 지원해야 중국의 조선족사회가 더 뭉치고 발전할 수 있다고 표회장은 강조한다.

마. 가치관 인생관

표 회장은 기업인으로서의 가치를 창조하였을 뿐만 아니라 주류사회에서 조선족의 위상수립에도 앞장서고 있다. 교육수준이 그리 높지 않은 그지만 표 회장의 인생가치 실현목표는 담대하다. 기업을 경영하면서 단순히 돈을 벌자는 것만이 아니라 항상 사회와 민족을 위해 뭔가 기여하고 싶어 했던 그였기에 1998년에 성정협위원에 추천되었고 현재까지 4기를 이어오고 있다. 성정협위원으로서 표회장은 매우 역동적으로 활동을 전개하고 있다. 유머러스하고 사교성이 좋아서인지 성정부 고위지도층도 그와 사교를 즐겼고 회의 기간 중에는 저녁이면 많은 위원들이 그의 숙소에 모여 이야기꽃을 피웠으며, 그가 있는 곳에는 항상 웃음이 떠나지 않았다.

그는 다른 조선족정협위원들과 함께 조선족의 두 자녀 갖기와 관련된 제안을 비롯하여, 조선족간부를 일정 쿼터로 발탁하는 제안, 조선족교육경비 증액에 관한 제안 등을 제출하는데 앞장섰다. 그는 정협위원으로서의 직책을 이행하는데 최선을 다했을 뿐만 아니라 조선민족 지원을 포함한 사회공헌활동에도 적극 나섰다. 수 십만 위안을 지원하여 법고현에 성룡희망학교를 신축하는 사업을 후원하였고, 단둥변경부흥활동에 수 만 위안을 기증하기도 하였다. 스촨성 원취앤지진과 위수이지진 발생 때도 각기 10만 위안씩 성금을 쾌척한바 있다.

표 회장도 이미 60대 중반을 향해 가고 있다. 아직은 왕성한 정력으로 그룹을 진두지휘하고 있을 뿐만 아니라 랴오닝성조선족기업가협회를 비롯하여 전국조선족기업가협회를 이끌어가고 있다. 회사가 순조롭게 발전할 때나 첩첩이 어려움에 부딪칠 때도 소심한 모습이라곤 찾아보기 어렵다. 항상 낙관적인 자세로 어려움을 헤쳐나가고 열정적인 자세로 조선족사회의 활동에 앞서고 조선족기업인들을 리드해 나가는 리더의 모습을 보여준다. 표 회장은 조선족 사회와 민족에 대해 강한 사명감을 갖고 특히 민족에 대한 관심과 사랑을 말로 그치는 것이 아니라 실천으로 표현하는 행동가이다.

5. 건설회사 천우그룹 전규상(田奎相) 회장

　전규상 회장은 1953년 11월 도문시에서 출생하였다. 전 회장은 1973년 지린성건축공정학원 졸업하고 개혁·개방 이전부터 건축산업 분야에 종사해온 전문직 출신으로 창업에 성공한 조선족 기업가이다. 전 회장은 중국건축업협회 이사와 지린건축업협회 상무이사를 각각 역임하였고, 옌볜조선족자치주 인민대회 대표와 옌볜주기업가협회 회장을 역임하였으며, 옌볜공상련 부주석에도 올랐다. 중국음악계의 최고상이 '금종상'이라면 중국건축계의 최고상은 '루반상'(鲁班奖)이다. 옌볜건축계에서 유일하게 '루반상'을 획득한 지린천우건설그룹 총재 전규상, 그는 옌볜건축본공사가 국유기업으로부터 천우건설그룹으로 탈바꿈하고 옌볜건축시장을 리드하는 중추적인 기업으로 부상하기까지 다원화된 발전전략의 길을 모색하면서 천우그룹을 전국 '고객만족시공기업'으로 만들어낸 공신이다.

　1973년 약관 20세의 전규상은 지린건축공정학원을 졸업 후 옌볜건축총공사에 배치받았다. 여기서 그는 가설공사 기술원에서 시작하여 팀장, 경리로 승진하면서 이윤창출에 한몫 톡톡히 담당하게 된다. 이렇게 두각을 나타내기 시작하면서부터 그는 회사의 버팀목이 되었고 1993년 40대에 접어들면서 옌볜자치주 당위로부터 옌볜건축총공사 총경리에 임명되었다. 옌볜자치주를 대표하는 대기업의 책임자 자리에 오른 전규상에게는 많은 난제가 쌓여있었다. 설비가 노후한데다 관리까지 무질서하게 혼란상태에 처해있어서 부채만 해도 2,000여만 위안이 쌓여있었고, 종업원 수는 4,500여명, 명퇴(下崗)직원 1,000여명의 재취업 수요, 의료보험, 임금 등 문제도 모두 전 총경리의 책임이었다. 그중에서도 가장 두통거리는 혼란한 기업

관리 문화와 헤이해진 기업조직의 규범이었다. 이런 형편에서 기업이 살아남을 수 있는 유일한 출로는 개혁이었다. 개혁과 구조조정으로 기업이미지를 쇄신하고 자체 역량을 키워서 시장경쟁에서 자신의 위치를 확보하여야 했다. 무질서한 기업 조직분위기를 바로잡기 위해 전 대표는 종업원들의 의견을 널리 청취한 토대 위에서 대담하게 구조조정을 실시하였다. 원래의 17명이던 기업 지도부 구성원가운데서 교육수준이 높고 경영에서 실적이 우수한 8명의 역량이 검증된 간부만 등용하였다. 회사에 해를 끼친 125명의 직원들도 대폭 정리하여 56명으로 줄이는 한편, 중요한 부서는 공개 초빙하고 간부책임제에 따른 성과급제를 실시하는 등 경영제도, 분배제도, 인사제도의 개혁을 일사분란하게 실시하였다.

충격적인 개혁이 진행되자 불만을 품은 일부 종업원들은 직접 찾아와 거칠게 항의와 협박하기도 했고 심지어는 관련 부문에 그를 고발하기까지 했다. 하지만 회사와 종업원들을 자기 사람이자 자기 식구로 생각하는 전규상의 됨됨이와 기업경영 원칙은 대부분 종업원들을 깊이 감동시켰으며 종업들의 열렬한 지지와 호응을 얻었다. 개혁이후 전규상이 책임을 맡은 옌볜건축총공사의 전반적 부문별 운영 시스템은 점차 틀이 잡히기 시작했고 경제적 성과도 뒤따르기 시작했다. 어려움에 처해 허덕이던 기업은 불과 수년만에 적자 국면을 타개하고 선순환의 궤도에 올라섰다.

1999년 전규상은 옌볜조선족자치주의 수많은 기업가운데서 솔선해서 옌볜건축총공사를 주식회사로의 전환하는 제도개혁을 실시하여 지방정부 국유기업에서 민영기업인 지린천우그룹으로 탈바꿈시켰다. 2005년에 제2단계 개혁을 거치면서 완전히 현대적인 민영기업의 발전궤도에 들어서면서 고속성장을 실현하였고, 이 과정에서 투자주체가 다원화된 기업그룹 즉, 지린천우건설그룹주식유한공사를 설립했다.

국유기업 개조와 주식회사제도로의 개혁을 거치면서 단종의 시공업체에서 건축업, 부동산, 국제무역, 상업을 망라하는 종합그룹으로 성장한 천우그룹은 산하에 17개 자회사를 두고 있는 연간 생산 총액을 6억 위안에 이르는 명실공히 집단기업으로 부상하였다.

전규상 회장은 천우그룹을 이끌고 본격적인 국제시장 진출을 시도하고 있다. 해외건축시공에만 집중적으로 진출하던 해외건설업무를 국제무역, 광산개발, 노무송출 등 다양한 영역으로 넓혀나가면서 1억 달러를 초과하는 해외매출을 올리고 있다. 특히 북한에서 개발한 철광은 천우그룹의 해외 중요업무중의 하나이다. 최근 북한투자 사업이 지지부진하긴 하지만 신뢰와 신념을 바탕으로 흔들림 없이 사업을 추진할 계획이다. '북한의 광물자원개발 프로젝트를 사업추진계획에 포함시켰고, 건설시장은 주로 러시아, 북한, 일본, 한국 등 지역의 시장에 주목하고 있다. 천우그룹을 백년기업으로 키워서 궁극적으로는 글로벌 컹글로머레이트로 성장 발전시키는 것이 꿈'이라고 전 회장은 강조한다. 이를 위하여 확고한 경영이념 수립과 인적 구조조정 및 개혁 그리고 지속적인 가치관 확립으로 내실을 다지면서 다각화 경영전략을 바탕으로 백년기업 목표를 간단없이 추진하고 있다.

'천우가 시공한 건물은 품질이 가장 뛰어나다' 는 말은 전 회장이 천우의 CEO 자리에 오르면서 가장 듣고 싶던 말이다. 천우의 본사 건물 1층 대형 홀에 걸려있는 '전국 고객을 만족시키는 시공기업'이라는 영예의 월계관이 바로 '천우가 시공한 건물은 믿을 수 있다'는 말을 웅변적으로 대변해주고 있다. 천우가 건설한 건물가운데 옌볜국제호텔은 천우그룹이 시공 건설한 건축물들의 완결성을 가장 잘 보여주고 있다. 2008년 글로벌금융위기로 수년간 부동산업계가 모진 불황을 겪으면서 경기가 바닥을 헤매고 있을 때도 천우그룹만은 믿음과 신용으로 호황을 누렸다. 어떤 해는 옌볜자치주 건설시공면적의 4분의 1을 완수하는 실적을 올리기도 하였다. '천우가 시공하면 건축물의 부가가치가 올라간다'는 것이 부동산업계의 일관된 평가이다. 천우가 건설한 옌볜국제호텔을 비롯하여 옌볜대우호텔, 나진국제클럽, 옌볜국제컨벤션센터, 옌볜대학 종합강의동, 옌볜우체국 청사, 옌볜통신빌딩, 장백산관광지구 건물, 8131부대 청사 그리고 이밖에도 옌지 시의 대표적인 아파트단지인 천우생태가든 등은 건축업계에서 자타가 공인하는 우수한 건축물들이다.

개혁과 혁신을 기반으로 도전적인 발전전략을 추진하면서 기업내부적으로는 자원 활용의 효율을 극대화하면서 기업조직 관리의 고삐를 단단히 틀어잡은 전규상 회장은 2004년에 총 건설비용이 3.5억 위안에 달하고 건축면적이 15만평방미터에 달하는 대규모 천우생태가원을 연길 강기슭에 개발하였다. 2008년까지 1,600세대가 입주하면서 연길시의 새로운 거주문화를 창조하면서 옌볜건축업을 선도하는 거두로 자리매김했다.

천우생태가원에 가면 가끔은 수수한 옷차림으로 아침시장에 가서 두부 한모, 파 몇뿌리 사들고 오는 전규상 회장을 만날 수 있다. 대기업 그룹의 회장이라기보다는 마치 자취를 하는 옌볜 여느 시골마을의 중년아저씨처럼 마음이 편안하게 다가오는 전규상 회장의 평소 모습은 누가 봐도 평범 그 자체이다.

"나는 출근하면 사무실 문을 활짝 열어놓습니다. 한 식구 같은 젊은 직원들이 허물없이 드나들 수 있게 말입니다. 젊은이들에게는 좋은 아이디어가 많습니다. 늘 그들과 호흡을 함께 할 수 있어 마음이 편합니다." 전규상 회장의 설명이다. 전규상 회장은 회사에 공헌한 직원들에 대해서는 과감하게 포상을 해주고 있다. 그리고 우수한 엔지니어와 관리직원들에게는 해마다 집 몇채씩 공로상 및 보너스로 포상한다. 뿐만 아니라 해외연수 및 시찰 프로그램을 운영하여 선진 건축문화의 탐구와 학습기회를 마련해주기도 한다. 그래서 천우그룹의 종업원들은 긍지와 자부심을 안고 주인 의식을 가지고 열심히 뛰고 있다고 한다.

2009년 전규상 회장은 지린성노동모범이라는 영예의 칭호를 수여하였으며, 뒤를 이어 '전국우수기업가' 라는 영광스러운 칭호를 수여받았으며, 지난 10여년간 지린성우수기업가 칭호를 비롯하여 수많은 수상경력을 갖고 있다. 아울러 옌볜기업가협회 회장 등 수많은 사회직함도 겸직하고 있다. 뿐만 아니라, 전규상 회장은 조선족기업인으로서 민족의 교육과 민족의 인재양성에 기여하는 것은 미룰 수 없는 의무라고 생각하고 생활이 어려운 학생들을 돕기 위한 '천우장학기금'을 설립하였고, 옌볜 조선족의 지도층으로서 민족문화에 도움이 되는 일들을 추진하는 등 사회적 책임도 다하고 있다.

지린천우는 국가 1급 건축시공기업으로 납입자본금 5,000만 위안에 총자산 2.5억 위안의 규모로 산하에 7개 지사와 2개의 자본참여기업을 포함하여 8개의 자회사를 거느린 지주회사로 비상장 주식회사인 기업그룹으로 성장하였다. 국무원 주도로 국가가 평가하는 중국 500대 1급 건설기업중 하나이며, 국가건설협회가 평가한 100대 골간건설기업의 하나이다. 종업원 수는 3,347명이고 이 가운데 전문엔지니어가 585명이고, 고급중견 간부직이 205명이다. 사업 분야는 건축물 건설 및 시공, 대형 전기 기중기설비 및 시설 설치, 철구조물 시공, 도로 및 교량 시공, 대형 토목공사 시공, 오피스빌딩 건설 및 시공, 부동산 개발, 실내외장식, 무역, 국제경제기술협력 사업 등을 추진하는 종합건설기업으로, 국제품질인증 ISO9001:2000과 환경관리 및 노무자안전관리인증인 ISO14001도 취득하였다.

6. 다롄시 조선족기업가협회 초대 회장 정만흥 총경리

1956년 출생인 정만흥 총경리는 젊은 시절 열렬한 사회주의 지지자였다. 문혁 후반기이던 1973년 1월부터 1978년 8월까지 하향(下放)지식청년, 공청단서기, 생산대장, 농전건설병단 부단장(農田建设兵团副团长) 등을 역임하면서 적극적으로 문혁에 참여한 세대이다. 그 후 개혁·개방이 시작되자 지린농업대학에서 수학하였고, 졸업 후 옌볜인민출판사에 들어가 편집실 주임(1982. 8.~1988. 8.)까지 올랐다. 중국 공산당원인 정총경리는 동북3성 성위당교 정당건설학원 연구생을 거쳐(1988. 9.~1991. 6.) 다롄개발구관리위원회 외자유치국 처장으로 영전하였고(1991. 7.~1995. 5.), 그 후 국유기업 개혁(소위 政企分離)이 시작되어 공무원 신분에서 사업가 신분으로 전환을 자원하는(下海熱) 붐이 일어나던 시절에 세상의 변화를 감지하고 과감하게 업계로 진출하여 오늘의 성공신화를 일구었다. 이러한 업적으로 다롄시조선족기업가협회 초대 회장을 역임하기도 하였다.

중국 최초로 수지가공유와 왁스원료를 수입 판매하는 이 분야 중국 최대 민영기업의 하나인 다롄정흥석화유한공사(大连正兴石化有限公司) 정만흥 총경리는 조선족으로 '김일성회고록' 중문본을 번역한 작가이자 박사학위까지 취득한 학자 출신이다. 단독 저서만 8권이나 펴낸 학자가 어떻게 세계 23개 국가와 무역을 하고 연 무역액 2억 위안이상의 실적을 올리는 기업가로 변신하였을까?

기업가로 변신하기 전에 정 사장은 출판사업에 종사한 문화인이었고, 그 후 당 선전부와 조직부에서도 활동한 경력을 가진 정치인이며 또한 박사학위를 취득한 학자이기도 하다. 정 사장의 부친은 지방의 정치간부로 문혁기간인 1969년 하향하여 훈춘현 영안공사 병원에서 원장으로 근무했다. 정 총경리는 5형제 중 둘째로 태어났으며, 형제들은 현재 모두 학자이다. 어려서부터 책읽기를 좋아해서 중학교를 졸업하고 농촌에 하향한 후 당시 읽을 수 있도록 허용된 책들인 수호전, 삼국지, 전쟁과 평화 등 서적들을 닥치는 대로 읽었다. 1977년 대학시험제도가 회복되자 첫해(77학번) 시험을 쳤으나 4년제 대학 입학에 실패하고 다시 시험을 쳐서 1978년 지린 농업대학에 진학했다. 1982년 졸업 후에는 옌볜인민출판사에 배치받아 편집실주임을 거쳐 동북3성 성위당교(省委黨校)에서 대학원공부를 하면서 옌볜자치주 선전부와 조직부에서도 1년씩 파견근무를 했다.

개혁·개방이 시작되고 10년쯤 지난 어느 날 문득 삶의 환경을 바꿔보고 싶은 충동을 느꼈다. 그리고 3차에 걸쳐 총 102일간 개방 현장이 어떻게 변화하고 있는지 둘러보면서 자신의 새로운 인생행로를 찾기 위하여 무작정 남하(南下)를 단행했다. 하이난, 선전, 광저우, 상하이, 닝보, 칭다오, 다롄 등 지역을 돌면서 자신을 필요로 하는 기업을 찾아가 자신을 홍보하고 또 현장을 체험했다. 가는 곳마다 그의 도전정신을 자극하는 기회들이 있었고 그를 인정하고 환영했다. 최종적으로 닝보와 다롄을 놓고 고민하다가 고향과 가까운 다롄에 정착하기로 결정했다. 그리고 그에게 관심을 보인 다롄시개발구 외자유치국에 찾아갔다. 면접에서 책임자는 그에게 일주일내로 '한국경제의 어제와 오늘, 미래'에 관한 소견을 적어서 제출하라는 프로젝트를 제시했고, 컴퓨터도 없던 시절이라 밤새껏 1만여자의 자료를 원고지에 작성하여 이튿날 아침에 제출하였고 결국 합격했다. 이렇게 다롄에 자리를 잡고 1991년 7월부터 출근했는데 당시 그는 다롄개발구의 첫 연구원으로 그의 임무는 일본과 한국을 상대로 외자유치사업을 하면서 다롄개발구의 외자유치사업을 위해 대량의 기초자료를 만드는 것이었다.

외자유치사업과 관련한 자료작성 업무를 하고 있는데 중앙정부로부터 공무원들의 '하해(下海; 정부와 기업을 분리하는 政企分離31) 정책에 따라서 기업분야에서 일할 공무원들을 재배치하는 정책)를 독려하는 정책이 공포되었다. 그리고'샤하이(下海) '해서 실패하더라도 1년 이내에는 복직이 가능하다는 조건이 붙었다. 처음엔 주저했지만 생각해보니 계획경제 체제 하에 있던 중국의 체제적 특성 상 '국가재정 밥을 먹는 사람(공무원)'이 너무 많았다. 여기에

---

31) 지금은 일상적인 일이 되어서 전혀 이상하지 않지만 당시는 정치와 기업이 일체화된 계획경제 체제라서 기업(당시는 국영기업)에 근무하다가 정부부처로 이동하고 정부부처에서 국영기업으로 이동하는 것도 자연스러운 시절이었다. 이러한 체제에 개혁이 이루어지면서 정부활동과 기업활동을 분리하여 양 부문간 인력이동을 단절시키는 체제전환기의 이야기이다.

생각이 미치자 정 사장은 공무원과 기업인의 신분을 분리하는 개혁 과정에서 기업인의 신분으로 전환을 선택하는 '샤하이'를 결심했다. 이 당시 다롄개발구에서만 50여 명이 '샤하이'를 신청하였으나 1년 후 성공한 사람은 정 사장을 포함해 단 3명뿐이었다.

현재 '다롄정흥' 제품은 중국 타이어산업에 필수적인 원료 제품이 되었다. '다롄정흥'은 중국 고무타이어 산업, 와이어로프표면수지 업종(钢丝绳表面脂行业), 도로콜타르 업종(重交沥青行业)에 원료를 안정으로 공급하면서 사용업체들의 정상적인 생산을 보장해야 하는 중요한 책임을 맡고 있다. 이런 위치에 오르기까지 수많은 고난을 극복하면서 이겨냈다. 그가 취급한 품목은 방직품 위주에사 시작하여 점차 석유화공제품으로 이전하면서 4단계의 발전단계를 거쳤다.

첫 단계는 북한과 한국을 상대로 기전(機電), 방직, 화공 등 무역업을 했다. 독립적으로 사업을 시작하다 보니 자신의 소신대로 할 수 있었고 활동범위도 넓어져서 자신의 성격과도 맞았고, 사업은 일사천리로 추진되었다.

두번째 단계에는 방직품 위주로 취급했는데 당시 정 사장이 생산하는 면직 물수건이 한국 물수건 시장의 80%를 석권했다. 북한에는 생산공장 7개를 임대하여 임가공생산을 추진하였다. 이 시기 북한에서 '김일성회고록' 중문출판권을 획득하였다. 김일성 주석이 아직 생존해있던 때였다.

세번째 단계는 1997년 한국의 금융위기 때 시작되었다. 한국에서 페인트 제품을 수입하여 중국에 공급하기로 하고 중국총대리점를 맡았다. 그런데 제품 재고가 자꾸만 늘어나서 확인해 보니 한국

측에서 정 사장에게 중국총대리를 맡긴다고 해놓고는 남부지방의 중국내 다른 사업자에게도 제품을 공급했던 것이다. 정 총경리가 "제비표"의 전국적 광고홍보 비용을 투자한 상황이었는데 이득은 엉뚱한 사람들이 보고 있었던 것이다. 한국 측에서는 약속을 깨고 정 사장에게는 '동북지역만 담당하라'고 압박했다. 북으로는 치치하얼, 남으로는 정저우까지 수십개의 체인점을 설립했는데 남부의 각지에 있던 소형 대리상들로부터 제품을 회수하는 데만 1년이 걸렸다고 회고한다.

2003년에 이르러 정 사장은 안정적이고 지속적인 발전전략을 연구하였고 그 결과 유류제품(油類制品) 취급하는 것으로 결정했다. '정흥'의 네 번째 단계가 시작된 것이다. 당시 국내에는 왁스(石蠟)에 대해 전문가가 몇 안 되었기에 사업을 시작하자 일약 왁스수입의 제일인자로 부상하였다. 세계적으로 연간 왁스유통량은 400만 톤 정도인데 중국의 수요량은 그 1/3 수준인 140만 톤이었다. 수입과 수출을 동시에 하는데 고급과 저급 제품을 수입하고 중국이 경쟁력이 있는 중급 제품을 수출하였다.

현재 회사는 수지가공유(橡胶加工油)와 왁스의 수입을 위주로 하고 겸하여 고무와 기타 석유화학제품의 무역을 추진하고 있다. '정흥'은 국내에서 최초로 고무가공유와 왁스를 수입한 회사이며 또 현재까지도 수지가공유와 왁스원료를 제일 많이 취급하는 기업이다. 단일품목으로 수지가공유 연간 취급량만 4만 톤 이상이다. '정흥'의 제품은 이미 중국타이어 업종에서는 필수적인 제품으로 확고히 자리를 잡았다. 이런 성과로 2007년 중국수지공업협회는 '정흥'을 정식회원기업로 받아들였다. '정흥'은 현재 중국석유(中國石油),

중국석화(中國石化), 중국해양석유(中國海洋石油), 중국중화집단(中國中化集團), 요하유전(遼河油田), 남양유전(南陽油田) 등 국내 굴지의 기업들과 거래를 하고 있으며, 세계 23개 국가와 연간 무역액이 2억 위안을 넘어섰다. 이외 국내의 광저우, 닝샤, 닝버, 장자강, 톈진, 잉커우 등 6개 연해지구에 창고시설 기지를 마련했고 톈진 대항, 산둥 량산, 허베이 신집, 랴오닝 반금 등 지역에 합작가공기지를 구축하고 있다.

정 사장의 성공 핵심요인은 '신용'이다. 신용은 기업, 특히 무역업자에게는 곧 생명이다. 중국에 '人正卽立, 品正卽興'이란 말이 있다. 즉 '인간이 바르면 성공하고 품성이 바르면 흥성한다'는 뜻이다. "기업이 3년 내에 문을 닫지 않으면 창업주가 똑똑하다고 할 수 있고, 10년 내에 문을 닫지 않으면 신용이 있다(三年不倒, 老板不傻, 十年不倒, 可有信譽)" 이는 정 사장의 말이다. 신용이 없는 기업은 절대 오래 유지되지 못한다는 자신의 신념을 표현한 것이다. 10년 이상 꾸준히 발전하는 기업들을 살펴보면 신용불량자가 거의 없다. '기업의 신용'은 기업주 한사람만의 신용을 의미하지는 않는다. 기업경영에 참여하는 모든 직원들, 심지어는 청소부까지도 철저하게 신용을 지키는 사람이 되어야 한다는 것이 정 사장의 신조이다. 정 사장의 이러한 믿음직한 역량을 높이 산 다롄시조선족기업가협회 회원들이 그를 초대회장으로 추대하였다.

초대 회장으로 정 사장은 다롄시조선족기업가협회를 다롄지역에서 활동하는 조선족기업인들이 서로 정보를 교류하면서 상호 발전을 도모하는 사랑방으로 만들어야 한다고 생각한다. 협회는 회원들에게 지속적으로 경제정보를 제공하는 활동을 물론이고, 은행과의 관계, 정부와의 관계, 주변 이해관계자들과의 관계, 외국과의 관계 등에서 조선족기업들이 필요로 하는 정보와 서비스 및 필요한 네트워크를 제공하고, 할 수 있는 모든 편리와 이익을 공유하도록 한다는 구상이다. 이는 협회가 존재하는 가장 중요한 이유이다. 이밖에도 협회는 조선족사회에 대한 미룰 수 없는 의무도 가지고 있다. 문화사업, 교육사업, 경로사업 등 다양한 다롄조선족 관련한 사회적 책임 활동들에 대해서도 협회 회원인 조선족기업인들이 중요한 역할을 해야 한다는 생각이다.

우선 최대회장으로서 정 사장은 먼저 협회사무실을 장만하고, 전담직원을 채용하여 회원들을 위한 서비스를 시작했다. 그리고 다롄민생은행과 1억 위안까지의 대출신용계약을 맺고, 향후 회원사들이 용이하게 은행대출을 받을 수 있는 기반을 마련하였다. 또 회원들의 대외교류에 도움을 주기 위하여 출국관련 지원 서비스를 제공하고 있다. 이밖에 기업가양성 프로그램을 개설하여 사업 아이디어가 있으나 경험과 자금이 없어서 창업을 하지 못하는 젊은이들에게 창업에 필요한 요소들을 지원해주는 등 협회로서 초기 활동기반을 구축하는데 최선을 다했다.

7. 다롄물류업계의 신성 엄광철 이사장

엄광철 이사장은 1975년 5월 지린성 훈춘시 출생이다. 중국에서 물류(物流) 개념이 자리 잡기 시작한 것은 20여년에 불과하다. 그래서인지 물류회사 하면 운송회사 정도로 이해하기 십상이다. 물류란 물품의 시간적 가치와 공간적 가치를 창출하는 제반 활동을 의미한다. 즉 생산자로부터 소비자까지의 물(物)적 흐름을 가리킨다.

구체적으로는 생산된 상품을 수송, 하역, 보관, 포장하는 전 과정과 유통가공이나 수송 기초시설 등 물자유통과정을 모두 포함한다. 요즘은 통신기초시설과 정보망 등 정보유통개념도 모두 물류에 포함시키고 있다. 최근 경제학자들은 글로벌 경제활동중심이 동북아로 이동하는 추세가 나타나고 있는데 주목하면서 중국 동북지역이 장차 세계적인 물류기지로 부상할 것이라고 전망하고 있다.

다롄선성(鮮星)국제물류유한회사 엄광철(嚴光鐵, 38) 이사장은 10여 년 전에 벌써 이 가능성을 알아 본 사람들 중의 한사람이다. 고향이 옌볜시 훈춘인 엄광철 이사장은 노련한 언변과 서글서글한 성격으로 친화력이 매우 높은 사람이다. 1995년 옌볜대학을 졸업하고 다롄의 모 한국물류회사에 취직했던 그는 1997년 IMF 사태로 회사가 부도나자 그동안 축적한 고객네트워크와 노하우를 바탕으로 1999년 무역회사를 설립하고 본격적인 개인 사업에 돌입했다. 당시 직원이 두 명뿐이었지만 현재 다롄선성물류는 190여 명의 직원과 3개의 자회사, 6개의 지사, 2개의 연락사무소를 둔 견실한 기업으로 성장했다. 다롄시TV 방송국에서 다롄지역 물류업체를 순방하는 업계방문 시리즈물을 방영할 때 선성물류가 첫 방문보도 대상으로 선정되었을 정도로 다롄지역 물류업계에서 선성물류가 차지하는 비중은 압도적이다.

사업 범위도 처음에는 간단한 무역과 운송에서 시작하여 현재는 해상, 항공, 철로를 통한 수송, 하역, 보관, 포장, 통관 등 물류업종의 모든 분야를 커버하고 있으며 글로벌로지스틱스 회사까지 운영하고 있다. 현재 연간 물류 운송 취급량은 4만 5천TEU에 달했다. 그리고 5년 내 5배의 성장을 목표로 하고 있다.

이미 국가 1급 국제화물운송대리기업으로 발돋움한 신성물류는 2009년에 ISO9001: 2008 품질관리체계인증을 취득했고 국가교통부와 다롄시정신문명판공실에서 공동으로 발급한 신용등급 3A급 기업에 올랐다. 이밖에 굴삭기, 크레인, 지게차 등 건설중장비 임대업과 옌볜 소를 브랜드 화하는 사업인 천일(天一)목장 경영도 함께 하고 있다.

사회공익사업에도 적극적인 엄광철 이사장은 다롄시조선족기업 가협회 상무부회장, 월드옥타 다롄지회장 등 직을 맡고 다롄조선족 사회의 융합과 발전에도 앞장서 나가고 있다.

가. 될성부른 나무는 떡잎부터 다르다

엄광철 이사장을 만나려면 최소한 하루 전에 예약을 해야 한다. 당일 연락해서 만나자는 것은 그만큼 계획성이 없는 만남이라고 생각하기 때문이다. 학생시절 매년 반장을 도맡아 하면서 학업시작 종이 울림과 동시에 차렷을 외쳐야 했던 습관이 철저한 준비성과 시간관념으로 자리 잡았기 때문이라고 회고한다. 대학시절부터 그는 남다른 경영재능을 보여주기 시작했다. 해마다 9월 입학시즌이면 컴퓨터 판매에 나섰고 연말인 12월이면 달력판매에 돌입했다. 아직 대학생 시절인 1994년에 그는 겁 없이 컴퓨터학원을 설립하여 경영하기도 했다. 방학이면 옌지와 다롄에서 구입한 우표들을 고향인 훈춘에 가서 팔곤 했다. 한 장당 이윤이 0.08원씩 떨어지는 학보지 판매에서도 남들이 하루에 10여장을 팔 때 그는 100여장을 팔고도 시간적 여유가 있어서 남의 것을 팔아주곤 했다. 그의 이런 영업능력과 담력 및 경험은 훗날의 그의 기업경영에서 소중한 밑거름이 되었다.

나. 서비스정신의 경영이념, 인문주의 기업문화

엄 이사장이 물류사업에 발을 내디딜 때만하여도 물류산업의 역사가 상대적으로 오랜 구미지역 기업들은 이미 그 시스템이 완벽했던 반면 동양에서는 일본이 선진적이고 한국이 막 규범화 단계에 진입한 외에 중국은 이제 시작단계였다고 할 수 있다. 물류는 그 자체가 생산자와 판매자(혹은 소비자) 사이를 네트워크로 이어주는 일종의 교량역할을 하는 서비스 업종이다. 선성물류는 제품의 출고에서부터 보관, 운송, 배송에 이르기까지 물품이 제조된 이후의 모든 유통과정을 대행해주는 새로운 서비스형 물류업체이다.

다롄에는 이미 일본과 한국 등 외국물류업체를 포함해 2,800여 개의 물류업체가 각축을 벌리고 있는 상황이었다. 선성물류는 이러한 지역성 및 시장 특성에 맞추어 '고객을 중심으로 하고, 신용을 원칙으로 하며, 서비스를 기초로 하고, 완벽함을 목표로 한다'는 슬로건을 내걸고 고객 위주의 경영전략을 펼쳐가고 있다.

선성물류의 성공비결에 대해 엄 이사장은 '신용을 철저히 지키고 고객의 이익을 최우선에 하고 고객의 위험부담을 극소화하는 것'이라고 했다. 그 실례로 2005년 겨울, LG전자의 물품운송차량이 전복되었을 때 신성물류관계자들은 가장 빠른 시간에 보험회사와 같이 현장에 도착하여 상황을 파악하고 대책을 강구했으며 불과 2주 내에 파손된 물품가치의 1.12배에 달하는 보상을 해주었다.

지난 2009년 글로벌 금융위기로 모든 업체들이 자금난에 시달릴 때에도 선성물류는 고객사들에 대한 최상의 서비스를 유지하여 양호한 기업 이미지를 구축하였다. 현재 선성은 LG, TSX, 포스코, 長春一汽 등 대기업을 포함 400여개 기업에 국제복합물류서비스를 제공하고 있으며, 고객의 신뢰도 매우 높다. 고객에 대한 최상서비스는 그에 걸 맞는 최상의 인력을 필요로 한다. 선성물류는 이러한 면에서 다른 조선족기업들에서는 보기 드문 특색을 가지고 있다. 중국 내에 물류인재가 극히 부족한 상황에서 선성물류는 인문학적인 기업문화를 형성하면서 대량의 물류인재를 자체적으로 육성하고 있다.

선성은 경영전략 포럼을 8회째 진행해오고 있다. 사내 중견 임원들이 모여 회사의 현황과 발전전략에 대해 토론도 하고 일부 유력 인사와 학자들을 초청해 특강을 열기도 한다. 또 국경절 같은 명절에는 해외관광을 조직하여 회사원들에게 휴식과 충전의 시간을 주고 연말 망년회 때에는 문화공연 등 쇼 프로그램을 만들어 직원들이 개인의 장기를 마음껏 자랑할 수 있는 기회를 제공하기도 한다. 이밖에 회사원들을 동원해 사회적 약자 층을 위한 모금활동을 조직하기도 한다. 지난 2009년 글로벌 금융위기로 대부분 업체들이 감원을 서두를 때도 선성회사는 경영난을 이유로 감원한 사례가 단한명도 없었다. 이러한 인본주의 경영방침은 회사원들에게 주인의식을 고취시켜 고객에 대한 서비스 질이 갈수록 개선되는 효과로 나타나고 있다.

다. 고향사랑이 낳은 "천일목장"

엄광철 회장은 고향사랑이 남다르다. 다롄에서 사업을 하면서도 늘 자신을 키워준 고향과 고향사람들에게 보답할 방법을 고민해왔다. 우연한 기회에 훈춘에 있는 목장을 인수하게 된 그는 '천일목장(天一牧場)'이라는 대형목장에 소 600마리를 키우고 있다. '옌볜의 소는 우리 전통한우이다. 과거 조선을 떠나 옌볜으로 온 우리

선조들이 반도에서 소를 몰고 온 것이다.' 그가 옌볜 소의 품종을 지키는 사업을 시작한 이유이다. 중국에는 여러 종의 소가 있다. 양자강 이남에 있는 검은 색의 물소와 서장고원에 있는 털이 긴 모우 그리고 한우와 같은 누런색의 황우 등 3가지이다. 중국에서 가장 많이 사육되고 있는 소가 누런색의 황우인데 5대 황우가 유명하다. 산시(陝西)성 진천소, 산시(山西)성 진남소, 허난(河南)성 남양소, 산둥(山东)성 루시소, 그리고 옌볜지역의 옌볜 황소이다. 이 가운데서도 특히 전통한우의 유전자를 그대로 보존한 옌볜 황소가 육질이 좋고 소비자의 호평을 받는다는 것이 엄회장의 설명이다. 그는 '일본 와규는 기름기가 많아서 200g만 먹으면 질리지만 옌볜 황소는 300~400g을 먹어도 질리지 않는다'며 '세계 최고수준의 한국 육가공기술에 옌볜 황소를 접목하면 소득향상으로 돼지고기에서 소고기로 육류소비가 고급화되고 있는 중국인의 입맛을 잡을 수 있을 것'이라고 확신한다.

현재 목장에는 900마리의 돼지도 같이 사육하고 있는데 소와 돼지 모두에 대하여 환경친화적 사육법을 적용하고 있다. 엄 회장은 천일목장을 중국내 최대 관광목장으로 건설하고 옌볜황소를 중국에서 최고의 소고기 브랜드로 키운다는 꿈을 가지고 있다. 이를 위하여 전문 인력을 조직하여 관리에서 사육, 예방까지 최고의 과학적이고 친환경적인 방법으로 사육하고 위생적으로 육가공하고 유통하는 방안을 모색하기 위한 연구를 추진 중이다.

라. 글로벌화는 사회경제발전의 추세

종합물류업을 하는 엄광철 회장은 누구보다도 글로벌화의 필요성을 절감하고 있다. 그는 '우물 안 개구리 식으로 집안에만 앉아 있을 것이 아니라 과감하게 나가야 한다'. '더 많은 조선족이 고향을 떠나 외국이나 외지로 진출해야 한다'. 엄 회장이 역설한 말이다. 엄광철 회장은 2010년 월드옥타 다롄지회장으로 취임했다. 현재 다롄지회에는 정회원 50명, 준회원 30명, 차세대 회원 40명이 있다. 취임이후 그는 회원들을 이끌고 미국, 일본, 한국 등 국가들을 넘나들면서 해외 경제인들과의 네트워크 구축 및 정보교류활동을 20여 차례나 조직하였다. 앞으로 회원사의 발전을 우선으로 영국, 미국, 한국, 일본 등 국가와의 교류 사업을 더욱 확대하고 활성화할 방침이다. 차세대 기업인들의 교육과 발전에 각별한 관심을 쏟고 있는데 현재의 차세대 회원을 40명에서 50명으로 증원할 계획이며, 이를 위하여 세계적인 저명인사들을 초청하여 창업과 사업에 도움이 되는 강좌도 조직할 예정이다. '중국내 각 지역에 조직되어 있는 월드옥타 지회들이 차세대 조선족 기업인 육성을 위한 교육사업을 강화하여 조선족 사회에 필요한 기업인 인재들을 하루속히 육성해야 한다'는 것이 그의 지론이다. 15년 전 회사를 설립할 때 그는 이미 조선족의 별이 되겠다는 야망을 품고 회사명을 조선족의 선(鮮) 자와 별 성(星) 자를 따서 선성(鮮星)국제물류라 회사명을 지었다. 급변하는 기술혁명 시대에 뒤를 이을 역량 있는 조선족 기업가들을 육성하는 것이 무엇보다도 중요하다는 것이 엄 회장의 고민이다.

제4절 지역별 조선족기업가 창업 사례 정리

이상 살펴본 지역별 조선족 기업가들의 창업 사례를 정리하면 <표 4-24>와 같다. 전국적인 조선족 기업가들의 창업성공 사례를 살펴본 결과 한국(인 또는 기업)과의 직접적인 연계관계가 명확히 드러나지는 않는다. 다만 1992년 한·중수교이후 한국기업들이 집중 진출한 지역에서 일부 한국과의 연계가 나타날 가능성이 있음을 확인시켜주는 정도이다. 업종에서도 매우 다양하긴 하지만 대부분 아직은 자영업이나 개인사업 규모를 벗어나지 못하고 있다. 제한적이나마 한국 관련 네트워크을 구축하고 있을 것으로 예상되는 사례는 총 5건이 확인되었다. 하지만 이 경우에도 아이디어나 멘토링 정도의 연관이 나타고 있는 정도에 머물고 있다. 한국인(또는 기업)과의 네트워크가 사업성공이나 확장에 결정적인 영향을 미쳤거나 안정적이고 지속적인 협력관계를 유지하고 있는 협력이나 지원 사례를 확인하지는 못했다.

<표 4-24> 사례 조선족기업의 창업 관련 특징 정리

| 성명 | 이주/창업 | | 업종 | 네트 워크 | 한국 관련 네트워크 특성 | | | |
	지역	시기			아이디어	업종 지원	합작	환경
장덕문	베이징	1988	한식당	가족	0			한류
남룡	베이징	2000	의료 기기	한족*	0			
남룡해	칭다오	1994	부동산	선족				
이봉산	칭다오	2000	전자+	한인사회*		0		
김춘호	상하이	1999	김치제조	마트MD	0			
이향화	상하이	2002	무역	선족/CB	0	(선/		

					MC		미)	
	이성일	광저우	1986	카펫	한족		(일)	
	이철호	선전	1988	의료기기	일본	(일)	(일)	
동북3성	이규상	창춘	1987	호텔+		(일)		
	김송월	옌볜	1994	한식당	선족			한류
	최월옥	옌볜	1991	의류	선족			
	표성용	심양	1985	부동산	선족*	0		
	전규상	옌볜	1973	건축업	전문직			
	정만홍	다롄	1991	석화	선족*		0	
	엄광철	다롄	1995	물류	전문직*	0	0	

주: (선)은 조선족, (일)은 일본(인)을 의미함.

제5장

조선족, 재중 한인, 중국인 사회의 갈등과 융합

제1절 조선족기업가의 현지 사업 네트워크 구축

1. 중국공민으로서 중국에 대한 이해 정도

조선족기업가들의 중국사회 전반에 대한 이해정도를 묻는 설문에서 언어(중국어) 구사능력과 중국 사회/문화에 대한 이해정도에서 각각 74%(111명)와 68.7%(103명)가 자신감을 보였다. 하지만 역사, 정치 및 경제운용 메커니즘이나 동향에 대해서는 각각 50.7%, 54.1%와 50%가 자신감을 보여 상대적으로 이해정도가 떨어지는 것으로 나타났다. 직접 사업과 관련이 있는 업종관련 동향이나 경제 메커니즘에 대해서는 61.4%(92명)가 잘 이해하고 있다고 답변하였다. 중국인으로서 중국에서 살아가기 위하여 중국을 얼마나 이해해야 하는가에 대한 정확한 답은 없다. 중국인으로서 정체성이라는 관점에서 보면 조선족들의 중국 역사와 정치, 경제운용 메커니즘에 대한 이해는 상대적으로 미흡하다고 할 수 있다. 어쩌면 이러한 차이가 조선족 사회를 주류 중국사회에 인접한 계층과 그렇지 않은 계층으로 구분하는 판단의 기준이 될 수도 있다. 실제로 주요 대도시의 조선족기업가 협회 회장직을 맡았던 김의진 회장은 중국인과 사돈을 맺으면서 어쩔 수 없이 생겨나는 조선족 사회와의 괴리감을 술회한 적이 있다.

<표 5-1> 중국사회에 대한 이해정도

측 정 항 목	형편없다	그저 그렇다	잘 한다	매우 잘한다
중국어 구사능력	2(1.3%)	33(22.%)	63(42%)	48(32%)
중국 사회/문화 이해	3(2%)	40(26.7%)	70(46.7)	33(22%)
중국 역사 이해	6(4%)	63(42%)	51(34%)	25(16.7%)
중국 정치 이해	5(3.3)	60(40%)	53(35.5%)	27(18.6%)
경제 운용 메커니즘 및 경제 동향	8(5.3%)	63(42%)	54(36%)	21(14%)
업종 동향 및 경제 메커니즘	3(2%)	51(34%)	64(42.7%)	28(18.7%)

2. 현재 사업의 성공요인

현재의 사업에서 성공한 요인이 무엇인가를 묻는 문항에서는 32.0%(48명)이 자신의 끝없는 아이디어 발굴 및 개발노력이라고 답변하였고, 그 다음으로 30.6%(46명)가 현지에서 오랜 경험과 노하우 축적을 들었다. 현지 인적 네트워크 구축은 19.3%인 29명만이 자신의 사업 성공요인이라고 답변하였다. 위의 첫 2대 요인 즉 자신의 역량과 축적된 경험은 충분히 예상 가능한 답변으로 보다 과학적인 실증통계분석을 통해서도 확인되고 있다.

조선족기업가들은 자신의 사업성공 요인을 무엇보다도 자신의 역량과 경험에 있다고 생각하는 경향이 강하다. 자신의 기업가적 역량을 가장 중요한 성공요인으로 꼽고 있는 것이다. 자신이 구축한 인적 네트워크의 제안이 성공에 기여했다고 판단하는 조선족기업가의 응답비중은 19.3%(16명)에 불과하였다.

<표 5-2> 현재 사업의 성공요인

항 목	빈 도	퍼센트(%)
자산의 끊임없는 새로운 아이디어, 사업개발 노력	48	32.0
오랜 현지 경험에서 축적된 노하우	46	30.7
중국 현지에 구축된 인적 네트워크 제안	29	19.3
기타	16	10.7
합계	139	92.7

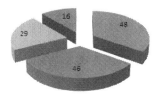

<그림 5-1> 현지 창업 성공요인

한편 조선족 기업가들의 창업 성공요인인 아이디어 창출능력, 학습 및 경험 축적, 네트워크 구축 등 3대 요인([그림 5-1] 참조)에 대하여 핵심역량이 어떻게 영향을 미쳤는지를 요인별로 알아보기 위하여 반복측정법을 실시한 결과 [그림 5-2]와 같이 나타났다. 이에 따르면 학습과 자체 경험, 기회포착 능력 등과 같은 핵심역량이 오늘날의 성공을 가능하게 한 성공요인인 아이디어 창출, 경험축적 과정에서 중요하게 작용한 것으로 인지하고 있는 것으로 나타났다. 여기서 한가지 주목할 것은 중국조선족 기업들이 인지하고 있거나 파악하고 있는 자신들의 사업성공 요인 중에서 현지 한국인과의 네트워크는 그다지 중요하지 않는 것으로 나타났다(M=3.37)는 사실이다. 다만, 새로운 아이디어 사업개발 노력에서는 상대적으로 현지 한국기업인이나 한국인 네트워크가 그나마 직간접적인 도움이

있었던 것으로 인지하고 있는 것으로 나타났다(M=3.86). 이러한 사실은 현실적으로 조선족의 새로운 이주가 한·중수교이후 본격적으로 시작되고 있고, 설문조사 결과나 개별 사례에서 보면 한국기업이나 사업가를 따라서 현지로 이주해 온 사실이 이주의 주류임이 확인되고 있음에도 불구하고 재중 한인사업가나 한인사회와의 네트워크가 그들의 성공에 그다지 중요하지 않다고 인식하고 있는 것은 심리학적 접근이 추가로 필요한 과제이다.

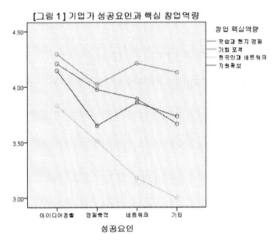

<그림 5-2> 창업 성공요인과 핵심역량

3. 현재 공급하는 제품(상품 또는 서비스) 특성

설문에 응한 조선족기업들이 현재 고객에게 제공하고 있는 제품이나 서비스의 특성을 묻는 질문 문항에서는 현지 학습을 통한 꾸준한 개선의 결과라는 응답이 53.3% (80명)로 절대적인 비중을 차지하는 것으로 나타났다. 전혀 새로운 개념의 제품이나 서비스라는 응답은

17.3%(26명)에 불과하였다. 이는 조선족기업들이 제공하는 제품이나 서비스가 차별적 혁신제품 특성에 기초하기보다는 착실한 현지적응을 통하여 효율적 경쟁력을 창출하고 있음을 시사하는 결과이다. 이러한 조사결과는 앞의 성공요인과 연결시켜 보면 중국 현지 조선족기업들의 성공을 가져온 제품 혹은 서비스의 특징은 현지 경험과 노하우에 기초하여 개발하고 개선한 새로운 아이디어 혹은 개발제품이라는 추론을 할 수 있는데, 이는 미국형 창의적 혁신(소위 first generation innovation) 보다는 중국식(산자이;山寨) 혁신(소위 second generation innovation)에 가깝다는 것을 시사한다. 다시 말하면 제품 자체가 가지는 차별적 우위는 그리 크지 않다는 뜻이기도 하다.

<표 5-3> 현재 고객에 제공하는 제품(서비스)의 특성

항목	빈도	퍼센트(%)
현지에서는 전혀 새로운 개념의 제품 혹은 상품의 제안	26	17.3
현지 학습을 통한 꾸준한 개선의 결과	80	53.3
기타	20	13.3
합계	135	90.0

4. 창업 성공의 핵심 역량

창업성공의 핵심역량이 무엇이냐고 묻는 중복응답을 허용한 설문에서는 흥미있는 응답결과가 나타났다. 사업 성공요인에서는 상대적으로 낮은 비중을 차지했던 현지 중국인과의 네트워크 구축이라고 응답한 비중이 72.7%(109명)로 가장 높았다. 이어서 기회포착의 통찰력과 도전정신이라고 응답한 비중이 66.7%(100명)으로 그 다음을 이었다. 세 번째로는 학습을 통한 현지 경험을 지식화 하는 능력으로 62.0%(93명)이 긍정적인 답변을 하였다. 이어서 성공에 필요한 자원의 보유 및 확보와 현지 한국인과 네트워크 구축에 대해서는 각각 54.6%(82명)와 45.3%(68명)가 긍정적인 응답을 하였다. 이는 핵심역량으로서 현지 중국인 네트워크 구축과 학습능력 등이 중요하긴 하지만 결국 중국 조선족기업인들은 자신의 사업성 공에는 자신의 기업가적 역량과 능력이 결정적으로 작용했다고 인지하고 있음을 알 수 있는 조사결과이다.

<표 5-4> 창업 성공의 핵심역량

측 정 항 목	전혀 아니다	대체로 아닌 편	보통 이다	대체로 그런 편	정말로 그렇다
학습을 통하여 현지 경험을 지식으로 축적	1 (0.7%)	4 (2.7%)	47 (31.3%)	50 (33.3%)	43 (28.7%)
기회 포착의 통찰력과 도전정신 및 의식	0 (0%)	4 (2.7%)	43 (28.7%)	54 (36.0%)	46 (30.7%)
현지중국인과의 네트워크 구축	1 (0.7%)	5 (3.3%)	32 (21.3%)	61 (40.7%)	48 (32.0%)
현지 한국인과의 네트워크 구축	6 (4%)	20 (13.3%)	53 (35.3%)	39 (26%)	29 (19.3%)
목표 실행을 위한 통제 가능한 필요자원 보유	1 (0.7%)	11 (7.3%)	52 (34.7%)	47 (31.3%)	35 (23.3%)

5. 성공적 비즈니스 네트워크 구축의 관건 요소

성공적인 비즈니스 네트워크 구축의 관건을 묻는 질문에서 34.9% 인 71명이 신뢰관계 형성이라고 응답하였다. 이어서 거래관계를 유지할 수 있는 자원의 보유 역량이라고 응답한 비중이 23.6%(48명)를 차지하였고, 중국인 가치관, 사고방식, 행동습관 이해라는 응답이 21.7%(44명)으로 그 뒤를 이었다. 이러한 조사결과는 중국인과의 네트워크 구축을 추진하는 재중 한국인 사업가들에게도 중요한 시사점을 제공해줄 것이다. 즉, 중국 현지인들과의 네트워크를 성공적으로 구축하기 위해서는 우선 신뢰자산의 구축 및 확보가 가장 중요하고, 상대방과 교류할 수 있는 가치 있는 자원을 구축하고 보유하는 것이 그 다음으로 중요하며, 마지막으로 그들의 문화를 잘 이해하고 학습해야 한다는 것이다. 현지 한국인 사회와의 네트워크 구축 및 융합은 제일 작은 비중을 차지하고 있는데, 이러한 답변은 조선족기업가들이 성공적인 네트워크 구축의 대상으로 중국인 사업가나 기업가를 대상으로 상정하고 있음을 시사하는 것이다.

<표 5-5> 비즈니스 네트워크 구축의 관건 요소

항 목	빈도	퍼센트(%)
신뢰관계	71	34.9
중국문화와 지역문화의 이해	22	10.8
거래관계를 유지할 수 있는 자원 보유 역량	48	23.6
중국인의 가치관/사고방식/행동습관 이해	44	21.7
현지한국인사회의 다양한 네트워크의 융합	9	4.4
기타	9	4.4
합계	203	100

6. 사회 · 친목(단체) 모임 가입 여부 및 참여 빈도

앞서 분석한 실증결과에 따르면 모임이나 단체에 대한 참여빈도가 조선족 기업의 경영성과와 부의 상관관계를 가진다고 확인되었는데, 여기서는 구체적으로 어떠한 단체와 모임에 적극적으로 참여하고 있는지를 확인하고자 한다. 조사결과에 따르면 사회 친목단체 활동 차원에서 동창회 및 향우회에 참석한다는 비중이 48.6%(가끔 참석 이상)로 가장 높았고 동종업자 모임에 참석한다는 비중이 44.1%로 그 다음을 차지하였다. 조선족기업가협회 활동 참가와 동호회 활동 참가가 각각 41.3% 세 번째 큰 비중을 차지하였다. 기타 모임이나 단체활동에 대한 참석은 저조한 것으로 파악되었다.

<표 5-6> 사회 · 친목 단체 가입 및 활동 현황

항 목	미 가입	회원 가입만	모임에 가끔 참여	모임에 자주 참여	주도적 역할을 함
조선족기업협회	68(45.3%)	12(8%)	33(22%)	24(16%)	5(3.3%)
조선족협회	75(50.0%)	15(105)	21(14%)	14(9.3%)	7(4.7%)
중국의 단체	72(48%)	20(13.3%)	20(13.3%)	17(11.3%)	3(2.0%)
동창회/향우회	44(29.3%)	14(9.3%)	36(24%)	23(15.3%)	14(9.3%)
취미/문화 동호회	55(36.7%)	18(12.0%)	29(19.3%)	21(14%)	12(8%)
동종업자 모임	56(37.3%)	13(8.7%)	34(22.7%)	25(16.7%)	7(4.7%)
공공기관행사참여	74(49.3%)	14(9.3&)	30(20%)	13(8.7%)	3(2.0%)
종교단체 모임	95(63.3%)	13(8.7%)	11(7.3%)	9(6%)	3(2.0%)

정리하면 조선족기업가들이 적극적으로 참여하는 모임이나 단체로는 동창/향우회 등 친목모임, 동종업자 모임, 조선족기업가협회 그리고 동호회 등이 4대 모임으로 분류된다. 다시 분류하면, 동창/향우/동호회 등 친목모임과 조선족기업가협회나 동종업자 모임 등과 같은 업계 모임으로 구분된다. 반면에 중국의 단체나 공공기관 행사 참여는 상대적으로 저조한 편이다.

7. 사회 · 친목(단체) 모임 가입이 사업에 도움 되는 정도

위에서 조사한 사회 · 친목(단체) 모임들이 사업에 얼마나 도움이 되는지를 직접 물어본 질문에서는 조선족기업가협회가 도움이 된다는 응답이 46.7%로 가장 높았다. 그 다음으로 동종업자 모임이 43.3%, 동창회 및 향우회가 42.7%, 동호회가 41.9%로 각각 나타났다. 이러한 조사결과는 조선족기업인들의 사회·친목(단체) 모임에 대한 참여활동이 일정한 정도 사업상의 도움을 얻기 위한 목적하에 이루어지고 있음을 확인시켜주는 결과이다. 그럼에도 불구하고 이러한 모임에 적극적으로 참여할수록 경영성과와 부의 상관관계를 보인다는 것은 여전히 해석이 쉽지 않은 부분이다. 응답자들은 이러한 단체나 모임에 적극적으로 참여하는 것이 사업에 도움이 된다고 체험적으로 느끼고 있음에도 불구하고 실증분석 결과는 이와 달리 모임에 참여하는 빈도가 많을수록 경영성과에 부의 영향을 미친다고 하는 결과를 어떻게 받아들일 것인가? 이 문제는 향후 보다 심도있는 연구가 필요한 부분이다.

<표 5-7> 각종 모임·단체 가입 활동이 사업에 도움의 되는 정도

항 목	전혀 도움 안됨	별로 도움 안됨	약간 도움	도움	매우 도움
조선족기업협회	14(9.3%)	15(10%)	33(22%)	24(16%)	13(8.7%)
조선족협회	14(9.3%)	17(11.3%)	29(19.3%)	22(14.7%)	6(4.0%)
중국의 단체	14(9.3%)	13(8.7%)	29(19.3%)	24(16%)	8(5.3%)
동창회/향우회	8(5.3%)	21(14.0%)	29(19.3%)	25(16.7%)	10(6.7%)
취미/문화 동호회	18(12.0%)	13(8.7%)	32(21.3%)	26(17.3%)	5(3.3%)
동종업자 모임	16(10.7%)	10(6.7%)	29(19.3%)	30(20%)	6(4.0%)
공공기관행사참여	23(15.3%)	16(10.7%)	27(18.0%)	17(11.3%)	4(2.7%)
종교단체 모임	30(20%)	11(7.3%)	26(17.3%)	12(8%)	5(3.3%)

8. 중국인 인맥 관리 현황

조선족기업가들에게 중국인 인맥을 관리하는 인원 규모를 묻는 질문에 10~29명이라고 응답한 비중이 32.0%로 가장 높았다. 하지만, 30명이상에서 90명이상 이라고 응답한 비중이 총 52.0%로 설문에 참가한 조선족기업가의 절반이상이 30명 이상의 중국인 인맥을 관리하고 있으며 이 가운데 90명 이상 관리하는 조선족기업가도 21.3%(32명)에 달했다. 이러한 사실은 조선족기업가들이 중국인 인맥관리에 상당한 노력을 하고 있음을 유추하게 한다.

<표 5-8> 중국인 인맥 관리 현황

인원 수	빈도	퍼센트(%)
9명 이하	15	10.0
10~29명	48	32.0
30~59명	25	16.7
60~89명	21	14.0
90명 이상	32	21.3
합계	141	94.0

9. 조선족기업가들이 중시하는 네트워크 분야

조선족기업인들이 중시하는 네트워크 분야는 중국 측 고객과의 네트워크로 그 중요도의 비중이 58.7%로 가장 크게 나타났다. 중국 측 공급선이 그 다음으로 56%가 중요하다고 응답하였다. 중국 관련기관 인사나 전문가와의 네트워크는 36%~40%가 중요하다고 응답하여 상대적으로 덜 중시하는 것으로 나타났다. 이것은 중국조선족 기업인들이 권력 의존적 네트워크보다는 비즈니스 네트워크를 특히 중시하고 있다는 것을 시사하는 것이다. 하지만 회귀분석에 의한 실증분설 결과에 따르면 실제로 조선족기업의 경영성과에 유의한 영향을 미치는 네트워크는 전문가 네트워크인 것으로 나타났다. 반면 조선족기업가들이 사업상 중요하다고 느끼고 판단하는 중국 측 고객 네트워크와 공급선 네트워크는 오히려 조선족기업의 경영성과와 유의적인 상관관계를 보이지 않는 것으로 나타났다. 이또한 추가적인 심층연구가 필요한 부분이다.

<표 5-9> 네트워크 유형별 중요도

항목	거의 무시		보통		매우 중시
중국 권력기관 인사	6(4%)	4(2.7%)	59(39.3%)	31(20.7%)	31(20.7%)
중국전문가 네트워크	7(4.7%)	7(4.7%)	62(41.3%)	35(23.3%)	19(12.7%)
중국 측 고객 네트워크	3(2.0%)	7(4.7%)	42(28%)	39(26%)	49(32.7%)
중국 측 공급선	5(3.3%)	4(2.7%)	47(31.3%)	42(28%)	42(28%)

10. 조선족기업의 경영성과에 대한 평가와 전망

성장 전망과 수익성 및 향후 사업변화 전망 등에 대하여 질의한 결과 향후 성장 가능성에 대해서는 응답자의 56.7%(85명)이 성장 가능성이 크다고 답변하였다. 수익성과 관련해서는 현재의 수익성에 대해서는 응답자의 39.3%(59명)인 상대적으로 적은 비중의 응답자가 수익성이 크다고 응답하였으며, 미래 수익성에 대한 전망에서는 높다고 응답한 비중이 57.3%(86명)에 달하여 미래 수익성을 낙관하고 있는 것으로 나타났다. 따라서 사업 확대 가능성에 대해서도 이와 비슷한 54.0%가 가능성이 크다고 응답하였다. 사업전환 가능성에 대해서는 68.6%(가능성이 적거나 그저 그렇다)가 유보적인 입장을 취하였고, 다각화 가능성에 대해서는 46.7%(70명)이 가능성이 크다고 응답하였다. 이는 전체적으로 설문에 응한 조선족기업가들이 자신들의 사업과 관련하여 미래의 성장성과 수익성 다각

화 가능성을 비교적 긍정적으로 전망하고 평가하고 있음을 확인시
켜 준다. 이러한 사실은 조선족기업가들이 현재의 사업을 전개하고
있는 지역에서 자신들의 사업적인 미래에 대하여 긍정적으로 판단
하고 있음을 확인시켜 주는 것이다.

<표 5-10> 경영성과 측정

측 정 항 목	매우 작다/낮다	대체로 작다/낮다	그저 그렇다	대체로 크다/높다	매우 크다/높다
사업의 성장가능성	0(0%)	6(4%)	46(30.7%)	67(44.7%)	18(12%)
사업의 현재 수익	0(0%)	13(8.7%)	68(45.3%)	51(34%)	8(5.3%)
미래수익 전망	1(0.7%)	5(3.3%)	47(31.3%)	66(44%)	20(13.3%)
업종 전환 가능성	32(21.3%)	33(22%)	38(25.3%)	27(18%)	8(5.3%)
사업 확대 가능성	5(3.3%)	8(5.3%)	44(29.3%)	56(37.3%)	25(16.7%)
사업의 다각화 가능성	9(6.0%)	15(10%)	44(29.3%)	48(32.0%)	22(14.7%)

제2절 조선족기업가의 현지 사회 적응

1. 현재의 거주지에 사는 이유

현재 거주지에 거주하는 이유를 묻는 질문에 대한 답변은 80명
인 49.5% 즉 절반가량이 '생활주변 환경이 좋거나 자녀 교육환경
이 유리해서'라고 답변을 하였다. 이는 거주지역의 중심 거주지역
에 사는 조선족기업인들이 절반가량 된다는 것을 의미한다. 그밖에
직장이 가깝거나 친인척이 가까이 있어서라는 응답이 36.0%를 차
지하였다. 조선족기업가들은 자신이 주거하는 지역을 선택하는데
있어서 쾌적한 생활환경과 자녀들 교육환경을 가장 중요한 요소로
고려하고 있다.

<표 5-11> 현지 거주지 선택 이유

항 목	빈도	퍼센트(%)
집값이나 임대료가 싸서	5	3.1
일터가 가까워서(일감 구하기가 쉬워)	33	20.5
친척이나 친구가 가까이 있어서	25	15.5
이웃관계가 좋아서	2	1.2
자녀 교육에 유리해서	9	5.5
생활 주변 환경이 좋아서	71	44
기타	16	9.9
합계	161	100

2.조선족기업가의 사적인 교류의 특징

여가활동이나 관혼상재를 누구와 함께 하는가를 묻는 문한에에 대해서는 같은 조선족들과 함께 한다는 응답 비중이 모든 항목에서 가장 높은 비중을 차지하였고, 그 다음으로 중국인(한족)이 차지하였다. 재중 한인과의 관계는 여가나 잔치 등에서는 어느 정도 함께 하는 것으로 나타났으나 어려운 일이 닥치거나 급전을 빌리는 정도까지는 관계가 형성되지 않은 것으로 나타났다. 특히 중국인(한족)과의 교류항목 가운데서는 급전을 빌리거나 하는 교류에서 중국인(한족)과의 교류가 36.1%로 상대적으로 가장 높게 나타났다. 조선족기업들이 급전을 구하는데 중국인 한족들과 교류가 비교적 많다는 것은 금전적 교류활동에서 중국인(한족)과의 일정한 수준의 교류가 이루어지고 있다는 점을 시사한다. 이는 조선족기업가들이 한족 기업가들과 급전을 빌려주고 빌려 받는 등 상당한 밀접한 사적인 '꽌시'를 구축하고 있을 개연성을 보여주는 부분이다.

<표 5-12> 여가, 관혼상재 및 사적 경제교환에 관한 교류

항 목	조선족	중국인 (한족 등)	재중 한국인	학교	기타 외국인	아무도 없다
여가나 취미생활을 같이하는 사람	115 (53.7%)	63 (29.4%)	25 (11.7%)	4 (1.9%)	4 (1.9%)	3 (1.4%)
결혼식/장례식/생일찬치 등에 참석하는 사람	128 (55.6%)	69 (30%)	22 (9.5%)	6 (2.6%)	3 (1.3%)	2 (0.8%)
개인이나 집안에 어려운 일이 있을 때	118 (63.4%)	51 (27.4%)	8 (4.3%)	2 (1.1%)	1 (0.5%)	6 (3.2%)
급히 돈이 필요할 때 빌리거나 비려주는	110 (55.2%)	72 (36.1%)	5 (2.5%)	2 (1.0%)	2 (1.0%)	8 (4%)

3. 중국인, 조선족 또는 한국인 친구들과 정기적인 모임

정기적으로 만나는 모임이나 그룹 인사들의 성격에 대하여 중복 응답 방식으로 질문한 결과 주로 조선족과의 모임을 가장 많이 하고 있는 것으로 나타났다(응답률 83.3%, 125명). 그 다음이 한족과의 모임으로 110명(73.3%)이 응답하였다. 조선족기업가들은 조선족 및 한족과의 모임에 집중하는 사회적 교류를 하고 있는 것으로 확인 되었다. 반면, 재중 한인과의 모임을 갖고 있다는 응답비율은 불과 37.3%(56명)으로 기대보다 미흡한 결과로 나타났다. 다만 응답자의 1/3이상이 재중 한인들과 모임을 갖고 있다는 점은 앞으로 이러한 모임을 확대시켜 나갈 수 있는 최소한의 기반은 만들어져 있다는 점에서 중요한 시사점을 갖는다고 할 수도 있을 것이다.

항 목	있다	없다
조선족	125(83.3%)	18(12.0%)
중국인(한족 등)	110(73.3%)	31(20.7%)
재중 한국인	56(37.3%)	70(46.7)
화교	18(12%)	100(66.7%)
기타 외국인	23(15.3%)	97(64.75%)

4. 사업상 가장 강력한 경쟁상대

현재 자기가 영위하는 사업의 가장 강력한 경쟁 상대가 누구인가
라는 질문에 대해서는 절대 다수인 113명(72.9%)이 중국인(한족)이
라고 응답하였다. 재중 한인을 경쟁자로고 응답한 비율은 7.1%(11
명)에 불과하다. 이는 조선족기업가들이 재중 한인 사업가나 기업
을 경쟁자로 심각하게 생각하지 않는다는 것을 의미한다. 따라서
역설적으로 재중 한인과의 협력을 통한 상생경쟁이 가능할 수 있음
을 시사하는 발견이라고 할 수 있다. 다만, 이러한 응답이 재중 한
인 사업가나 기업인을 협력이나 제휴 대상으로서 간주하지 않을 가
능성을 전혀 배제할 수는 없다. 결국 조선족기업가들이 인지하고
있는 경쟁상대는 한족기업가들이고 이것은 경쟁영역이 한족들이 지
배하고 있는 사업영역임을 의미하는 것이기도 하다.

강력하나 경쟁자	빈도	퍼센트(%)
재중 한국인	11	7.1
조선족	22	14.1
중국인(한족 등)	113	72.9
화교	5	3.2
가타외국인	4	2.5
합계	155	100

5. 현재 주거지역의 조선족 사회에 대한 평가

현재 거주하고 있는 지역사회에서 조선족들의 위치를 확인하기 위한 설문에서 자신이 거주하는 지역의 조선족공동체가 급속히 확장되고 있는지에 대하여 40.0%(60명)가 그렇다고 응답하였다. 그리고 지역사회 조선족 구성원들의 생활이 밀접하게 관련되어 있는지에 대한 질문에도 45.4%(68명)가 그렇다고 답변하였다. 구성원들 간의 신뢰수준을 묻는 문항에는 46.7%(70명)이 유보적인 태도(보통)를 보였다. 부정적인 응답까지를 포함하면 60%에 이른다. 이는 지역내 조선족사회의 신뢰자산이 상대적으로 취약하다는 것을 의미한다. 중국인 사회와의 융합정도를 묻는 질문에는 45.4%(68명)이 긍정적인 답변을 하였고 현지 조선족사회가 고립되어 있는지를 묻는 설문에는 44.6%(67명)이 부정적인 응답을 하고 있다. 자신이 현지 조선족공동체에서 어떠한 역할을 하고 있는지에 대해서는 응답자의 다수가 수동적인 입장을 보였다. 이는 응답에 참여한 조선족 기업인들이 주거하는 지역에 조선족 유입이 증가하고 관계도 긴밀해지고 있으며 중국 한족과의 관계도 일정한 수준을 유지하고 있는 반면 이들 주거지역 조선족공동체를 이끌어갈 리더십이 아직 형성되지 않고 있다는 문제점을 파악할 수 있다.

<표 5-15> 주거지역 조선족 사회의 특성 평가

평가항목	전혀 아니다	대체로 아닌 편	보통 이다	대체로 그런 편	정말로 그렇다
조선족 공동체 급격히 성장	7 (4.7%)	20 (13.3%)	53 (35.3%)	43 (28.7%)	17 (11.3%)
구성원들이 생활이 서로 밀접히 관련	2 (1.3%)	15 (10%)	56 (37.3%)	55 (36.7%)	13 (8.7%)
구성원들 간의 신뢰 수준이 높다	3 (2.0%)	17 (11.3%)	70 (46.7%)	36 (24.0%)	17 (11.3%)
중국사회와 융화를 잘 함	2 (1.3%)	10 (6.7%)	60 (40%)	46 (30.7%)	22 (14.7%)
중국사회에서 고립된 섬처럼 존재	38 (25.3%)	29 (19.3%)	44 (29.3%)	21 (14.0%)	9 (6.0%)
나는 조선족공동체 중심에 있음	17 (11.3%)	19 (12.7%)	72 (48.0%)	27 (18.0%)	6 (4%)
나는 조선족 공동체 주변에 있음	24 (16%)	20 (13.3%)	66 (44.0%)	27 (18.0%)	5 (3.3%)

6. 현지 생활에 대한 전반적 만족도

현재 자기가 살고 있는 생활 전반에 대한 만족도를 물어 본 결과 89.3%(134명)가 보통 이상의 만족감을 느끼고 있다고 응답하였다. 이는 현재의 자기가 영유하고 있는 사업을 포함하여 생활수준에 대하여 절대적 수치의 응답자들이 만족하고 있다고 응답한 것이다. 만족도가 매우 크다고 응답한 비율도 42.7%(64명)에 달하여, 설문에 응한 조선족기업가들이 경제적 기반을 구축하고 있는 지역에서의 생활 만족도가 상당히 높은 수준인 것으로 유추할 수 있다. 이러한 조사결과를 정리하면 조선족기업가들이 사업을 영위하고 있는 대도시 지역으로의 조선족 유입이 증가하고 있고, 아직 이들 지역에서의 조선족 공동체가 리더쉽을 구축하기는 시기상조이나, 조선족기업가 개인들은 현지 적응에 만족하고 있는 것으로 판단할 수 있다.

<표 5-16> 전반적인 생활 만족도

측 정 항 목		빈도	퍼센트(%)
매우 만족	1	24	16
	2	40	26.7
	3	47	31.3
보통 만족	4	23	15.3
	5	4	2.7
	6	3	2.0
매우 불만	7	2	1.4
합계			

7. 조선족기업의 현지 적응 조사결과 정리

이상은 대도시 지역에 거주하면서 창업과 사업성공을 이루어 낸 조선족기업가들에 대한 초보적인 실태조사 결과를 정리한 것이다. 이번 조사의 가장 큰 의의는 국내외 최초로 중국 조선족기업의 현황 및 실태를 조사했다는 것이다. 통계적 실증분석을 통한 심층분석 과정에서 한국 공공기관(코트라)를 통해서 중국 국적의 조선족기업가를 조사한다는 한계 때문에 최종 회수된 설문지는 160부에 불과하여 아쉬움이 있으나 초보적인 현황 파악에는 충분한 가치가 있는 것으로 판단된다.32)

---

32) 다만, 이러한 한계를 보완하기 위하여 조선족사회 전반을 연구한 팀의 추가적인 조사결과를 추가하고 문헌연구를 통하여 조선족기업 사례를 발굴하는 등 미흡한 부분을 보완하고자 하였다.

제3절 조선족기업가를 둘러싼 갈등과 융합

본 연구는 중국조선족 기업들의 현지 정착을 통해서 조선족사회의 새로운 이주와 정착에 대한 시사점을 확인하고자 하는 목적으로 추진되었다. 특히 조선족기업가의 현지 네트워크 형성에 미치는 영향요인을 밝히고 더 나가서 조선족 기업들의 네트워크가 기업성과에 어떻게 영향을 미치는 지를 밝힘으로써 조선족기업(가)을 둘러싼 갈등과 융합의 현장에서 나타나는 특징들을 밝힘으로서 정주와 정착에 대한 시사점을 도출하고자 한다. 본 연구에서 제시한 변수들의 측정은 중국조선족 기업들을 대상으로 하기 때문에 본 연구의 목적에 따라 일부 항목을 수정하여 측정치를 구성하였다. 구체적인 측정변수의 조작은 <표 5-17> 에 정리되어 있다. <표 5-17> 에서 사용된 다양한 변수들은 5점 리커트 형식의 다 항목 척도로 측정하였다.

<표 5-17> 측정변수의 조작적 정의

구성개념	측 정 항 목	참고문헌
중국관련 이해정도	중국 구사능역 정도 A1 중국 사회·문화 이해 정도 A2 중국 역사 이해 정도 A3 중국 정치 이해 정도 A4	Andersson U, Forsgren, M & Holm, (2002)
공동체 의식	조선족공동체가 급격히 성장 구성원들의 생활이 서로 밀접히 관련 됨 구성원들 간의 신뢰가 높다. 나는 조선족 공동체 중심 임	박정군, 황승연 김종백 (2011)
조직단체 가입여부 참여빈도	조선족 기업협회 I1 조선족 협회 I2 취미·문화 동호회 I3 동종업자 모임 I4	Watson, J.(2007)
창업성공	학습 통한 현지경험 지식축적 능력 C1	Lee et

핵심역량	기회포착 통찰력과 도전정신 의지 C2	al.(2001)
	목표실행 필요 통제가능 자원 확보 C3	
중국측 네트 워크	중국 권력기관 인사 네트워크 N1	Watson, J.(2007)
	중국 전문가 네트워크 N2	
	중국측(인) 고객 네트워크 N3	
경영 성과	사업의 성장가능성 평가 R1	Glaister and Buckley (1998) Pangarkar(2008)
	사업의 확대 가능성 평가 R2	
	사업의 현지 수익 평가 R3	

1. 신뢰도 및 타당성 분석

각 개념의 구성하는 조작적 척도들의 단일차원성을 검증하기 위해 <표 5-18>과 같이 탐색적 요인 분석을 실시하여 각 요인별 Cronbkach's α값을 계산하였다. 요인분석 결과 본 연구에서 디자인한 각 문항들을이 요인들로 묶이게 되어 고유값 기준 1이상을 적용할 시에 모두 6가지 차원의 요인이 도출되었다. 또한 내적 일관성을 검증하기 위해 Cronbkach's α값을 도출한 결과 모두 0.7이상의 값을 나타냄으로써 요인별 신뢰성이 있다고 판단함으로 본 연구항목들의 신뢰성이 있다고 볼 수 있다.

<표 5-18> 탐색적 요인 분석

		성분						Cronbach's α 값
		1	2	3	4	5	6	
중국 이해도	A3	0.86	0.10	0.11	0.08	0.20	(0.07)	0.882
	A1	0.84	0.16	0.03	0.16	0.01	0.17	
	A4	0.84	0.05	0.07	0.05	0.08	0.17	
	A2	0.84	0.19	0.08	0.14	0.00	0.11	
공동체 의식	I4	0.02	0.88	0.00	0.01	0.08	0.11	0.899
	I2	0.10	0.88	0.05	(0.03)	0.15	0.10	
	I3	0.15	0.87	0.01	0.05	0.10	0.13	
	I1	0.20	0.71	(0.06)	0.12	0.09	0.00	

참여 빈도	P3	0.02	0.06	0.91	0.09	(0.02)	0.06	0.878
	P2	0.03	0.09	0.89	0.10	0.08	0.06	
	P1	0.06	(0.08)	0.83	0.19	(0.04)	0.06	
	P4	0.17	(0.07)	0.74	(0.03)	(0.08)	0.17	
중국 네트 워크	N2	0.15	0.04	0.13	0.86	0.10	0.21	0.883
	N3	0.16	0.04	0.15	0.86	0.08	0.13	
	N1	0.09	0.05	0.05	0.85	0.21	0.03	
경영 성과	R1	0.08	0.10	(0.06)	0.11	0.90	0.09	0.867
	R2	0.03	0.21	(0.06)	0.18	0.85	0.16	
	R3	0.13	0.09	0.04	0.10	0.81	0.16	
핵심 역량	C2	0.17	0.08	0.16	0.03	0.15	0.85	0.783
	C1	0.22	0.08	0.02	0.12	0.23	0.82	
	C3	(0.03)	0.20	0.20	0.26	0.06	0.66	
eigenvalue		5.84	3.14	2.23	2.14	1.53	1.32	
고유 값 %		27.78	14.93	10.59	10.18	7.27	6.27	

표본자료에 대하여 탐색적 요인분석과 신뢰성 검증을 실시한 후, 요인분석을 통해서 밝혀진 판별타당성과 집중타당성을 재차 통계적으로 검정하고, 선행연구를 통해서 설정한 가설이 데이터와 모순되지 않는지를 조사하기 위해 확인적 요인분석을 추가로 실시하였다. 측정변수의 요인 값에 유의수준은 0.01 이하로 나타나도록 하여 문항제거를 실시한 후, 확인적 요인분석을 실시한 결과는 다음의 <표 5-19>와 같다.

요인	측정 변수	표준요인 부하량	t-값	p-값	CR	AVE
중국 이해도	A4	0.787				
	A3	0.816	10.85	***	0.935	0.690
	A2	0.848	10.63	***		
	A1	0.870	10.88	***		
공동체 의식	I4	0.838				
	I3	0.894	13.28	***	0.938	0.661
	I2	0.875	12.84	***		
	I1	0.618	7.94	***		
참여 빈도	P4	0.656				
	P3	0.897	9.108	***	93.6	0.664
	P2	0.880	8.737	***		
	P1	0.806	8.239	***		
중국 네트 워크	N3	0.859				
	N2	0.803	12.49	***	0.906	0.630
	N1	0.782	10.93	***		
경영 성과	R3	0.737				
	R2	0.892	9.86	***	0.918	0.693
	R1	0.861	10.10	***		
핵심 역량	C3	0.576				
	C2	0.812	6.69	***	0.846	0.571
	C1	0.852	6.54	***		

$\chi2$=295.173, df=174, RMSEA=0.069, RMR=0.033, NFI=0.856, CFI=0.934, GFI=0.840, AGFI=0.888,

<표 5-19>에 제시된 바와 같이 각 단계별로 항목 구성의 최적 상태를 도출하기 위한 적합성을 평가하기 위해서 $\chi2$/df, RMSEA, RMR, NFI, CFI, GFI, AFFI등을 살펴보면 이들 지수는 권장 수치인 $\chi2$/df=1~3, RMR<0.08, GFI>0.8, AGFI>0.8, NFI>0.8, CFI>0.9 RMSEA<0.08에 크게 벗어나지 않는다. 여러 변수들의

측정 모형을 동시에 측정되어 던 점을 고려할 때, 본 측정 모형이 어느 정도 적합하다는 것을 확인할 수 있다. 또한 평균추출분산 AVE의 값들을 활용하여 집중타당성과 판별타당성을 검증한 결과는 <표 5-20>와 같이 나타났다.

<표 5-20> 판별타당성 검증결과

	중국 이해	공동체	참여	중국 네트워크	경영 성과	핵심 역량
중국이해	(0.690)					
공동체	0.314	(0.661)				
참여빈도	0.175	0.066	(0.664)			
중국네트워크	0.348	0.158	0.284	(0.630)		
경영성과	0.228	0.330	0.012	0.339	(0.693)	
핵심역량	0.386	0.307	0.249	0.398	0.428	(0.571)

* () AVE 값

<표 5-20>에서 알 수 있듯이 모두 구성개념들의 AVE값이 기준치인 0.5를 상회하여 모든 측정항목들이 집중타당성이 있는 것을 확인하였다. 그리고 각 요인에 대한 평균분산추출 값이 두 요인의 상관계수의 제곱 값 보다 크면 판별타당성이 있다고 할 수 있는데, 위의 <표 5-20>에 나타나 있는 바와 같이 각 요인의 평균분산추출 값(AVE)이 두 요인의 상관계수의 제곱 값 보다 커 판별타당성이 있는 것으로 확인되었다.

2. 실증분석 결과

본 연구의 상관관계 확인하기 위한 실증분석을 구조방정식 모형을 AMOS 21.0을 통하여 검증한 결과는 <표 5-21>과 같다.

구조모형의 적합도는 χ2=336.130, df=183, RMSEA=0.076, RMR=0.071, NFI=0.836, CFI=0.917, GFI=0.822, AGFI=0.775 로 나타났으며, 전반적으로 기준치에 크게 벗어나지 않았다. 여러 변수들로 측정된 모형을 동시에 추정하였다는 점을 고려할 때, 본 측정 모형이 어느 정도 적합하다고 판단할 수 있다.

<표 5-21> 가설 검증결과

		Estimate	S.E	C.R	P	가설 채택
관계 1	중국이해-> 중국네트워크	0.328	0.102	3.218	0.001***	채택
관계 2	참여빈도-> 중국네트워크	0.349	0.134	2.603	0.009***	채택
관계 3	공동체-> 중국네트워크	0.75	0.088	0.848	0.396	기각
관계 4	중국네트워크-> 핵심역량	0.460	0.107	4.313	***	채택
관계 5	중국네트워크-> 경영성과	0.180	0.088	2.039	0.041**	채택
관계 6	핵심역량-> 경영성과	0.281	0.084	3.354	***	채택

χ2=336.130, df=183, RMSEA=0.076, RMR=0.071, NFI=0.836, CFI=0.917, GFI=0.822, AGFI=0.775,

구체적으로 본 연구의 실증분석 결과를 살펴보면 <표 5-21>에서 나타나 있는 바와 같다. 첫째, 중국에 대한 이해도가 중국네트워크 구축에 유의수준 p<0.01에서 긍정적인 영향을 미치는 것으로 나타났다. 둘째, 조직단체모임에 대한 참여정도가 조선족기업의 네트워크 형성에도 유의수준 p<0.01에서 역시 긍정적인 영향을 미치는 것으로 나타났다. 셋째, 하지만 중국조선족사회에 대한 공동체 의식은 중국네트워크 형성에 긍정적인 영향을 미치지 않는 것으로 확

인되었다. 한편, 중국 네트워크 구축이 중국조선족기업의 핵심역량에 긍정적인 영향을 미친다는 가설은 유의수준 $p < 0.01$로 통계적으로 유의하게 나타났다. 그리고 조선족기업들의 네트워크 형성이 경영성과에 긍정적인 영향을 미칠 것이라는 가설도 $p<0.05$의 유의수준에서 유의하게 나타나 역시 지지되었다. 마지막으로 조선족기업들의 핵심역량 크기가 경영성과에 긍정적인 영향을 미치는 가설 또한 $p<0.01$의 유의수준에서 통계적으로 유의하게 나타났다.

이상의 분석내용을 정리하면 중국에 대한 이해도와 조직단체에 대한 참여빈도가 네트워크 구축에 유의적인 영향을 미친다는 사실이 확인되었다. 이는 조선족기업가들이 사업성공에 중요한 영향을 미치는 현지 네트워크 구축을 위해서는 중국에 대한 이해도를 높이려고 노력하거나 다양한 조직이나 단체에 참여하여 적극적으로 현지 사회에 적응하고자 노력할 것이라는 점을 유추할 수 있게 하는 부분이다. 하지만 조선족 사회에 대한 공동체 의식이 현지 네트워크 구축에 유의적인 영향을 미치지 못한다는 분석결과는 중국의 조선족기업가들의 사업적인 성공과 현지 조선족공동체 의식 사이에 상관관계가 없다는 점에서 조선족공동체에 대한 정서적 감정적 일체감을 희석시키는 요인으로 작용할 개연성을 가지고 있는 것으로 파악된다. 결국 동북지역의 조선족 거주지를 벗어나서 대도시로 이주한 조선족기업들은 현지에서 사업적으로 성공하면 성공할수록 중국 한족 주류사회와의 네트워크는 밀접해지는 반면 조선족공동체 의식은 갈수록 희박해질 것임을 유추하게 하는 부분이다. 따라서 이는 길게는 개혁·개방 이후, 중간적으로는 한·중수교이후 그리고 짧게는 중국의 WTO 가입 이후 동북3성의 조선족들이 중국 대

륙에서 발달한 지역과 도시로 새로운 이주와 정착을 시도하는 과정
에서 전통적인 조선족사회의 공동체적 응집력이 약화되고 있는 것
은 아닌지 우려를 자아내는 분석결과이다.

제6장

결론 및 발전모델

제1절 조선족 기업들의 미래

중국 조선족 사회는 개혁·개방이후 새로운 변화를 맞고 있다. 사회주의 계획경제 하에서 옌볜자치주를 비롯하여 중국 동북3성 지역에 전통적인 농촌형 생활공동체를 형성하고 살던 조선족들이 중국의 다른 지역 특히 경제발전을 주도하는 동부연안 대도시 지역으로 이주하는 새로운 이주 현상이 나타났다. 중국에서 사회적 대이동 현상으로 나타났던 농민공의 대도시 유입을 현상을 지칭하는 '盲流'와는 다소 다른 현상으로 나타난다. 전자가 귀향을 전제로 일자리를 찾아 대도시로 이주하는 현상을 의미한다면 후자의 이주는 처음에는 유사하게 진행되었으나 점차 새로운 이주 및 정착의 형태로 발전하게 된다. 본 조사연구 결과에 따르면 중국 조선족들이 현재 거주하면서 사업활동을 벌이고 있는 지역으로 이주한 시기는 대체로 1992년 한·중수교 이후에 1차 이동이 있었고, 이어서 2001년 중국의 WTO 가입 이후에 2차 이동이 있었던 것으로 확인되어 이들 시기와 일치하고 있다. 이러한 상황은 이주 목적인 한국계 외자기업이나 중국기업에 취업하게 된 것이 계기가 되었다는 응답이 절대적 비중을 차지하고 있는 것과도 일치하는 조사결과이다. 대부분의 설문에 응답한 조선족기업가들은 한국계 외자기업이나 중국기업에 취업기회를 통하여 현재 사업활동을 벌이고 있는 도시로 이주한 것으로 확인되고 있다. 이는 조선족기업들이 현재 위치에 도달하기까지 초기에는 한·중수교라고 하는 정치적 분위기와 한국계 외자기업의 역할이 일정한 기여를 했다는 추론이 가능한 부분이다.

설문에 응답한 조선족기업들이 초기 창업에서 현재의 위치에 이르기까지는 대체로 15년, 현재의 사업을 시작한 지는 평균 10년 정도가 평균인 것으로 추정된다. 조선족들이 대도시로의 본격적인 이주를 시작한 시점을 1992년 한·중수교로 볼 때, 조사시점을 기준으로 20여년이 흘렀고 5년여의 경험축적과 학습과정을 거쳤다고 보면 창업으로 자기 사업에 나서기 시작한 것이 대체로 빠른 경우가 15년 정도 지났고 현재의 업종을 시작한 기간은 평균적으로 10년 정도로 추정할 수 있는데 조사결과는 이를 뒷받침하고 확인시켜 준다. 응답한 조선족기업들이 진출하고 있는 업종은 제조업과 무역업이 대종을 이루고 있다. 이러한 특징은 조선족기업가협회에 등록된 목록기업 3,747개 사에서도 비슷한 결과를 보이고 있다. 그리고 지역적 특성에 따라서 금융, 법률자문 등 전문 서비스 업종과 한식 위주의 요식업종이 그 뒤를 잇고 있다. 특히 한식 업종은 한인교민 사회의 규모 증가와 조선족 이주에 따른 수요증가라는 실질적인 이유 말고도 2003년 '사스(SARS)' 이후 중국인들의 한식에 대한 재발견과 '대장금'으로 대표되는 '한류'가 한국음식에 대한 중국인들의 폭발적인 관심으로 이어진 것과 무관하지 않다. 전체적인 상황을 정리하면 한·중수교 이후 한국 기업들의 중국 투자진출과 '한류'효과 등 거시적 환경 변화가 조선족기업들의 부상과 성공에 직접적인 네트워크 효과까지는 아니더라도 일정한 정도 간접적인 기여를 한 것으로 추정할 수 있다. 한국기업의 글로벌 경쟁력과 '한류'라는 한국문화의 경쟁력은 중국 소수민족으로서 조선족의 사회적 위치나 이미지에 긍정적인 영향을 미쳤을 것으로 상정할 수 있기 때문이다. 동북지역을 떠나서 동부연해 대도시에 정착한 조선족 기업인들은 대체로 현재의 생활에 대부분 상당히 만족하고 있는 것

으로 확인되고 있다. 이것은 조선족들의 동부연해지방 대도시로의
새로운 이주와 정착은 비교적 성공한 것으로 판단할 수 있다. 다만
현재 중국이 산업혁명4.0의 중국판 산업정책인 '제조업 규획 2025'
를 적극적으로 추진하고 있는 것과 관련하여 구조조정 압력이 강화
되고 있어 이에 대한 준비와 대응이라는 점에서 낙오하지 않도록
노력하는 준비가 다소 미흡하다는 점이 아쉬운 상황이다.

한편, 사업의 성공요인에 관하여 직접적으로 성공요인을 묻는 항
목에서는 끊임없는 아이디어 발굴과 새로운 사업개발 노력 등 자신
의 기업가적인 역량 및 경험과 노하우 축적이라는 응답이 절대적
비중을 차지하고 있다. 자신의 역량과 노력이 성공의 열쇠라고 인
식하고 있는 것이다. 하지만 구체적으로 제공하고 있는 제품이나
서비스의 특징을 묻는 항목에서는 전혀 새로운 혁신적 제품이나 서
비스을 생산하여 제공하는 것이 아니라 아닌 현지에서 체험을 바탕
으로 꾸준한 개선노력을 가장 중요하게 들고 있다. 특히 성공을 담
보하는 핵심역량에 대해서는 예상외로 현지 중국인과의 네트워크
구축이라고 응답한 비중이 가장 높았다. 성공요인을 직접적으로 묻
는 질문과 성공을 담보하는 핵심역량의 형식으로 간접적으로 묻는
질문에서 답변이 달라지고 있음은 흥미를 갖게 하는 부분이다. 즉
기업가적 역량인 성공의 가장 중요한 핵심요인인가 아니면 중국인
과의 네트워크가 사업성공의 핵심요인인가? 하지만 기회포착의 통
찰력과 도전정신이었고, 학습을 통한 현지 경험을 지식화 하는 능
력이 뒤를 잇고 있어서 어느 정도는 기업가적 역량이 성공을 담보
하는 중요한 요인이라는 것을 간접적으로 확인할 수 있었다. 결국
조선족기업들의 성공요인은 중국인 현지네트워크를 기반으로 현지

에서 경험하고 학습하여 축적한 지식을 현지 시장요구에 맞게 사업화하는 기업가적 역량에 있다고 할 것이다. 응답자 대부분이 30명 이상의 중국인과 사적인 인맥관계를 유지하고 있다. 이러한 답변을 기반으로 종합적으로 판단하면 조선족기업가들의 인지구조 속에는 '한국과의 연계를 통해서 성공'했다거나 한국기업인과의 협력이나 조언으로 성공했다 '는 생각이 매우 흐릿하거나 거의 인지하고 있지 못하다는 것을 알 수 있다. 개별적으로 만나서 이야기하거나 면담해 보면 한국기업이나 한국기업인 한국방문 등이 조선족기업가들의 성공에 일정한 정도 기여하고 있음을 확인할 수 있고 조선족기업가 자신도 그렇게 인정하고 있지만 객관적인 설문조사의 응답결과에서는 이것이 잘 반영되지 않는다. 이러한 현상은 우선 한국기업이나 한국기업인의 조언이나 도움, 관계형성이 결정적인 도움이 되지 않는다는 무의식적 심리의 표출일 수 있다. 다른 한가지 가정할 수 있는 요소는 조선족기업가 커뮤니티와 현지 한인사업가들 사이에는 저변에 눈에 보이지 않는 긴장감 내지 갈등구조가 존재할 수도 있다는 것을 반증하는 결과일 수도 있다는 것이다. 이러한 추론은 현지 조선족기업가 및 현지 한인사업가들과의 면담 내용을 종합한 결과에서 도출된다. 현지 한인사업가들은 보다 구체적으로 조선족기업가들에 대한 불신을 표시하기도 한다. 요식업이나 민박집 같은 자영업에서 주로 많이 나타난다. 톈진에서 상당히 유명하던 참치회집을 운영하던 한인사업가는 어쩔 수 없이 주방장을 하던 조선족에게 업소를 넘길 수밖에 없었던 쓰라림을 이야기한다. 심양에서 만난 레미콘 기업의 조선족 정모 회장은 동아건설이 선양에 투자한 레미콘 사업체를 1997년 아시아금융위기 시절 인수하였는데,

한국 본사가 파산하는 과정에서 통제 불능상태에 빠진 현지법인에 대한 인수과정이라 가치평가를 비롯하여 얼마나 투명하게 이루어졌는지에 대해서는 확인하기 쉽지 않았다. 하지만 이러한 사례는 조선족기업가들 사이에서도 다반사로 발생함을 확인할 수 있어서 한인 사업가와 조선기업가 사이의 갈등으로만 해석하기 어려운 면이 있다. 따라서 이에 대한 보다 심도 있는 연구와 분석이 추가적으로 필요하다.

이러한 심화연구의 방향을 시사하는 연구결과는 네트워크 구축과 관련된 응답에서 찾을 수 있다. 네트워크에 대해서는 신뢰관계와 거래를 유지할 수 있는 자원의 확보 역량이 성공적 네트워크 구축의 관건이라고 응답하고 있다. 이러한 응답은 사업성공의 관건이 네트워크 구축이라고 응답한 것과 일맥상통한다. 다만 네트워크 가운데 한국계 기업인들과의 네트워크에 대해서는 그들의 사업성공에 그다지 큰 기여를 하지 못할 것으로 응답하고 있다. 반면, 주로 조선족기업가협회 및 향우회, 동호회, 업자협회 등 다양한 조선족 관련 단체활동에 참여하면서 사업기회를 포착하는 것으로 나타났다. 네트워크 중에서도 중요하다고 생각하는 네트워크는 거래관계 네트워크(중국인 사업가와의 네트워크)와 조선족기업가협회로 나타났다. 조선족기업이 중국경제에서 보다 견고한 기반을 구축하기 위해서는 자영업이나 생활서비스 관련 업종에서 탈피하여 제조업 혁신과 스마트 서비스 업종으로의 진화가 필수적이다. 이러한 관점에서 조선족기업들이 어떠한 기업 생태계에 편입 또는 진입 할 것인가 하는 전략적 선택이 중요한 시점이 되고 있다.

한편, 조선족기업가들은 현재 운영 중인 사업과 관련한 경영성과에 관해서는 성장성과 미래의 수익성에 큰 기대를 하고 있는 것으로 나타났다. 이는 조선족기업들도 당장의 수익성보다는 급격히 변화하고 있는 시장경쟁 구조 및 환경 속에서 여하히 지속적인 성장 및 발전을 추구할 것인가 그 가능성에 방점을 두고 경영을 하는 것으로 확인할 수 있는 부분이다. 향후 연구에서는 조선족기업의 핵심역량에 대한 연구가 필요함을 확인할 수 있는 연구결과이다.

마지막으로, 현재 거주하는 지역의 조선족커뮤니티에 관련된 조사결과에 따르면 우선 주거하게 된 이유는 근무지 근처, 친인척 주거지 근처, 자녀 교육 등이 그 중요한 이유의 절대적인 비중을 차지하였다. 이는 현지 지역사회의 조선족공동체가 최근 빠르게 성장하고 있으며 공동체 구성원들의 생활이 밀접한 교류를 이루고 있다는 점과 일맥상통한다. 특히 여가활동, 관혼상재, 사적 경제교환 등에서 주로 조선족과의 교류가 가장 큰 비중을 차지하지만 한족 중국인과의 교류도 상당히 활발한 것으로 나타났다(응답자의 73.3%). 재중 한인사업가들과의 교류도 응답자의 1/3이상(37.3%)이 일정한 네트워크(여가활동, 관혼상재 등)를 구축하고 있는 것으로 나타났다. 그러나 재중 한인과의 교류는 실질적인 어려움이 닥쳤을 때 도움을 청하거나 경제적 도움을 구하는 사적인 경제교환관계로까지 발전하지는 아직 못하고 있는 것으로 판단된다. 이번 조사결과에 따르면 대도시에서 자신의 사업을 영위하고 있는 조선족기업가들은 현지 지역사회에 빠르게 적응하면서 활발하게 성장을 추구하고 있으며 재중 한인사회와는 다르게 주로 중국인 사회와도 활발한 교류가 이루어지고 있는 것으로 확인되었다. 이러한 특징은 가장 강력한 경쟁상대로 중국인을 지적한 응답자가 73%라는 데서도 반증된다. 그럼에도 불구하고 이들 대도시 조선족공동체는 아직까지 지역사회의 리더쉽을 구축하는 데는 미흡한 수준에 머물고 있는 것으로 확인된다. 이는 대도시에서 창업에 성공한 조선족기업가들과 그 가속, 친지를 중심으로 조선족공동체가 급속히 확대되고 있으나 공동체의 지배구조가 안정적으로 형성되기에는 아직 어느 정도 시간이 필요한 성장 초기에 있다고 판단된다.

제2절 조선족기업들의 새로운 ICT 비즈니스 네트워크 구축을 위한 제언

중국은 4차 산업혁명을 준비하면서 민간 차원의 실천전략의 일환으로 '**인터넷 플러스(+)**'를 추진하고 있다.[33] 중국 조선족 기업가들에게 한국의 앞선 IT기술력과 노하우를 바탕으로 한 모바일 인터넷 플랫폼을 제공하게 되면 그들의 중국 사회 영향력과 경쟁력 제고에도 많은 도움이 될 것이다. 2016년 7월 1일부터 3일 간 요녕성 다롄 시에 열린 제7회 중국조선족 기업가 경제교류대회 및 제1회 중국조선족 청년지도자 심포지엄에서 중국 조선족기업인들의 화합과 교류를 추진하고 차세대의 조선족기업인들간의 네트워크 구축에 대한 지원을 강화하는 것이 향후 중요 추진사업 방향으로 제기되었다. 세계 금융위기 이후 중국 내에서 급격한 비즈니스 모델의 변화와 구조조정으로 어려움을 겪고 있는 상황에서 중국 중앙정부 차원

---

33) 리커창 중국 총리가 2015년 3월 전국인민대표대회의 업무보고에서 '인터넷 + 행동 계획'을 제기하면서 중국 경제를 견인할 차세대 성장동력으로 부상하게 됨. '13차 5개년 계획'에 따라 '인터넷 + 전략'을 중앙에서 지방, 조직에서 개인까지 사회 전반에 걸쳐 공격적으로 추진할 예정임. '인터넷의 혁신적 성과를 경제·사회의 모든 영역과 긴밀히 접목해 기존의 '제조 경제'에서 '플랫폼 경제'라는 경제 사회의 지속적인 발전 및 구조 전환을 추진하는 것이다. 마화텅·장샤오펑 외 지음, 강영희·김근정 옮김, <인터넷 플러스 혁명>, 비즈니스 북스, 2016년

에서 진행하고 있는 '인터넷+' 전략이라는 새로운 시대적 변화에 발맞추어 조선족기업들도 전통적인 무역업과 전통 산업에서 벗어나서 사업 방향과 비즈니스 모델을 업그레이드하는 노력을 경주해야 한다. 이를 위해서는 조선족기업들의 자원을 통합하고 그들의 잠재력을 충분히 발휘하고 새로운 성장과 발전을 도모할 수 있는 조선족기업들의 '인터넷 플러스' 기반을 구축하는 노력이 이어져야 할 것이다. 현재로서는 아래와 같은 3가지 대안을 생각해 볼 수 있다.

1) O2O 플랫폼: 오프라인 + 온라인 한상대회 플랫트폼 구축

하루 24시간 365일 운영되는 온라인 한상대회 플랫트폼을 구축하여, 이를 통해 오프라인 한상대회의 효과를 극대화하는 방안을 추진할 필요가 있다. 재외동포재단과 OKTA/KOTRA가 제휴하여 전 세계 한민족이 가지고 있는 다양한 자원을 융합할 수 있는 '단상(檀商)' 비즈니스 네트워크 플랫트폼을 구축할 필요가 있다. 그리고 이러한 플랫트폼을 중국 조선족기업가 비즈니스 네트워크와 연결하는 체제를 구축할 필요가 있다. 이러한 온라인 플랫폼 구축을 통해 '초국가주의자'로서 글로벌 시장을 누비며 개척하는 조선족들의 발자취, 삶의 현장들을 실시간으로 파악할 수 있다. 이렇게 함으로써 '가공된 2차 자료의 죽은 데이터 네트워크'가 아닌 '현장의 비즈니스 실시간 정보 데이터의 살아있는 네트워크'가 실현될 수 있다.

2) 글로벌 조선족과 실시간 '疏通'하는 플랫폼

중국의 조선족 기업들은 이미 조선족기업가협회 내 위원회별, 혹은 지역 지회별로 위챗을 활용한 카톡방, 밴드 혹은 공공계정을 만들어 실시간으로 정보교환 및 비즈니스 거래를 진행하고 있었다. 위챗의 경우 위챗페이, 알리페이 등의 결제 수단을 통해 작은 금액의 거래는 실시간으로 결제를 진행할 수 있다. 아래 사례는 한국, 외국을 누비여 관련 비즈니스를 성공적으로 진행하고 있는 한 조선족기업가의 위챗 카톡방을 통한 소통 컨텐츠를 살펴본 것이다.

<그림 6-1> 중국 조선족 옥타회원들의 위챗 카톡방 소통 내용

현재 기존의 운영되고 있는 재외동포 사업가 대상 플랫트폼 서비스 망을 정리해보면 <표 6-1>과 같다. 우선 전체 재외통포 사업가(특히 OKTA 회원)를 대상으로 하는 한국의 재외동포재단의 코리안넷, 월드옥타에서 구축한 오프라인 플랫폼, 한국의 중소기업진흥공단이 운영하는 'GOBIZ KOREA' 등이 있다. 그리고 조선족기업가들로만 조직된 조선족 기업가들이 만든 '모이자 닷컴', 그리고 현

재 조선족청년기업가 조직에서 기획 진행하고 있는 '倍达通' 등의 플랫트폼이 운영 중이거나 준비 중이다.

<표 6-1> 기존 재외동포·조선족기업가 네트워크 플랫트폼

플랫폼명	운영 주체	모바일	오프라인	B2C	B2B	결제	배송	서비스
KOREAN.NET	재외동포재단	O						
월드옥타	옥타	페이스북	O					
GOBIZ KOREA	중소기업진흥청			O	O	X	X	X
모이자 닷컴	조선족기업가	O	X	O	X		X	X
倍达通	조선족청년기업가	기획 및 초기 단계						

3) 중국 위챗(중국형 사교·비즈니스 통합 카톡의 활용

결제와 배송·물류는 제3자 플랫폼을 활용하는 것도 좋은 대안이 될 수 있다. 인터넷 플러스의 실제 추진기반인 위챗 플랫폼을 활용하는 방안을 모색할 필요가 있다. 한국에서 정식으로 사업허가를 받은 위챗(WeChat)을 최대한 활용해야 한다. 중국 텐센트 그룹의 '위챗(微信, WeChat)'은 가입자 11억 명(복수 가입자 계정 포함)으로 매년 가입자 수가 10% 이상 증가하고 있으며, 이들 SNS에 게재되는 정보들은 중국 인터넷 사용자들이 빅데이터 정보를 얻는 주요 경로라는 점에서 주목해야 한다. 알리바바가 운영하는 '알리페이'는 별도로 앱을 다운받아야 하지만 '위챗페이'는 대다수 중국인의 스마트폰에 이미 깔려있는 위챗 앱을 통해 구현된다. 특히 최근 위챗을 통한 중국인들의 전자 상거래가 폭발적으로 늘어나면서 중국 대기업들의 참여도 크게 증가하고 있는 상황이다. 다롄 지역이 동북3성 지역에서 유일하게 중앙정부가 지정한 해외 전자상거래 기지로 선정되면서 조선족 기업가협회 차원에서 관련 사업에 적극적으로 동참하고 있다. 이에 따라 다양한 업종의 비즈니스 기업들이 위챗 플랫폼의 앱 기반을 활용하여 다양한 비즈니스 마케팅 활동을 펼치고 있다. 각종 애플리케이션과 협약이 맺어져 있어, 다른 애플리케이션과도 무료로 정보를 주

<그림 6-2> 위챗 기반 사업지원 기반

고받을 수 있다. 전 세계 사용자 편의를 위해 영문, 중문, 한글 등 각국 언어 지원도 되고 있어 외국인들의 사용률이 지속적으로 높아지고 있다. 특히 위챗 페이를 통한 결제시스템의 연동이 사업적 활용기반으로서 위챗의 효용성을 높여주고 있다.

위챗 플랫폼은 비즈니스 종사들 입장에서 각종 서비스를 무료로 이용할 수 있고, 최소의 비용으로 최대 효과를 얻을 수 있는 상당히 매력적인 플랫폼이다. 위챗의 가장 큰 장점은 중국인들의 상업적 문화와 마인드를 고려하여 위챗 가입자라면 누구나 함께 연동, 무료로 친구들의 소식을 받아볼 수 있고, 지인들의 글과 사진

사이에 심지어 그들이 올리는 관련 광고도 함께 노출된다. 종전에 플랫폼 가입 시 요구되었던 개인 ID 카드번호와 주소 등 각종 개인 정보를 입력할 필요가 없어졌다. 휴대폰 번호만 입력해도 즉시 가입이 가능하다. 하나의 휴대폰 번호를 통해 최대 다섯 개의 아이디 계정을 만들 수 있으며 아이디를 부여받은 뒤에는 다른 어떠한 확인 절차 없이 각종 비즈니스 활동을 진행할 수 있다. 실제로 조선족 기업가협회 차원에서 조직한 기업가 데이터를 보면 상당부분 이메일 주소가 아닌 핸드폰 번호만 있었다. 예를 들어 한국어로 위챗(微信) 전용 전화번호 1556760XXXX를 핸드폰에 저장만 하면 한국어로 된 모든 뉴스와 정보를 무료로 받아보고 친구들과 카톡방을 공유할 수 있다. 핸드폰 번호 하나로 위챗, 큐큐 등을 통해 온라인 네트워킹, 온라인 소통을 활발히 진행할 수 있다. 따라서 기존의 위챗 같은 모바일 앱 서비스 기반을 중심으로 조선족기업가들과 한국 중소기업인들이 참여하는 모바일 플랫트폼을 구축하는 사업은 중국 조선족기업인과 한국을 연결하는 미래지향적 네트워크 구축사업으로 상당한 효과를 거둘 수 있을 것으로 기대된다.

제3절 시사점 및 추후 연구 방향에 대한 제언

중국의 조선족기업들은 길게는 1978년 개혁·개방 정책 실시 이후 최초로 중국 대륙 내에서 새로운 이주를 시작하였고, 1992년 한·중수교 이후 본격적인 새로운 이주가 불붙었으며, 2001년 WTO가입이후 확대되었다. 그 결과 옌볜조선족자치주를 비롯한 동북 3성 내 대도시는 물론이고 베이징, 톈진, 칭다오, 상하이, 선전 등 동부연안 대도시에서도 주로 자영업과 개인기업을 창업하여 경영하면서 활발하게 성장을 거듭하고 있다. 그 결과 지난 개혁·개방 30여 년간 조선족 기업들은 상당한 자본축적을 이룩하였으며, 이 과정에서 그들이 새로이 이주한 중국의 주요 대도시 중심으로 새로운 산업화시대에 진입하고 있다.

본 연구의 통계적 실증분석 결과에 따르면 중국 조선족기업가의 경영성과에 긍정적인 영향을 미친 성공요인으로는 자신들의 핵심역량을 이외에도 중국 현지에서의 네트워크 구축이 있다. 이러한 중국조선족기업들의 네트워크 형성요인으로서는 중국사회에 대한 이해와 조직 및 단체 모임 참여가 긍정적인 영향을 미치는 것으로 나타났다. 그러나 조선족사회 공동체는 조선족기업의 네트워크 형성에 영향을 미치지 않는 것으로 나타났다. 기업네트워크와 새로 이주하여 정착한 현지 조선족공동체가 기업네트워크 구축에 영향을 미치지는 않은 것으로 확인되었다. 이것은 새로운 이주와 정착이 우선이기 보다는 기업창업과 기업 네트워크 구축을 목적으로 새로운 이주가 시작되었고 그 결과로서 현지 조선족공동체가 자연스럽게 형성되고 있는 것으로 이해할 수 있는 부분이다. 그리고 아직은 새로이 이주한 지역에서 조선족사회공동체가 조선족기업의 네트워크 형성에 영향을 미치기에는 아직 시기상조라는 의미로 해석할 수도 있다. 이와 관련해서는 추후 연구 주제로서 보다 심도있는 사회심리학적 연구와 접근이 필요할 것으로 보인다. 특히 현지 한인사회 또는 한인기업가 네트워크와의 사업적 성공요인으로서 상관관계가 유효하지 않은 것으로 나타난 것은 매우 안타까운 결과이나 사업 아이디어나 현지 커뮤니티 형성과정에서 일정한 상호작용이 있었다는 것은 확인되고 있기 때문에 추후 연구과제로서 집중적으로 연구해야 할 가치가 있다고 판단된다.

조선족기업가들이 현재 사업을 이루기까지 성공요인으로 자신들의 끊임없는 새로운 아이디어 창출 및 사업개발 노력과 오랜 현지 경험에서 축적된 노하우가 성공의 핵심이라고 인지하고 있음을 확인하였으나, 이는 회귀분석을 통하여 도출된 실증분석 결과이기는 하지만 조선족기업인들 스스로가 비즈니스 네트워크가 가장 중요한 성공요인라고 설문에 응답한 결과와 부분적으로 대치되는 연구결과이다. 따라서 이에 대한 보다 심도 있는 연구가 필요하며 현지 한인사회 및 한인기업 네트워크와의 상관관계도 포함시켜 집중연구할 필요가 있다.

김윤태 외(2016)는 최근 종료된 연구에서 한국기업(인)과의 관계에 집중하여 한국기업(인)과의 네트워크 유형을 4가지로 구분하였다.[34] 첫째는 감정형 둘째는 혼합형 셋째는 도구형 넷째는 무관계형이다. 52개 조선족기업을 대상으로 조사하였는데 주로 혼합형(30개)과 무관계(15개)로 나타났다. 감정형은 2개 기업에 불과하였다. 이들 연구에서 주목할 것은 조선족기업들 가운데 한국기업이나 한국 사업가와 무관하게 창업에 성공한 기업도 설문대상 52개 가운데 15개 기업이 있다는 점이다. 이러한 연구결과는 중국의 동부연해 지방 가운데 상하이 이남으로 진출한 조선족기업들의 경우 한국기업이나 한국기업가와 관계없이 창업에 성공한 경우가 상대적으로 많을 것이라는 점을 유추할 수 있다. 다행인 것은 30개 기업이 혼

---

34) 김윤태·문철주·예성호. 2016. 한상의 모국 진출현황: 중국 조선족 기업의 네트워크 및 한국 경제에 대한 역할. 재외동포재단. 74~83쪽.

합형으로 한국계 외자기업이나 한국기업 그리고 한국인 사업가와 협력에 일정한 정도 긍정적인 판단을 하고 있을 것으로 추정할 수 있다. 혼합형 기업은 한·중간 교량역할을 통한 성장전략에 긍정적이며 중국시장에 적합한 한국의 선진기술을 적극 도입하여 현지화시키는 전략에 관심이 많은 기업들이다. 그리고 특정 사업 아이템으로 시작하여 다양한 아이템으로 다양화에 성공하는 기업들이다. 다만 이들 기업 가운데는 감정형에 가까운 혼합형과 '인정(仁情)' 모순에 빠진 혼합형의 2가지가 공존하는데 보다 심도 있는 연구를 통하여 상생하는 혼합형 협력 모델을 발굴하는 노력이 필요할 것이다. 이를 위해서는 상생협력 모델의 표준화와 협력 가능한 프로젝트 내지 협력 가능 영역 발굴 등이 중요할 것으로 예상된다. 예를 들면 동북3성 지역의 경우 일대일로와 동북지역 새로운 산업기지화를 결합한 협력 프로젝트 발굴이라든가 2, 3선 도시 내수시장 진입을 위한 '인터넷+' 기반 협력방안 등이 좋은 예가 될 수 있다.

그리고 중국 내수시장 뿐만이 아니라 본 연구에서 밝힌 연구결과를 기반으로 중국조선족 기업들에게 한국기업 한인기업가와의 네트워크 구축을 통해서 향후 글로벌 시장에서 성공할 수 있다 인식과 그에 대한 가이드라인을 제시할 수 있다. 결국 재중 한국계 외자기업들에게도 중국조선족기업들과 협력 및 네트워크를 구축을 통해서 중국 내수시장 공략에 성공 할 수 있는 가이드라인을 제시할 수 있을 것이다.

이와 같은 연구의 의의가 있음에도 불구하고 본 연구는 여전히 몇 가지 한계점 들을 지니고 있다. 먼저, 본 연구는 중국 코트라 (KOTRA)를 통하여 중국 동북 3성, 베이징, 상하이, 칭다오, 무한 등 지역 조선족 기업들을 대상으로 랜덤 표본추출방법 및 개벌 기업 심층면담(Depth Interview)을 통해 자료 수집 및 분석을 했지만 지역변수를 통제하지 못한 한계가 있다. 향후 지역적인 특성 변수를 고려하여 연구를 개선할 필요가 있다. 그리고 본 연구는 중국조선족기업에 관한 실증연구가 전무하는 상황에서 연구를 진행함에 있어 이론적 배경을 기초로 한 연구가설을 제시하지 못한 한계가 있다. 향후 많은 연구를 통해서 이론적인 배경을 기초로 가설 검증 연구가 필요하다. 마지막으로 본 연구에서는 제한 된 연구방법으로 연구결과를 도출했다는 한계가 있다. 향후 다양한 연구방법을 통해서 양적으로나 질적으로나 한 차원 높은 연구로 업그레이드되도록 노력할 것이다.

제4절 연구 완료 후기: 사드 사태 이후 조선족 사회

본 연구사업의 계획기간은 2011년 12월부터 2016년 11월까지 5년 간이다. 따라서 사드사태 발생 이후 중국에 진출한 한국기업들이 현지에서 경험한 정치적 위험이 현지 조선족기업에 미쳤을지도 모를 영향에 대해서는 본 연구에 포함되지 않았다. 다만 조선족기업들의 업종 가운데 한국내지 한류 관련 업종은 직간접적인 영향을 받았을 가능성을 배제할 수 없다. 구체적으로 한국 국가 브랜드나 한국문화 관련 상품이나 서비스를 생산, 제공하는 업종에 종사하는 조선족기업들이 영향이 컸을 것으로 유추할 수 있다. 예를 들면 김치 제조업이나 한식 요식업 등 조선족들이 가장 보편적으로 창업할 수 있는 전통문화 관련 업종이 영향을 받았을 가능성이 크다. 예를 들면 본 연구에서 사례기업으로 발표한 상하이의 부자아빠 김치, 베이징의 한나산(北京漢拿山有限公司), 톈진의 녹색장원(綠色庄園) 등이 그 예이다. 2018년 현재 이들 기업들은 지역에 따라서 다시 비교적 안정적인 경영상황으로 되돌아간 것으로 확인되고는 있으나, 그 성장세는 불가피하게 위축된 것으로 확인되고 있다. 베이징 한나산의 경우 홈페이지 상으로는 2018년 10월 현재 10개의 한식 관련 음식업 브랜드로 전국 70여개 도시에 300개 점포를 직영 프랜차이즈로 운영하고 있는 것이 확인되고 있으나, 특정지역에서는 폐업한 지점도 다수 나타난 것으로 확인되고 있어 확장세가 위축된 것도 사실이다. 주식상장까지도 고려하던 확장세에서 보면 이제 위축을 극복하고 재도약을 준비하고 있는 것으로 보인다. 톈진 녹색장원의 경우도 6개의 분점이 운영되고 있는 것으로 되어 있으나, 매출을 상당히 위축된 것으로 확인되고 있다. 상하이 부자아빠 김치도 관계자 접촉결과 안정을 찾았다고는 응답하고 있으나 전국적인 확장세가 충격을 받은 것으로 확인되고 있다. 조선족기업의 새로운 이주와 정착이 사드 사태로 직접적인 영향을 받을 것으로 보이지는 않는다. 다만 그들의 새로운 이주와 정착에서 일정한 정도 견인 작용을 했던 중국진출 한국기업들의 위축[35]과 중국 현지에서 한국문화 및 한류의 이미지 효과 축소에 따른 영향은 불가피 할 것으로 예상할 수 있다.

다만, 희망적인 것은 조선족기업생태계가 어느 정도 자력으로 발

---

35) 롯데의 철수와 엘지전자의 대중 사업 대폭적인 축소 및 삼성전자의 스마트 폰 중국현지 제조업 철수전략, 현대자동차의 중국 현지 매출 축소 및 조업단축 등 사드사태와 시기적으로 겹쳐져서 나타나고 있는 한국 대기업들의 중국시장 공략의 좌절 및 시행착오가 관련 산업생태계 내지 지역내 한인 및 조선족 사회공동체 생태계에 진입한 조선족기업들의 사업 환경에 부정적인 영향을 줄 것이라는 점은 자명하다.

전할 수 있는 에너지를 축적하고 있는 움직임이 나타나고 있음을 유추할 수 있는 활동들이 시작되고 있다. 2018년 9월~10월 사이에 선양과 칭다오에서 개최된 두차례 조선족민족문화 관련 행사가 그것이다. 2018년 9월 23일 선양에서는 200만 조선족의 화합을 외치는 2018 중국 랴오닝성 '선양조선족민속문화절'이 처음으로 전국규모의 조선족민속행사 형식으로 개최되었다. 전통문화 행사와 체육대회 및 조선족기업 상품전이 다양하게 개최된 이 행사는 조선족 첫 전국적 민속절 행사로 전국 각지와 해외에서 67개 조선족 대표팀들이 참석해 조선족 대화합의 장을 만들었다. 동 행사 개막식에는 무려 5000여명 조선족들이 참여하였고, 개막일 전후 3일간 박람회까지 참여자까지 하면연인원 10000여 명이 참여하였다. 동 행사에서 주최 측은 조선족의 단합과 협력공생을 강조하였다.[36] 이어서 2018년 10월 21일~22일 간은 칭다오에서 2018 '해림컵'칭다오조선족민속축제가 열려 전국에서(주로 랴오닝, 통화, 치치하얼, 연변 등 동북, 화북지역) 역대 최대인 25개 대표팀에 2천여 명이 참여하였다. 체육, 노인경로잔치, 김장 담그기, 노래자랑, 패션쇼 등 다양한 문화 및 체육행사로 이루어진 동 행사에서도 주최 측인 칭다오 시 조선족협회 배철화 수석부회장은 폐막식 치사에서 조선족의 단합에 밑거름이 될 것을 다짐하는 한편 조선족기업들의 사업과 칭다오 시 거주 조선족사회의 생활에 좋은 밑거름과 추동력이 될 것을 약속하였다.[37] 이들 두 지역 조선족사회의 행사는 2년 만에 개최되었는데 원래 격년제 행사이기도 하지만 사드 이후 경직된 한·중관

---

36) 한민족신문, 2018. 9. 27.
37) 연해뉴스, 2018. 10. 23.

계 사이에서 조선족들의 행동과 입장이 어려웠던 심리상태를 유추할 수 있다.[38] 선양과 칭다오에서 개최된 두 번의 조선족행사에서도 예외 없이 '중국몽'에 대한 조선족 사회의 적극적인 참여와 협력을 먼저 강조하고 현지 조선족 사회의 단합과 공생발전을 역설하고 있다. 개혁·개방과 한·중수교, 중국의 WTO 가입을 거치면서 중국에서 새로운 이주와 정착을 완성한 조선족사회가 사드 사태 이후 달라진 한·중관계 속에서 새로운 환경 변화 속에서 자력으로 주도적으로 성장발전 하기 위한 준비에 들어가고 있는 것은 아닐까. 한국전쟁에 상호 적대국으로 참전했던 역사적 사실을 돌이켜 보면, 어쩌면 언제라도 발생할 수 있었던 당연한 갈등이지만 그동안 양국간 우호적인 관계발전을 지속해오는 과정에서 망각하고 있었던 한·중간 갈등관계라는 요인이 향후 조선족사회의 발전에 어떠한 영향을 미칠 것인가? 이에 대한 답변은 추후 연구과제로 남기기로 한다.

---

38) 연구자는 25년 지기로 한국에서 박사학위를 취득하고 화북지역 유명대학의 교수로 부임한 조선족 교수와 국제전화를 할 때는 항상 한국어로 소통을 하곤 하였다. 사드 사태로 한참 어수선하던 시기에 현지 분위기를 확인하기 위하여 중국으로 국제전화를 하니 갑자기 중국어로 통화를 시작하는 것이었다. 왜 그러지 하는 생각도 잠시 갑자기 중국어로 대화를 하는 것을 어색해 하고 있다는 것을 눈치 채고는 '사람이 많은 식당 홀'이라고 묻지도 않는 말로 양해를 구하는 듯한 뉘앙스가 전해졌다. 현지에서 사회적, 정치적으로 일정한 위치에 오른 전문가로서 공공장소에서 한국어로 대화하는 것에 상당한 부담을 느끼고 있다는 것이 피부로 전해져 오는 상황이었다.

참고문헌

구지영. 2011. 「지구화 시대 한국인의 중국 이주와 초국적 사회
　　　공간의 형성-칭다오(靑島)의 사례를 통해-」. 『한국민족문
　　　화』, 제40집.

권태환 편저. 2005. 『중국 조선족사회의 변화-1990년 이후를 중
　　　심으로-』. 서울대학교출판부.

권태환·박광성. 2004. 「중국 조선족 대이동과 공동체의 변화-현
　　　지조사 자료를 중심으로-」. 『한국인구학』, 제27권 제2호.

권태환·박광성. 2005b. 「한국 조선족 노동자 집단의 형성-심층
　　　면접 자료의 분석-」. 『중국 조선족사회의 변화-1990년
　　　이후를 중심으로-』. 서울대학교출판부.

김윤태·문철주·예성호. 중국조선족 기업의 네트워크 및 한국경
　　　제에의 기여, 재외동포재단 연구보고서, 2016.

김현미. 2008. 「중국 조선족의 영국 이주 경험 : 한인 타운 거주
　　　자의 사례를 중심으로」. 『한국문화인류학』, 제41권 2호.

리금숙. 1995. 「중국 조선족의 '출국열'에 대한 사고」. 『중국조선
　　　족 문화현상 연구』. 헤이룽장민족출판사.

박광성. 2006. 「세계화시대 중국 조선족의 노동력 이동과 사회변
　　　화」. 서울대학교 대학원 사회학과 박사학위논문.

박명규. 2005. 「베이징의 조선족-개별 심층면접 자료의 분석-」.

『중국 조선족사회의 변화-1990년 이후를 중심으로-』. 서
울대학교출판부.

예동근. 2010a. 「종족성의 자원화와 도시 에스닉 커뮤니티의 재
구성-베이징 왕징(望京)코리아타운 조선족결사체를 중심
으로-」. 『동북아문화연구』, 제25집.

예동근. 2012. 「조선족의 도시 이주 적응과 다민족 관계」. 『디아
스포라연구』, 제6권 제1호.

윤인진. 2003. 「중국 조선족의 도시이주, 사회적응, 도시공동체 :
칭다오 사례」. 『재외한인연구』, 제13권 2호.

이장섭. 「헤이룽장성조선족기업의 경영활동과 네트워크」. 국제지
역연구.

장윤수. 2009. 「중국과 일본 거주 한인의 이주역사 재고찰」. 『디
아스포라연구』, 제3권 2호.

Forbes &, from Nation to Diaspora, UWI Press, 2005.

Jane Rath(Edt.), Unravelling the Rag Trade, Oxford NY, Berg
2002.

Luis Latalha &, Transnational Archipelago, Amsterdam University
Press, 2008.

Melvin Ember &, Encyclopedia of Diasporas, Springler, Yale
University Press, 2005.

Michel Beine &, Diaspora Effects in International Migration,

Policy Research Working Paper 5721, WB, June. 2011.

Nobuko Adachi, Japanese Diasporas, London/NY: Routledge, 2006.

Peggy Levitt and B. Nadya Jaworsky, Transmigration Studies: Past Developments and Future Trends, The *Annual Review of Sociology, Harvard Univ.,* Vol. 33(2007). 129-156.

Rainer Baubeock & Thomas Faist (edt.), Diaspora and Transnationalism, Amsterdam: Amsterdam University Press, 2010.

Susheila Nasta, Home Truths, HK: Palrave, 2002.

이종환, (2010), 중국 동북3성의 CEO들, 월드코리안신문사.

임계순, (2003), 우리에게 다가온 조선족은 누구인가, 서울: 현암사.

王曉玲, (2009), 中國人心目中的韓國形象, 北京: 民族出版社.

별첨 : 조선족 기업가 설문조사 응답자 특성

본 설문조사는 중국 전역에 퍼져있는 조선족기업들의 현황에 관한 국내 최초의 설문조사이다. 앞서도 언급하였듯이 그 동안 특정 지역을 대상으로 한 실태조사는 있었으나 전국적인 조사는 본 조사가 처음이다. 본 조사는 일단 조선족기업의 현황을 살펴보고 이들 기업의 다양한 특성에 대하여 조사 분석하는데 그 목적을 두었다.

본 조사를 위하여 중국조선족 기업들을 대상으로 중국 현지 코트라사무소를 통해서 설문조사를 실시하는 한편 보다 현실적인 상황 및 실태 파악을 위하여 직접 방문을 통한 인터뷰와 설문지 수집을 병행하였다. 자료수집에 앞서 중국 전문가 인터뷰를 기초로 참여 연구자 공동으로 설문지 초안을 설계한 다음 재중 한국기업들을 대상으로 예비조사를 실시하고 이를 바탕으로 최종설문지를 완성하였다. 조사기간은 2013년 4월부터 8월 30일 까지였으며, 코트라(KOTRA)의 중국 각 지방 무역관을 통하여 중국 동북 3성, 베이징, 상해, 칭다오, 무한 등 지역 조선족 기업들을 대상으로 랜덤 표본추출방법으로 설문지를 배포, 수집하였다. 최종적으로 설문지 160부를 회수 하였다. 이를 중국 조선족기업 모집단의 샘플로 하여 기초 통계 분석을 실시하였다.

별첨 1. 설문 응답자의 인구통계적 특성

조사에 응한 조선족기업가들의 성별은 남성이 64.7% 여성이 34.6%이다. 연령대는 40대 초중반이후 세대인 70년대 이후 출생자가 69.8%를 차지하고 있다. 출생지는 옌볜조선족 자치구가 있는 지린성이 45.6%, 헤이룽장성 출신이 28%, 요녕성 출신이 22.1%로 전체적인 모집단과 유사한 응답구성을 보이고 있다. 학력은 전문대졸 이상이 79.4%를 차지하고 있으며 초중졸업의 응답자도 9명(6.0%)이 포함되어 있다.

표 50 조선족기업가 설문 표본의 인구 통계적 분석

	항목	인원 수	비율		항목	인원수	비율
성별	남	97	64.7%	출생년대	50년 대	6	4.0%
	여	51	34.6%		60년 대	34	22.8%
학력	초등학교	2	1.3%		70년 대	64	43.0%
	중학교	7	4.7%		80년 대	43	28.9%
	고등학교	21	14.0%		90년 대	2	1.3%
	전문대	45	30.0%	출생지	黑龙江	42	28.0%
	대학교	61	40.7%		吉林	68	45.6%
	석사	13	8.7%		辽宁	33	22.1%
	박사	0	0%		其他	6	3.4%

조사결과를 4가지 분야별 특징으로 요약하면 다음과 같다. 첫째 설문응답에 응한 샘플의 특징을 정리하면 전문대졸 이상의 학력을 가진 50대 미만의 남성이 주류를 이루고 있다. 독립적 가정을 이룬 가장이거나 배우자가 응답자의 절대적인 비중을 차지하고 있으며, 출신지역 분포는 대체로 조선족 거주 분포와 유사하게 나타났다. 생활수준은 응답자 대부분인 중산층으로 나타났다.

별첨 2. 설문 응답자의 가족 내에서의 위치

설문에 응한 조선족기업인들의 45.3%는 가장이었으며, 배우자가 34명으로 22.7%를 차지하였다. 집안의 가장과 배우자 등 1세대 응답비중이 68.0%의 절대적 비중을 차지하고 있으며 2세대인 자녀인 경우는 32명으로 21.3%를 차지하고 있다.

표 51 응답자의 가족관계

가족 주와 관계	빈도수	퍼센트(%)
가장	68	45.3
배우자	34	22.7
자녀	32	21.3
형제자매	1	.7
기타	3	2.0

별첨 3. 현재 종사하고 있는 업종

현재 종사하고 있는 업종에 대한 설문에서 자영업자와 개인사업
자가 총 74명으로 42.6%를 차지하였다. 이밖에 경영관리(8%), 사
무기술(8%), 판매 서비스(6.7%) 등이 뒤를 이었다.

표 52 현재 종사하고 있는 업종

현재종사하고 있는 직업	빈도	퍼센트(%)
무 응답자	40	26.7
농업, 어업,임업(가족종사자 포함)	1	.7
자영업	35	20.0
판매/서비스직	10	6.7
기능/숙련공(운전사,선반, 목공 등 숙련공)	7	4.7
일반작업직종(토목관계의 현장작업, 청소, 수리)	5	4.0
사무직/기술직종(일반회사, 기술자, 초중고교 교사 등)	12	8.0
경영/관리(간부급 고습공무원, 기업체 경리이상의 위치)	12	8.0
전문/자유직(대학교수, 의사, 변호사, 예술가)	2	1.3
개인사업 운영	39	22.6
합계	148	98.7

별첨 4. 창업 관련 경영교육훈련 받은 지역

창업이나 경영 관련된 교육이나 훈련을 받은 지역이 어디인지를 묻는 질문에 대하여 50.7%인 76명이 관련 교육을 받은 경험이 없다고 응답하였다. 중국에서 교육훈련을 받았다고 응답한 사람은 51명으로 34.1%를 차지하였다. 한국이나 한·중 양국에서 교육훈련을 받았다고 응답한 사람도 19명으로 12.7%를 차지하였다. 과반수 이상이 관련 전문교육이나 지식 없이 창업에 뛰어 들었으며 관련 교육훈련을 받았더라도 중국 국내에서 받는 경우가 많았다.

표 53 창업 관련 경영교육이나 훈련을 받은 지역

교육훈련 받은 지역	빈도	퍼센트(%)
중국에서 받았다	51	34.0
한국에서 받았다.	7	4.7
한·중 양국에서 받았다	12	8.0
기타 외국에서 받았다	1	.7
없음	76	50.7
합계	148	98.7

별첨 5. 응답자의 중국내 생활수준

응답자들의 중국에서의 생활수준을 물어 본 결과 63명이 중상 이상(42.0%)이라고 응답하였고, 중간수준이라고 응답한 비율이 44.7%(67명)를 차지하였다. 응답자의 86.7%가 중국에서 중산층 이상의 생활수준을 영위하고 있는 것으로 나타났다.

표 54 중국에서의 생활수준

기준		빈도	퍼센트(%)
최고	10	1	0.7
	9	3	2.0
	8	23	15.3
	7	19	12.7
	6	17	11.3
중간	5	67	44.7
	4	9	6.0
최저	3	9	6.0
합계		149	99.3

백권호

주요 경력
현 영남대학교 경영대학 학장 교수(겸 글로벌차이나 전공 교수)
한국국제경영학회, 동북아경제학회, 한중사회과학학회,
현대중국학회 회장 역임
SKT경제연구소 차이나 포럼 및 전경련 차이나 포럼 자문교수 역임

학력
서울대학교 경영학 석사, 박사(국제경영, 차이나비즈니스)
한국외국어대학교 동양어대학 중국어과 학사

논문 및 저서
-논문
중국기업의 사회적 창의성 환경에 관한 탐색적 연구(2017)
재중 조선족 기업들의 네트워크 구축과 경영성과에 관한 실증 연구
(2014)
상하이자동차그룹의 국제경쟁력 연구(2013) 외 다수

-저서
중국 1등 기업의 4가지 비밀, 삼성경제연구소(공저, 2013)
재중국 한인사회 연구, 경제인문사회연구회(공저, 2010)

문철주

성균관대학교 경영학박사
현재 동아대학교 국제무역학과 교수, 국제교류처처장, 공자아카데미 원장
주요 저서로 『중국시장문화와 중국내수시장공략』(공저), 『중국조선족 공상업 발전과정
-1910년부터 2012년까지』(공저), 『중국조선족기업의 선도자들-중국조선문 3대 언론사
특별기획 중심으로』(공저) 등이 있다.

중국 조선족기업의 발전과 새로운 이주

초판인쇄 2018년 11월 30일
초판발행 2018년 11월 30일

지은이 백권호 · 문철주
펴낸이 채종준
펴낸곳 한국학술정보㈜
주소 경기도 파주시 회동길 230(문발동)
전화 031) 908-3181(대표)
팩스 031) 908-3189
홈페이지 http://ebook.kstudy.com
전자우편 출판사업부 publish@kstudy.com
등록 제일산-115호(2000. 6. 19)

ISBN 978-89-268-8631-1 93330